अधिकतम सफलता

अधिकतम सफलता

(52 सप्ताह का सक्सेस प्लान)

नेपोलियन हिल

प्रभात प्रकाशन

प्रकाशक • **प्रभात प्रकाशन प्रा. लि.**
4/19 आसफ अली रोड,
नई दिल्ली–110002

संस्करण • 2026
मूल्य • पाँच सौ रुपए
अनुवाद • रचना भोला 'यामिनी'
मुद्रक • नरुला प्रिंटर्स, दिल्ली

ADHIKTAM SAFALATA
(Hindi translation of 'GOOD AS GOLD')
by Napoleon Hill ₹ 500.00
Published by Prabhat Prakashan, 4/19 Asaf Ali Road, New Delhi-2
e-mail: prabhatbooks@gmail.com ISBN 978-93-5266-631-7

यह चित्र सन् 2010 में नेपोलियन हिल फांउडेशन को नेपोलियन हिल के पौत्र, डॉ. जे.बी. हिल ने अपने निजी संग्रह में से भेंट किया।

प्रस्तावना

वेबस्टर न्यू वर्ल्ड शब्दकोश में गोल्ड की परिभाषा एक अमूल्य धातु और धन के रूप में दी गई है। मानक को एक ऐसी वस्तु के रूप में दरशाया गया है, जिसे आप विश्वसनीयता/स्वीकृति के प्रदर्शन और माप में तुलना के आधार में इस्तेमाल कर सकते हैं। डॉ. नेपोलियन हिल के लेखन को जानने के बाद यह जानना आसान हो जाता है कि ज्यूडिथ विलियमसन ने जीवन की संपदाओं से भरपूर पुस्तक के लिए 'अधिकतम सफलता' नाम क्यों चुना। डॉ. हिल ने तेरह वर्ष की अल्पायु में, दक्षिण-पश्चिम वर्जीनिया के पर्वतों पर रहते हुए अपना लेखन आरंभ किया और आनेवाले सात दशकों तक अपनी लेखन प्रतिभा का भरपूर परिचय दिया। उन्होंने अपने प्रमुख लेखन में जिन व्यक्तियों पर अध्ययन और शोध किया, मानो उनके जीवन में से सोना प्राप्त करने के लिए खदानें खोद दीं। उनके प्रमुख कार्यों में 'लॉ ऑफ सक्सेस और थिंक एंड ग्रो रिच' को शामिल कर सकते हैं। उनके जीवनकाल के बाद उनके पाठकों ने संपूर्ण लेखन से यह सुनहरी विरासत पाई।

ज्यूडिथ विलियमसन एक लंबे अरसे से डॉ. हिल के सफलता के नियमों की समर्थक रही हैं। उन्होंने उन्हें जाना और समझा, अब वे परड्यू विश्वविद्यालय में 'कीज टू सक्सेस कोर्स' पढ़ाती हैं। वे सत्रों, कार्यशालाओं, व्याख्यानों आदि के माध्यम से भी संदेश को प्रसारित कर रही हैं। पूरी दुनिया में सहभागी उनके ज्ञान, वक्तृता कौशल तथा विचारों के प्रदर्शन को सराहते हैं। इसके अलावा ज्यूडिथ के पास इंडियाना, हेमंड कॉलमेट के परड्यू विश्वविद्यालय में स्थित नेपोलियन हिल वर्ल्ड लर्निंग सेंटर में डॉ. नेपोलियन हिल के संपूर्ण लेखन का संग्रह भी उपलब्ध है। यहाँ निजी व ऐतिहासिक महत्त्व की संपदा का संग्रह है, किंतु नेपोलियन हिल के लेखन में दिलचस्पी रखनेवालों के लिए इसके योगदान को भुलाया नहीं जा सकता।

नेपोलियन हिल वर्ल्ड लर्निंग सेंटर के संग्रह में हिल की पत्रिकाओं की मूल

प्रतियाँ सुरक्षित हैं। 1919 से 1923 तक हिल दो मासिक पत्रिकाएँ प्रकाशित करते रहे, 'नेपोलियन हिल मैगजीन' और 'नेपोलियन हिल्स गोल्डन रूल मैगजीन'। 'ए लाइफटाइम ऑफ रिचिस' में माइकल जे. रिट, जूनियर व किर्क लेंडर्स ने हिल की जीवनी में लिखा है—''पत्रिकाओं को उस समय के हिसाब से इतना लोकप्रिय नहीं होना चाहिए था, किंतु वे हुईं। एक छोटे बजट के साथ हिल स्वयं उनके लेखन, संपादन और बिक्री का काम देखते। जब हिल ने जीवन में सफलता पाने के सुनहरे नियम जान लिए तो वे अपने लेखन से स्वयं तथा दूसरों को समृद्ध करने लगे।''

अगर आप 'नेपोलियन हिल : गुड एज गोल्ड' में सुश्री विलियमसन द्वारा दिए गए लेखों को पढ़ेंगे तो निश्चित रूप से इनका लाभ पा सकेंगे। इनमें से कुछ नियम आपकी सफलता की यात्रा में काम आनेवाले हैं। अगर आपको सारी पुस्तक को पढ़कर लगे कि आपके गुणों में किसी एक गुण विशेष जैसे लोच आदि की कमी आ रही है तो आपको उस अध्याय को एक बार फिर से पूरी तरह पढ़ना चाहिए, ताकि आप अपने व्यवहार में वांछित बदलाव ला सकें और आप भी सोने की इस खदान से अपने लिए संपदा चुन सकें।

एक भूतपूर्व बैंक प्रेसीडेंट होने के नाते मैं 'नेपोलियन हिल : गुड एज गोल्ड' को पढ़ने की अनुशंसा करता हूँ, यह एक ऐसी अमूल्य संपदा है, जिसे आप अपने बैंक में जमा करवा सकते हैं। जब आप अपने जीवन को उचित उद्देश्य के साथ जीना आरंभ करेंगे, तो यह पुस्तक अपनी बहुमूल्य संपदा के साथ आपके सामने आएगी। क्या करना है, यह जानना बहुत मायने रखता है, परंतु उस ज्ञान को जीवन में लागू करना ही, सफलता पाने का सबसे बड़ा रहस्य है। जब आप अपने सीखे हुए ज्ञान को अध्ययन के बाद जीवन में व्यावहारिक रूप से उतारते हैं तो आप अपने जीवन की महान् संपदा पा लेते हैं।

—डॉन ग्रीन
एक्जीक्यूटिव डायरेक्टर
दि नेपोलियन हिल फाउंडेशन

परिचय

यह मेरे लिए बहुत ही प्रसन्नता का विषय है कि मैं आपके साथ नेपोलियन हिल के लेखन से वे अंश बाँट रही हूँ, जो उन्होंने अपनी आरंभिक अवस्था से अंत तक लिखे। इस संग्रह में उनके निबंधों, किताबों और उनके उल्लेखनीय कोर्स 'पी.एम.ए. साइंस ऑफ सक्सेस' से लिये गए अंश शामिल हैं। इस पुस्तक को तैयार करते हुए मुझे उनके दर्शन को वर्तमान संदर्भों के साथ जोड़ने और लागू करने में बहुत आनंद आया। 'इस धरती पर कुछ भी नया नहीं' इस बात को याद करते हुए उनके विचारों और अपने विश्लेषण को वर्तमान परिवर्तनशील जगत् के साथ समायोजित व लागू करना एक सुखद अनुभव रहा।

आप छात्र हैं या व्यवसायी, उद्यमी हैं या अध्यापक; इस पुस्तक में दी गई जानकारी से लाभ पा सकते हैं। डॉ. हिल अपनी सफलता के सत्रह नियमों पर आधारित आत्म-विकास, प्रबंधन तथा शैक्षिक सामग्री से जुड़ी अनेक पुस्तकों के प्रेरक हैं और रहेंगे।

मैं किसी और अच्छे अध्यापक को नहीं जानती, जिनके निरीक्षण में आप अपने जीवन और प्रदर्शन को परख सकें। डॉ. हिल ने अपने आजीवन शोध और अभ्यास से उत्पन्न नतीजों व रहस्यों को हमारे साथ बाँटा और इसके साथ ही वे कदम-कदम पर मार्गदर्शन भी देते चलते हैं कि आप जो बनना चाहते हैं, वह कैसे बनें?

यह सामग्री पूरी तरह से विशुद्ध खरा सोना है, इसलिए पुस्तक का शीर्षक भी यही रखा गया—'अधिकतम सफलता'।

किसी भी आत्म-विकास से जुड़ी प्रेरक सामग्री को पढ़ते हुए यह एक बेहतर चुनाव होता है कि आप उस सामग्री का मूल सामग्री से मिलान करें। जब आप इस खजाने की खोज करते हुए डॉ. हिल के लेखन तक आएँगे तो आपको यहाँ से खाली हाथ वापस नहीं जाना पड़ेगा। पुस्तक के लिए अपने समय का निवेश करने

से आप अपने मनचाहे क्षेत्र में बढ़ी हुई आय का पुरस्कार पा सकेंगे।

मैं आपसे इस सामग्री को पढ़ने का आग्रह करती हूँ। इसमें बावन अध्याय शामिल किए गए हैं और आप एक सप्ताह में एक लेख पढ़ सकते हैं। इसे पढ़ने के बाद विचार करें और जब आप इस रहस्य को जान लें, तो इस पर तत्काल अमल करें। जैसा कि डॉ. हिल ने कहा है—"जब भी कोई योजना आपके चेतन मन में आती है और आप अनंत बुद्धि के प्रति आग्रही होते हैं, तो उसे पूरे आभार और प्रशंसा के साथ स्वीकार करते हुए उसपर अमल करें। किसी प्रकार का संकोच न करें; किसी बहस, चिंता या दुविधा में न पड़ें। इस पर अमल करें।"

इस पुस्तक को पढ़कर आप अपने इस विश्वास पर अमल कर रहे हैं कि आप वैसे इनसान बन सकते हैं, जैसा आप बनना चाहते हैं। जब आप अपने नजरिए को उस 'उच्चतर स्व' की ओर ले जाते हैं, तो जान लें कि आप धरती पर अपने उद्देश्य व योजना के लिए समुचित परिणाम का मानसिक चित्रण कर रहे हैं।

अपनी यात्रा का आनंद लें, इस पुस्तक का आनंद लें!

—ज्यूडिथ विलियमसन

: 1 :

''यदि हम सफलता को इंद्रधनुष के छोर पर मिले सोने से भरे कलश के रूप में न लेते हुए अपने सबसे बड़े निश्चित उद्देश्य को पाने की राह में आनेवाली चुनौतियों से पार पाने की योग्यता के रूप में लें, तो हमारे लिए सकारात्मक बने रहना सरल होगा।''

—एलीजर ए. एल्परस्टीन, सीपीए

इन दिनों हमें परिवर्तन लाने की आवश्यकता के बारे में बहुत कुछ सुनने को मिलता है। आत्म-संतुष्टि, आलस्य, प्रतिरोध, जड़ता, ठहराव, दंभ आदि हानिकारक गुणों के संग्रह को रोकने के लिए परिवर्तन का होना बहुत जरूरी है। जो लोग परिवर्तन को पसंद नहीं करते, वे अपने ही सुविधाजनक दायरे में बँधकर रह जाते हैं। अगर हम अनुमति दें, तो अपने ही सुविधाजनक दायरों के गड्ढे में गिरते देर नहीं लगती और वे ही हमारी कब्र बन जाते हैं। अगर हम अपने रवैए को नकारात्मक बना देंगे तो हम समय से पहले बूढ़ा होने और अपना समय समाप्त करने का खतरा मोल ले रहे हैं।

कोई व्यक्ति परिवर्तन को कैसे स्वीकार कर सकता है ? मैंने सुना है कि अगर किसी परिवर्तन का सुझाव आए तो उसका उत्तर होना चाहिए—हाँ। उस समय 'हाँ···किंतु' कहना उचित नहीं होगा। आपका पहला मुक्त उत्तर ही बहुत सारे अतिरिक्त उपायों को जन्म देगा। अगर आप दूसरा उत्तर देते हैं तो आप केवल निंदा से बचाव के लिए विनम्र स्वर में इनकार कर रहे हैं। 'हाँ···किंतु।' कहने का अर्थ है कि आप उस विचार को आगे ले जाना ही नहीं चाह रहे। इसे प्राय: रचनात्मक आलोचना का नाम दिया जाता है। वहीं दूसरी ओर 'हाँ' कहने का अर्थ होगा, स्वीकार करने के लिए द्वार खुला है और आपने अपने शब्दों की मार से किसी के

मुख पर दरवाजा बंद करने की बजाय विचारों के आदान-प्रदान के लिए अवसर पैदा कर दिया है।

हमारा मानसिक आहार नियमित आहार योजना जितना या शायद उससे भी कहीं ज्यादा महत्त्व रखता है। कहा गया है कि हम जो खाते हैं, हम वही होते हैं। इसके अलावा हम वही हैं, जो हम सोचते हैं। मानसिक और भौतिक लक्षण साथ-साथ चलते हैं।

हमारा रवैया भी हमारी धमनियों की तरह कड़ा हो सकता है। हमारा मानसिक आहार नियमित आहार योजना जितना या शायद उससे भी कहीं ज्यादा महत्त्व रखता है। कहा गया है कि हम जो खाते हैं, हम वही होते हैं। इसके अलावा हम वही हैं, जो हम सोचते हैं। मानसिक और भौतिक लक्षण साथ-साथ चलते हैं। क्या आपने कभी सुना कि किसी को बदमिजाज, छिछोरा, पगला, जोंक या गधा कहकर बुलाया जा रहा हो? यह कोई तारीफ नहीं होती, ये उन रवैयों के नाम हैं, जिन्होंने अब कड़े होकर लक्षणों का रूप ले लिया है। क्या यह बेहतर नहीं होगा कि हम एक स्वीटहार्ट, फरिश्ते, भद्र पुरुष, नेता या एक प्रेरक के तौर पर जाने जाएँ?

हम अपने रवैए में बदलाव लाकर अपने व्यक्तित्व को दरशानेवाली उपाधियों में बदलाव ला सकते हैं। रवैया हमारी प्रकृति में बदलाव लाता है और धीरे-धीरे हमारे चरित्र को गढ़ता है। इस तरह चरित्र हमारे भाग्य को तय करता है। हमारे भीतर से आरंभ होनेवाला बदलाव धीरे-धीरे हमारे भौतिक स्वरूप की बाहरी सीमाओं तक आ जाता है। इसके बाद हम जो ऊर्जा उत्पन्न करते हैं, वह संक्रामक रूप से हमारे संपर्क में आनेवाले लोगों को भी छूती है। आप स्वास्थ्य के वाहक बनना चाहते हैं या रोग के? अच्छाई या बुराई के? स्वर्ग या नर्क के? यह उत्तर आपके द्वारा संसार को दिखाए गए रवैए में छिपा है। यदि यह रवैया वैसा नहीं है, जैसा आप सोचते हैं तो अब समय आ गया है कि आप इसमें तत्काल बदलाव ले आएँ। आज से ही अवसरों को 'न' की बजाय 'हाँ' कहना आरंभ करें। जीवन को एक ऐसे बंद उपहार की तरह लें, जो खुलने की प्रतीक्षा में है। यह आपके कंप्यूटर के की-बोर्ड का कोई डिलीट फंक्शन नहीं है। यदि आप इसे स्वयं खोलें और रोज आनेवाले अवसरों को अपनाएँ तो यह आपके सामने एक अद्भुत भविष्य के द्वार खोल देगा। अंत में आप इसके कारण बेहतर महसूस करेंगे।

परिवर्तन का महत्त्व

—नेपोलियन हिल

सभी तथ्यों में से यह तथ्य सबसे अधिक महत्त्व रखता है कि ईश्वर ने मनुष्य को केवल एक ऐसा साधन दिया है, जिसके बल पर वह पशु-जगत् से उठकर आध्यात्मिक स्तर तक आ सकता है, जहाँ वह स्वयं अपने भाग्य का नियंता हो सकता है। वह साधन है, 'परिवर्तन का नियम'। केवल अपने मानसिक रवैए में बदलाव लाने की प्रक्रिया के साथ मनुष्य अपने जीवन के लिए कोई भी ढाँचा चुन सकता है और उस ढाँचे को एक हकीकत में बदल सकता है। केवल यही एक साधन है, जिसके लिए मनुष्य को नियंत्रण की अपरिवर्तनीय, अटल व अविवादित शक्तियाँ प्रदान की गई हैं। यह एक ऐसा तथ्य है, जो बताता है कि शायद ईश्वर ने इसे मनुष्य को सबसे महत्त्वपूर्ण या विशेष अधिकार की तरह सौंपा होगा।

ईश्वर ने मनुष्य को केवल एक ऐसा साधन दिया है, जिसके बल पर वह पशु-जगत् से उठकर आध्यात्मिक स्तर तक आ सकता है, जहाँ वह स्वयं अपने भाग्य का नियंता हो सकता है। वह साधन है, 'परिवर्तन का नियम'। केवल अपने मानसिक रवैए में बदलाव लाने की प्रक्रिया के साथ मनुष्य अपने जीवन के लिए कोई भी ढाँचा चुन सकता है और उस ढाँचे को एक हकीकत में बदल सकता है।

तानाशाह और भावी विश्व विजेता आते-जाते रहेंगे। वे वापस इसलिए जाते हैं, क्योंकि यह ब्रह्मांड की कुल योजना का अंश नहीं है कि मनुष्य को सदा गुलाम बनाकर रखा जा सके। यह उस शाश्वत बनावट का एक अंश है कि मनुष्य स्वतंत्र रहे, अपने तरीके से अपना जीवनयापन करे, अपने विचारों और कर्मों को वश में रखे और अपने हाथों अपनी नियति रचे।

यही वजह है कि अतीत में झाँककर सामने आनेवाले भविष्य का पूर्वानुमान लगानेवाले दार्शनिक उत्तेजित अनुभव नहीं कर पाते; क्योंकि कोई हिटलर या स्टालिन कुछ समय के लिए अपने अहं के प्रभाव में आकर मनुष्य जाति की आजादी के लिए संकट बन चुका होता है। ऐसे तानाशाह लोग अपनी ही अति व घमंड और एक मुक्त जगत् में संपूर्ण सत्ता पाने की भूख के चलते अपने आपको नष्ट करते

रहेंगे। इसके अलावा यह भी हो सकता है कि मनुष्य की आजादी की राह में बाधा देनेवाले ये राक्षस केवल मनुष्य को जगाने के साधनों के रूप में प्रयुक्त किए जाते हों, ताकि वह अपने दंभ से परे हटकर उन बदलावों को स्वीकारें, जो जीने के नए और बेहतर साधन लेकर आएँगे।

जब तक मनुष्य सहयोग करता है, प्रकृति भी शांतिपूर्ण तरीके से एक के बाद एक बदलाव लाती रहती है, परंतु यदि मनुष्य विद्रोही बनकर प्रकृति के नियमों के खिलाफ चला जाए या उसके नियमों की उपेक्षा करने लगे तो प्रकृति भी अपने क्रांतिकारी उपायों से विरोध पर उतर आती है। इन क्रांतिकारी उपायों में किसी प्रियजन की मृत्यु या गंभीर रोग को शामिल कर सकते हैं; यह व्यवसाय में हानि का कारण बन सकती है या नौकरी हाथ से जा सकती है, जिसकी वजह से इनसान को मजबूर होकर अपना पेशा बदलना पड़ता है या अपने रोजगार के लिए नया क्षेत्र चुनना पड़ता है, जहाँ वह अपने लिए ऐसे नए अवसर पा सकता है, जिन्हें वह अपनी पुरानी आदतों का ढाँचा टूटने से पहले कभी नहीं पा सकता था।

प्रकृति मनुष्य से निचली श्रेणी में आनेवाले सभी प्राणियों के लिए आदतों को स्थिर करने के नियम को जबरन लागू करती है और ठीक इसी तरह मनुष्य की आदतों के भीतर परिवर्तन के नियम को लागू किया जाता है। इस तरह प्रकृति वह साधन देती है, जिसके माध्यम से ब्रह्मांड की कुल योजना के अनुसार मनुष्य अपने लिए विकास व उन्नति के अवसर चुन सकता है।

थॉमस ए. एडीसन को अपने जीवन में पहले कष्ट का सामना तब करना पड़ा, जब अध्यापक ने उन्हें ग्रेड स्कूल से तीन महीने बाद ही घर भेज दिया, उनके माता-पिता के नाम संदेश भी लिखा था कि आपका बालक पढ़ने के योग्य नहीं है। उस दिन के बाद वे फिर कभी विधिवत् स्कूल में पढ़ने नहीं गए, परंतु उन्होंने जीवन की पाठशाला में अपनी पढ़ाई जारी रखी, जहाँ उन्होंने ऐसी शिक्षा प्राप्त की, जो उन्हें अपने समय के महान् आविष्कारकों की गिनती में लाने में सफल रही। उस विश्वविद्यालय से स्नातक होने से पूर्व वे एक के बाद एक कई नौकरियों से निकाले गए और भाग्य उन्हें उन अनिवार्य बदलावों के लिए मार्गदर्शन देता रहा, जिन्होंने उन्हें एक महान् आविष्कारक बनने में मदद की। संभवत: औपचारिक शिक्षा के साथ उनके महान् बनने के अवसर समाप्त हो जाते।

प्रकृति अच्छी तरह जानती है कि जब कोई व्यक्ति स्वयं को कष्ट, भौतिक पीड़ा, दु:ख, असफलता और अस्थायी पराजय के बीच पाता है तो उसे क्या करना चाहिए। इसे याद रखें और जब भी अगली बार आप स्वयं को संकट से घिरा पाएँ

तो जान लें कि प्रकृति आपके साथ है और आपको किसी दूसरे रूप में लाभ देना चाहती है। जब आप मारे भय के थर-थर काँप रहे हों और कोई राह न सूझे तो अपने लिए समान लाभ के उन बीजों की तलाश करें, जो संकट की हर परिस्थिति के भीतर पाए जाते हैं।

स्रोत : 'यू कैन वर्क योअर ऑन स्टाइल मिरेकल्स,' नेपोलियन हिल
फॉसैट, कोलंबाइन, न्यूयॉर्क, पृष्ठ 33-34

□

: 2 :

"जैसा कि आप सब जानते हैं, उद्देश्य की सुनिश्चितता में ही सफलता का मूल मंत्र छिपा है। अकसर हम किसी रोड मैप या मार्ग के नक्शे की बात करते हैं, जब तक आपको अपनी मंजिल का पता नहीं होगा, तब तक रोड मैप भी आपके किसी काम नहीं आएगा।"

—क्रिस्टोफर लेक

निम्नलिखित पाँच तथ्य स्मरणीय हैं—

1. विचार वस्तुएँ हैं।
2. हमारे चुनाव ही जीवन में हमारे परिणाम रचते हैं।
3. हम जो सोचते हैं, वही बनते हैं।
4. एक सकारात्मक मानसिक रवैया ही प्रत्येक परिस्थिति में एक उचित मानसिक रवैया होता है।
5. हमारा मन एक समय में केवल एक भाव या एक ही विचार को ग्रहण कर सकता है।

ये सादे किंतु शक्तिशाली कथन आपके जीवन को बदल सकते हैं। जब आप इन विचारों को सकारात्मक दैनिक कर्मों में बदल देते हैं तो एक नीरस अस्तित्व भी चमत्कारी हो उठता है। जिस तरह एक इल्ली अपने रूप बदलते हुए एक सुंदर तितली बनकर सामने आती है, ऐसा ही जादुई रूपांतरण आपके जीवन में भी हो सकता है। अस्तित्व का ढाँचा यह संकेत देता है कि पहले जड़ें और फिर पंख उगते हैं। जब आपके जीवन में भी पंख उगने की प्रक्रिया आरंभ हो तो अपने अस्तित्व की इस उड़ान के चरण को जानें और समझें।

विचार भी पक्षियों और मछलियों की तरह प्रवास करते हैं। भीतर-भीतर एक सहज प्रवृत्ति के साथ वे बदलते रहते हैं। वे भी अन्य प्राणियों की तरह अपनी प्रवृत्तियों से निर्देश पाते हैं, मनुष्य अपने ढाँचे स्वयं रचते हैं।

इसके लिए आपको इन दो पुस्तकों से बेहतर सहायता मिल सकती है। वे हैं—'यूअर ग्रेटेस्ट पावर', 'हाउ टू बिकम मेंटल मिलिनेयर'। नेपोलियन हिल फाउंडेशन के कार्यकारी निदेशक डॉन ग्रीन कहते हैं, कई लोग बेहतर से बेहतर अवसर मिलने के बावजूद सफल नहीं हो सकते, क्योंकि वे अपनी शक्ति का प्रयोग करने में असफल रहे हैं। चुनने की शक्ति, कई लोग अपने बुरे दौर में भी इस बलशाली शक्ति चुनाव की शक्ति का प्रयोग करते हुए भी सफल हो जाते हैं और किसी भी तरह के बुरे समय से हार मानने से इनकार कर देते हैं। वे लोग सफल होने तक किसी भी हाल में कहीं नहीं उहरते।

आप किसी समय को आशा भरी निगाहों से देखते हैं या उसके लिए निराशाजनक रवैया अपनाते हैं, यह आपकी अपनी सोच पर निर्भर करता है। अच्छाई में सदा बुराई और बुराई में सदा अच्छाई छिपी होती है। स्वयं को इस तरह प्रशिक्षित करें कि आप स्वयं को अच्छाई पर केंद्रित कर सकें और जीवन में आनेवाले किसी भी अच्छे अवसर से वंचित न रह जाएँ। अगर आप बुराई पर केंद्रित रहेंगे तो आप बारंबार जीवन में उसे ही अपनी ओर आकर्षित करेंगे, क्योंकि आपने उसके लिए एक एंटीना विकसित कर लिया है। विचार भी पक्षियों और मछलियों की तरह प्रवास करते हैं। भीतर-भीतर एक सहज प्रवृत्ति के साथ वे बदलते रहते हैं। वे भी अन्य प्राणियों की तरह अपनी प्रवृत्तियों से निर्देश पाते हैं, मनुष्य अपने ढाँचे स्वयं रचते हैं। आप अपने जीवन के लिए कैसे ढाँचे रच रहे हैं? चुनाव की शक्ति तो आपके पास भी है। पूरे विवेक और समझदारी के साथ चुनाव करें।

आपकी ऐसी संपदा, जो अभी उपयोग में नहीं आई

—नेपोलियन हिल

**इमर्सन ने कहा है, ''काम करो
और ताकत तुम्हारे पास होगी।''**

हो सकता है कि आपकी सबसे बड़ी संपत्ति वही हो, जिसका आपने अभी

तक पूरी तरह से मूल्यांकन तक न किया हो।

यही वह संपदा है। यह आपको आपकी मनचाही परिस्थिति या दशा तक ले जा सकती है और इसे आप दूसरों के कहने से गँवा नहीं सकते। इसे कोई आपसे छीन नहीं सकता और न ही इसे चुराया जा सकता है।

इसे आप सही मायनों में अपनी सबसे बड़ी संपदा कह सकते हैं; क्योंकि यही एक चीज है, जिस पर आप अपरिवर्तनीय नियंत्रण शक्ति रखते हैं और आपके रचयिता द्वारा भी इसे सराहा जाता होगा, क्योंकि यही वह वस्तु थी, जिसके लिए आपको विशिष्ट अधिकार दिया गया था।

आप अपने ही मन में छिपी ताकत को अपने अनुसार निर्देश दे सकते हैं और यही आपकी सबसे बड़ी संपदा है, इस तरह आप अपने मनपसंद उद्देश्य तक स्वयं को ले जा सकते हैं।

यदि आप विवेकसम्मत रूप से इस पुरस्कार और संपदा का प्रयोग करना जानते हैं, तो यह विशिष्ट उपहार आपके लिए सुखद भविष्य का वरदान भी ला सकता है।

आप वित्तीय सुरक्षा, अच्छे स्वास्थ्य, मानसिक शांति, स्नेही मित्र व आत्मीय जन तथा जीवन में अपने मनपसंद पड़ाव आदि साधनों द्वारा अपने मन को निर्देशित व नियंत्रित कर सकते हैं।

यदि आप अपने ही मन को वश में नहीं कर पाते तो आपको भविष्य में इसके लिए दंड भुगतने के लिए भी तैयार रहना होगा, जो कि निर्धनता, बुरे स्वास्थ्य, चिंता और भय, मित्रों व आत्मीय जन के वियोग तथा अनुत्तरित प्रार्थनाओं के रूप में हो सकता है।

आप अपने कामों में मार्गदर्शन के लिए प्रार्थना पर जितना अधिक निर्भर होंगे, मन की शक्ति उतनी ही बढ़ती जाएगी, फिर एक ऐसा समय भी आएगा, जब आप स्वेच्छा से उसी क्षण उस अनंत बुद्धिमत्ता से संपर्क कर सकेंगे।

आपको यह मन इसलिए दिया गया था, ताकि आप जीवन के इस व्यवसाय में स्वयं सारे निर्णय लेते हुए अपनी मनपसंद जीवनशैली के अनुसार जी सकें। जिस तरह प्रयोग में न लाने पर शरीर का कोई अंग या मांसपेशी काम करना बंद कर देते हैं, उसी तरह आपका मन और मस्तिष्क भी इस्तेमाल न होने पर नकारा हो सकते हैं।

यदि आप मन का सबसे कल्याणकारी और बेहतर उपयोग करना चाहते हैं तो आपको अपनी छठी इंद्रिय को जाग्रत् करना होगा, जिसके

माध्यम से आप प्रार्थना करते हुए विवेक के परम स्रोत से संप्रेषण साध सकते हैं।

आप अपने कामों में मार्गदर्शन के लिए प्रार्थना पर जितना अधिक निर्भर होंगे, मन की शक्ति उतनी ही बढ़ती जाएगी, फिर एक ऐसा समय भी आएगा, जब आप स्वेच्छा से उसी क्षण उस अनंत बुद्धिमत्ता से संपर्क कर सकेंगे।

स्वर्गीय चार्ल्स पी. स्टेनमेट्ज ने एक बार विश्वास जताया था कि ऐसा समय भी आएगा, जब प्रार्थना कर्म भी वैज्ञानिक रूप में मान्य होगा, जिसे गणित या भौतिकी के नियमों की तरह निश्चित माना जाएगा। अन्य कई महान् चिंतकों ने भी ऐसा ही विश्वास प्रकट किया है।

स्रोत : सक्सेस अनलिमिटेड

□

: 3 :

''नेपोलियन हिल इसे बहुत ही खूबसूरती से बयाँ करते हैं। एक खुशहाल व्यक्तित्व आपके मानसिक, आध्यात्मिक और भौतिक गुणों का कुल जोड़ होता है, जो आपको दूसरों से अलग करता है।''

—लॉरेटा लेविन

सफलता के सोपान चढ़ते समय आपके लिए एक खुशनुमा व्यक्तित्व विकसित करना बहुत महत्त्व रखता है। जब आप इस गुण को विकसित करने में समय देंगे तो निश्चित रूप से आपको भविष्य के लिए उच्च लाभांश की प्राप्ति होगी। पल भर के लिए उन लोगों के बारे में सोचें, जो एक सच्चा और सुखद व्यक्तित्व रखते हैं। मैं आपसे उस सेल्समैन की बात नहीं कर रहा, जो आपको स्मिथसोनियन से जुड़े टी.आर.एस. 80 कंप्यूटर को खरीदने के लिए भी राजी कर ले, मैं तो आपको उस व्यक्ति के बारे में बता रहा हूँ, जिसके आने से जैसे सारा वातावरण रोशन हो जाता है, जो आपसे दोतरफा संवाद करता है और एक बेहतरी का सा एहसास छोड़ जाता है। उसके जाने के बाद आपको कमरे में एक अजीब से उत्साह का अनुभव होता है और उसका करिश्मा शब्दों से कहीं परे है। अपने मन की आँखों के आगे ऐसे व्यक्ति का छवि चित्र उत्पन्न करें और इसके बाद देखें कि आपके भीतर वे गुण हैं या नहीं, ताकि आप भी उस व्यक्ति जैसा बन सकें, जिसका आदर्श चित्र या नमूना आपके पास है। अपने आप से पूछें कि आप अपने व्यक्तित्व में क्या-क्या बदलाव ला सकते हैं और फिर उन गुणों को एक-एक कर जीवन में उतारने का प्रयत्न करें। उदाहरण के लिए क्या आप सुनने से अधिक बोलना पसंद करते हैं? क्या आप अकसर लोगों की बात बीच में काट देते हैं? क्या आप अकारण ही उनकी बातों को पीछे धकेल अपने विचारों को आगे लाने

जब आप लोगों को पहले बोलने देने का मौका देते हैं तो वे आपसे बात करना पसंद करने लगते हैं और कई बार यह लाभ भी होता है कि इस प्रक्रिया में आप कुछ ऐसा जान जाते हैं, जो आप पहले से नहीं जानते थे।

की कोशिश करते हैं ? क्या आप अपनी उपस्थिति में उन पर केंद्रित न होते हुए उनकी अहमियत को घटाने की कोशिश करते हैं ? क्या आप उनसे बात करते हुए 'प्लीज या थैंक यू' जैसे शब्दों के प्रयोग से बचते हैं ? क्या आप हमेशा मदद की दरकार रखते हैं और अपनी बारी आने पर पीछे हट जाते हैं ? ये सभी बातें आपके व्यक्तित्व को किसी की भी नजर में एक अच्छा और खुशहाल व्यक्तित्व नहीं बनाने देंगी। आप चाहें न चाहें, आप जो भी हैं, आपके कुल मूल्यांकन में आपके अपनी बजाय दूसरों की आपके प्रति रिपोर्ट कहीं अधिक महत्त्व रखती है।

अपने व्यक्तित्व में बदलाव लाने के लिए दो छोटे से काम तो अभी किए जा सकते हैं। मुसकराएँ और दूसरों की बात सुनना सीखें। जब आप चेहरे पर मुसकान के साथ सामनेवाले का अभिवादन करते हैं, तो आप उन्हें वैसी ही मुसकान देने के लिए प्रोत्साहित कर रहे हैं। मुसकानों का यह आदान-प्रदान सकारात्मक वातावरण उपस्थित करता है और आप दोनों के बीच सुंदर विचारों का आदान-प्रदान होने लगता है। जब आप लोगों को पहले बोलने देने का मौका देते हैं तो वे आपसे बात करना पसंद करने लगते हैं और कई बार यह लाभ भी होता है कि इस प्रक्रिया में आप कुछ ऐसा जान जाते हैं, जो आप पहले से नहीं जानते थे। इनमें से कोई भी काम कठिन नहीं, पर वे आपके प्रति दूसरों के बोध में एक भारी परिवर्तन ला सकते हैं।

केवल आज के लिए इसे आजमाकर देखें। यह भी सोचें कि अगर मुसकराने या दूसरे की बात सुनने भर से इतना अंतर आ सकता है तो क्यों न इन्हें सफलता की टूल किट में शामिल कर लिया जाए। जल्दी आपके भीतर बसे मानसिक घर की नई साज-सज्जा संभव हो जाएगी और आप एक सुखदायी वातावरण का सृजन करने में कामयाब हो सकेंगे।

एक खुशनुमा व्यक्तित्व कैसे विकसित हो

—नेपोलियन हिल

'आपका व्यक्तित्व एक सीधी-सादी सी चीज है,
जिसमें आप यह दिखाते हैं कि आपके पास देने के लिए क्या है।'

असफलताओं की लंबी सूची में यह भी एक बिंदु आता है कि आप सामनेवाले से सुखद संवाद स्थापित नहीं कर पाते। कहते हैं कि स्वर्गीय फ्रेंकलिन डी. रूजवेल्ट अपने खुशनुमा व्यक्तित्व के कारण ही एक सफल राजनेता के रूप में सामने आ सके।

चार्ल्स एम. श्वाब के खुशनुमा व्यक्तित्व ने ही उन्हें एक साधारण श्रमिक से 75000 डॉलर के वार्षिक भुगतानवाले पद पर ला बिठाया, इसके अलावा उन्हें प्राय: इस राशि से दस गुना अधिक बोनस भी दिया जाता था।

यदि निम्नलिखित निर्देशों का पालन करें तो आप भी लाखों डॉलर का व्यक्तित्व पा सकते हैं—

1. एक सकारात्मक मानसिक रवैया विकसित करें और इसे दूसरों के साथ अपने सभी संबंधों में प्रकट करें।
2. हमेशा खुशनुमा सुर में बात करने का अभ्यास करें, इससे मैत्री भाव पैदा होगा।
3. अपने मन की सजगता बनाए रखें और जब दूसरे आपसे बात कर रहे हों तो उनकी बात गौर से सुनें। किसी की बात न सुनने से अहं को भले ही तुष्टि मिले, परंतु इस तरह आप दोस्तों को अपनी ओर आकर्षित नहीं कर सकते।
4. सभी परिस्थितियों में दूसरों के साथ अपने संबंधों को समायोजित करते हुए लोच बनाए रखें और अपने शांत भाव को न त्यागें, यह याद रखें कि जब आप गुस्से में होंगे तो आपके शब्दों के आगे दूसरे का मौन कहीं भारी हो सकता है।
5. धैर्य धारण करना सीखें और यह याद रखें कि उचित समय पर किए गए काम और सही समय पर बोले गए शब्द ही आपको अधीर व्यक्ति से कहीं बेहतर बनाते हैं।
6. सभी विषयों तथा व्यक्तियों के प्रति मुक्तमना रहें। यह एक स्थापित तथ्य है कि अनुकूल अवसर दिमाग के बंद दरवाजों को नहीं खटखटाते और असहिष्णुता आपको विवेक से दूर ले जाती है।
7. जब दूसरों से बात करें तो मुसकराना सीखें और उनके मन में यह बात न आने दें कि आप उनके प्रति मैत्री भाव नहीं रखते।
8. अपने हाव-भाव तथा वाणी पर नियंत्रण रखें। यह न भूलें कि भले ही आपके सारे विचार उचित ही क्यों न हों, उनमें से सभी प्रकट करने योग्य नहीं होते।

9. तत्काल निर्णय लेने की आदत का अभ्यास करें और यह याद रखें कि काम को टालने से आपके व्यक्तित्व की अन्य नकारात्मक विशेषताएँ भी सामने आती हैं।

10. प्रतिदिन कम-से-कम एक नेक काम अवश्य करें, किसी की तारीफ करें, किसी से कोई अपेक्षा रखे बिना उसे अपनी सेवा दें और देखें कि कितनी शीघ्रता से आपके मित्रों की सूची बढ़ती जाएगी।

ये दस नियम आपके व्यक्तित्व को खुशहाल बनाने में सहयोगी होंगे।

स्रोत : सक्सेस अनलिमिटेड

□

: 4 :

''सहनशीलता एक आंतरिक गवर्नर है, जो हमसे आग्रह करता है कि हमें किसी व्यक्ति या विचार के लिए तुरंत अपने मन में कोई निष्कर्ष नहीं निकालना चाहिए, अन्यथा हम लाभ, सौंदर्य और शिक्षण से वंचित रह सकते हैं।''

—मेरी फोले

नेपोलियन हिल का परामर्श आज भी उतना ही प्रासंगिक है, जबकि इसे कई दशक पूर्व लिखा गया था। जो भी व्यक्ति इस संसार में बदलाव लाना चाहता हो, उसे नेपोलियन हिल द्वारा सहनशीलता पर दिए गए विचारों को अवश्य याद रखना चाहिए। परिवर्तन के साथ ही वृद्धि आती है। परिवर्तन के साथ ही नवीनता आती है। परिवर्तन के साथ ही बसंत और पुनर्जन्म आता है। सहनशीलता कई बार इस परिवर्तन से भी आगे निकल जाती है और व्यक्ति को वर्तमान जगत् में प्रगति के लिए प्रस्तुत करती है। उसे नए अनुभवों को ग्रहण करने का साहस प्रदान करती है। यदि इसे उत्प्रेरक के तौर पर देखा जाए तो यह आत्मा को दिन-प्रतिदिन के जीवन में आनेवाले छोटे बदलावों के लिए प्रेरित करते हुए अंतर्दृष्टि से जुड़े बड़े बदलाव की ओर ले जाती है। जब तक आप किसी चीज के लिए सहनशील रवैया अपनाना नहीं सीखते, तब तक आप किसी बड़े बदलाव की अपेक्षा नहीं रख सकते।

आपको ऐसा करने के लिए कुछ समय के लिए अपने मूल्यों, मान्यताओं, रुचियों, हितों, विचारों व प्रवृत्तियों को एक ओर रखना होगा। इस तरह आपके सामने नए विचार स्वयं ही उपस्थित होंगे। जैसे नए कपड़े खरीदते समय उसे पहनकर देखने से तय करना आसान हो जाता है कि उसे लेना है या नहीं। जब

आप ऐसे ही नए विचारों को भी आजमाते हैं तो आप तय कर सकते हैं कि उक्त विचार आपके मानसिक वार्डरोब, यानी अलमारी में फिट आएगा या नहीं ? अगर उत्तर 'हाँ' में हो, तो निजी चुनाव बढ़ जाते हैं, यदि उत्तर 'न' में हो, तो वही चुनाव सामने रहते हैं, जिन्हें आप पहले भी चुन चुके हैं।

परिवर्तन ही ब्रह्मांड के हृदय का स्पंदन है। यह पूरी तरह से जीवंत और वृद्धि करनेवाला है। यह हमें आगे की ओर ले जाता है। यह गति और सक्रियता प्रदान करता है। सहनशीलता द्वार खोलती है और हमें परिवर्तन का स्वागत करने का निमंत्रण देती है। यह आपस में हाथ मिलाने की ऐसी मुद्रा है, जो आपको भाईचारे की ओर ले जा सकती है। यह दो लोगों के बीच एक आंतरिक वर्तुल बनाती है। यह विभाजित करने की बजाय एक करती है।

परिवर्तन ही ब्रह्मांड के हृदय का स्पंदन है। यह पूरी तरह से जीवंत और वृद्धि करनेवाला है। यह हमें आगे की ओर ले जाता है। यह गति और सक्रियता प्रदान करता है। सहनशीलता द्वार खोलती है और हमें परिवर्तन का स्वागत करने का निमंत्रण देती है।

जब भी आपको मुक्तमना होकर अवसर मिले, उससे कभी न चूकें, उसे स्वीकारें। किसी अनुकूल पक्ष के लिए अवसर की तलाश करें। यदि यह कारगर हो तो उपयोग में लाएँ और न हो तो आजमाने की कोशिश करें और फिर भी बात न बने तो आप इसे त्यागने का विचार बना सकते हैं। जैसा कि इमर्सन लिखते हैं, "आप काम करें और ताकत आपके पास होगी।" यह तब भी एक अच्छा परामर्श था और आज भी एक अच्छा परामर्श ही है।

सहनशीलता—दार्शनिक का पंथ

—नेपोलियन हिल

- मुझे हर विषय पर मुक्तमना बनने दें, ताकि मैं मानसिक व आध्यात्मिक रूप से सबकुछ ग्रहण कर सकूँ।
- ऐसा समय कभी न आए, जब मैं किसी विनयी व्यक्ति के सिवा कुछ और कहलाया जाऊँ।
- मैं यह कभी न भूलूँ कि एक बंद मस्तिष्क एक संकीर्ण मस्तिष्क होता है।

- मैं कभी भी ऐसे विचारों को प्रकट करने का आदी न बनूँ, जो समुचित ज्ञान पर आधारित न हों।
- हे प्रज्ञा, मुझे सदा ऐसे स्थान पर बोलने से रोक लेना, जहाँ अभी मेरी बारी न आई हो या मुझे बोलने का न्योता न दिया गया हो।
- मैं उनके प्रति भी अपना सम्मान प्रदर्शित कर सकूँ, जिनके विचारों के प्रति मैं सहमति नहीं रखता।
- मुझे सदा यही स्मरण करवाते रहना कि मैं सबसे बेहतर यही बात जानता हूँ कि मैं किसी भी बात के बारे में बहुत नहीं जानता; संपूर्ण मानव जाति के कुल जमा ज्ञान के आधार पर भी किसी एक व्यक्ति द्वारा अपने ज्ञान के दंभ को जायज नहीं ठहराया जा सकता।
- मुझे यह स्वीकार करने का साहस प्रदान करें कि यदि मुझे किसी प्रश्न का उत्तर नहीं आता या उसके बारे में अधिक जानकारी नहीं है, तो मैं उसे सबके बीच स्वीकार कर सकूँ।
- मैं सदा विनीत भाव से हर जानकारी व ज्ञान को अपने भीतर सँजोता चलूँ, जो दूसरों के लिए भी सहायक हो सके।
- मैं यह कभी न भूलूँ कि सारी मानव जाति के विवेक की तुलना में हृदय का विनय कहीं अधिक मित्रों को हमारी ओर खींच लाता है।
- मैं हमेशा ऐसा विद्यार्थी बना रहूँ, जो सत्य की खोज में लगा हो और कभी किसी विषय पर विशेषज्ञ या विद्वान् होने का दिखावा न करे।
- मैं सदैव यह स्मरण रखूँ कि मुझे सहनशीलता की मिसाल बनकर जीना है।
- मुझे कुछ अच्छी पुस्तकें और ऐसे वफादार दोस्त दें, जिनके साथ मैं सहज भाव से जी सकूँ और मैं कभी इन शब्दों को न भूलूँ—'आशा, विश्वास और दानशीलता'।

स्रोत : 'सक्सेस अनलिमिटेड,' अगस्त 1955, भाग-2, संख्या-7, पृ. 25

□

: 5 :

''पठन-पाठन में किसी भी अन्य गतिविधि की तुलना में भीतर छिपी प्रतिभा को बाहर लाने की कहीं अधिक शक्ति है और इसी प्रक्रिया में 'हमारी प्रकृति के बेहतरीन देवदूत' प्रकट होते हैं। यहाँ अब्राहम लिंकन का उदाहरण देना प्रासंगिक होगा, जो किताबों के पठन-पाठन, लक्ष्य-स्थापना तथा लक्ष्य-प्राप्ति के लिए किए गए अथक परिश्रम के बल पर ही एक ग्रामीण बालक से अमरीका के राष्ट्रपति पद तक आने में सफल रहे।''

—गेल ब्रुक्स

यदि आप कुछ नहीं भी कर रहे, केवल एक बालक को ही पढ़ा रहे हैं, तो भी आप एक महान् सेवा कर रहे हैं। कहा गया है, 'रीडर ही लीडर बनते हैं।' और अगर आप भी एक लीडर बनना चाहते हैं तो आपको युवावस्था से ही अपने भीतर पढ़ने की लगन पैदा करनी होगी। अगर मैं अपनी बात कहूँ, तो मैं एक किताबी कीड़ा हूँ। मैं आपको एक छोटा सा राज बताना चाहूँगी। फाउंडेशन के कार्यकारी निदेशक डॉन ग्रीन भी इसी श्रेणी में आते हैं। हम दोनों को ही किताबों से बहुत लगाव है। डॉन का कहना है कि उनके सिरहाने बहुत सी किताबें रखी रहती हैं, जिन्हें वे एक साथ पढ़ना पसंद करते हैं। मेरे पति का कहना है कि हमारे घर में ही मेरे पास कांग्रेस पुस्तकालय का बहुत सारा हिस्सा है। मैं अपने काम की प्रकृति के अनुसार आत्म-विकास से जुड़ी पुस्तकें पसंद करती हूँ,

कहा गया है, 'रीडर ही लीडर बनते हैं।' और अगर आप भी एक लीडर बनना चाहते हैं तो आपको युवावस्था से ही अपने भीतर पढ़ने की लगन पैदा करनी होगी।

परंतु कुल मिलाकर मैं विविध प्रकार की पुस्तकों में रुचि रखती हूँ। मेरा मानना है कि मेरे भीतर पुस्तकें पढ़ने की यह लगन मेरी माँ ने पैदा की, जब मैं स्वयं नहीं पढ़ सकती थी तो वे ही मुझे पढ़कर सुनाती थीं।

हाल ही में मुझे डॉ. जे.बी. हिल, नेपोलियन हिल के पौत्र का एक इ-मेल मिला, उन्होंने मुझे कुछ शैक्षिक मुद्दों की जानकारी दी, जो उन्हें हिल परिवार की वंशावली पर काम करते हुए पता चले। डॉ. जे.बी. हिल कहते हैं—*हिल परिवार में महिलाएँ सदा से अनिवार्य शिक्षा पाने का प्रेरणास्रोत रहीं। मेरी आइरिश माँ ने मुझे पढ़ना-लिखना सिखाया, मेरी दादी ने मेरे पिता को पाँच साल की आयु से पहले ही पढ़ना सिखा दिया था, मेरी सौतेली पड़दादी ने नेपोलियन को सभ्य और शिक्षित बनाया और मेरी पड़-पड़ दादी ने नेपोलियन के पिता को शिक्षित किया होगा। पिछले सप्ताह मैंने अपनी पत्नी नैंसी को हमारी बिटिया को पढ़ाते देखा तो मुझे एहसास हुआ कि इस पीढ़ी में भी ऐसा ही होगा। मेरे पास संरक्षक, पालक, अनुशासनकर्ता, नीति-निर्देशक तथा डैडी की भूमिका रहेगी, परंतु नैंसी ही मेरे बच्चों की वास्तविक शिक्षिका होगी।*

उन्हें उत्तर देते हुए मैंने लिखा—

ऐसा लगता है कि आपने वाकई हिल परिवार के इतिहास का पता लगा लिया है और उन प्रवृत्तियों को खोज लिया है, जो आनेवाली पीढ़ियों के लिए प्रभावी हो सकती हैं। मेरी माँ ने भी मुझे पढ़ना सिखाया। मैं पहली कक्षा में बहुत आलसी थी, क्योंकि मेरी माँ ही मुझे पढ़कर सुनाती थीं और मुझे इसमें बहुत आनंद आता। यह मेरे लिए समय बिताने का सबसे बेहतरीन साधन था। जब एक दिन कक्षा में मुझे इस बात के लिए फटकार मिली कि मुझे अभी तक पढ़ना नहीं आता तो माँ ने उनसे कहा, 'वह पढ़ नहीं सकती? आप यह बात कैसे कह सकती हैं? हम तो सारा दिन पढ़ते हैं।' जब मैं इस यादगार टीचर-मम्मी भेंट के बाद घर गई तो मुझे उन्होंने डपटा और फिर वे इस समस्या का हल भी निकाल लाईं। वे बोलीं, 'आज से मैं जब भी तुम्हारी प्रिय कहानियों की किताब पढ़ूँगी, तो उसमें से हम

सबसे अच्छा शिक्षक वही होता है, जो अपने छात्र के दिल के करीब होता है। बच्चे को जबरन शिक्षा का घोल पिलाने वाला शिक्षक कभी बेहतर नहीं हो सकता। भले ही कोई टाइपराइटर हो या कहानियों की किताब, एक स्मार्ट टीचर जानता है कि उनके माध्यम से एक बच्चे के मन में शिक्षा पाने की ललक कैसे पैदा करनी है।

बारी-बारी से एक-एक पेज पढ़ा करेंगे।'

''और इस तरह मैं एक निष्क्रिय श्रोता बनने के स्थान पर सक्रिय पाठिका बनी। मॉम का जन्मदिन बीस फरवरी को आता है, 1990 में उन्होंने मुझसे विदा ली, पर वे मेरे हृदय में सदा वास करती हैं। वे सारी डिग्रियों और शैक्षिक अनुभवोंवाली शिक्षिकाओं से भी कहीं अधिक अनुभवी थीं। हिल परिवार की महिलाओं की तरह मेरी माँ भी जानती थीं कि ज्ञान का प्रकाश प्रसारित करने का क्या रहस्य है। और यही बात हमें दूसरों से अलग बनाती है, है न? आज पहली कक्षा में ठीक से न पढ़ पानेवाली लड़की, यानी मैं दूसरी डिग्रियों के साथ एक रीडिंग विशेषज्ञ के तौर पर के-12 का प्रशासनिक लाइसेंस रखती हूँ। मैं यह भी जानती हूँ कि सबसे अच्छा शिक्षक वही होता है, जो अपने छात्र के दिल के करीब होता है। बच्चे को जबरन शिक्षा का घोल पिलाने वाला शिक्षक कभी बेहतर नहीं हो सकता। भले ही कोई टाइपराइटर हो या कहानियों की किताब, एक स्मार्ट टीचर जानता है कि उनके माध्यम से एक बच्चे के मन में शिक्षा पाने की ललक कैसे पैदा करनी है। काश, दूसरे परिवार भी इस बात को महसूस करते और अपने बच्चों के भीतर इस जादू को जगाते, ताकि उनकी छिपी प्रतिभा सामने आ सकती! ऐसा लगता है कि आपकी पत्नी आपके दोनों बच्चों के साथ यह कर्तव्य बहुत अच्छी तरह निभा रही है। आपको शुभकामनाएँ!

इन दो निजी कहानियों को आपके साथ बाँटने के बाद मैं आशा करती हूँ कि आप एक व्यक्ति के जीवन में पुस्तकें पढ़ने के महत्त्व को समझ सकते हैं। अच्छी पुस्तकें अच्छे विचारों और फिर अच्छे जीवन की ओर ले जाती हैं। एक पाठक बनने का अवसर न खोएँ। आपको ऐसी अमूल्य सलाह और कहाँ मिल सकती है। मैं आपको गारंटी देती हूँ कि आप बहुत कुछ सीख सकेंगे। माँ कभी गलत नहीं कहतीं और मैं, डॉ. जे.बी. हिल और डॉन पढ़ने की इस आदत की अपनी ओर से सिफारिश करते हैं।

अपने बच्चे को असफल बनाना छोड़ें

—नेपोलियन हिल

क्या आपको एहसास है कि आपके बच्चे की सफलता या असफलता आप पर निर्भर करती है? बेशक, आपका बच्चा जो स्कूली या धार्मिक शिक्षा ग्रहण

सबसे पहले तो उन्हें सुनिश्चित उद्देश्य के बारे में जानकारी दें। यह सब बालपन से ही सिखाया जाना चाहिए, ताकि उनके चरित्र का एक अंग बन जाए। 'हैबिट ऑफ गोइंग एक्स्ट्रा माइल' यह सफलता पाने का दूसरा नियम है। तीसरा नियम है—'सकारात्मक मानसिक रवैए की आदत।' उसे हमेशा यही सोचना चाहिए कि वह क्या कर सकता है, यह सोचना व्यर्थ होगा कि वह क्या नहीं कर सकता।

करेगा, उससे उसे जीवन में लाभ होगा, परंतु वह आपकी संगति से जो अनुभव पाएगा, वह उन्हें सफलता की ओर अग्रसर करने में अहम भूमिका निभा सकता है।

आप अपने बच्चों को अन्य तीन महत्त्वपूर्ण नियम भी सिखा सकती हैं, जो उनके जीवन में उन्हें प्रसन्नता और सफलता पाने की दिशा में बहुत आगे तक ले जाएँगे। सबसे पहले तो उन्हें सुनिश्चित उद्देश्य के बारे में जानकारी दें। यह सब बालपन से ही सिखाया जाना चाहिए, ताकि उनके चरित्र का एक अंग बन जाए।

कुछ समय पूर्व मैं एक मित्र के घर थी, उनका बच्चा ब्लॉक्स से खेल रहा था। वह एक बड़ा सा ढाँचा बनाने की कोशिश कर रहा था, जो कुछ ही क्षणों में गिरकर टूट जाता। वह जब रोने लगा तो उसकी मॉम ने उसे आकर समझाया और पूछा कि वह क्या बनाना चाहता है।

''मैं नहीं जानता। बस कुछ ऐसा, जो खड़ा रहे, टिक सके।'' उसने सुबकी भरी।

''अगर कुछ बनाना चाहते हो तो तुम्हें पहले पता होना चाहिए कि तुम क्या बनाना चाहते हो। तुम्हारे पास एक योजना होनी चाहिए। अब देखें कि तुम क्या बनाना चाहते हो?'' उन्होंने कहा।

फिर मॉम ने बच्चे को ब्लॉक्स जोड़ने और काम करने का तरीका समझाया और बच्चे ने तय किया कि वह एक छोटा घर बनाएगा। वह पूरी लगन के साथ काम में जुट गया।

उसके डैड ने उसे चेतावनी दी, ''इस काम को करने में समय और मेहनत लगेगी, पर जब वह बनकर तैयार होगा तो वह आराम से खड़ा होगा और तुम्हें उसे देखकर गर्व होगा।''

जब मैं कुछ देर बाद जाने लगी तो वह बच्चा खुशी-खुशी मेरा हाथ थामकर अपना बनाया घर दिखाने ले गया।

उसने कहा, ''ऐसे ही ब्लॉक्स को यहाँ-वहाँ लगाने से बेहतर था कि उनसे

एक घर बना दिया जाए।''

जब मैं बाहर आई तो उसके पिता मुझे छोड़ने आए। वे एक विशाल स्टोर संगठन में काम करते थे और उन्होंने अपना कॅरियर किसी छोटे स्टोर में क्लर्क की हैसियत से आरंभ किया था। पिछले दस वर्षों के दौरान वे उद्देश्य की निश्चितता का पालन करते हुए वाइस-प्रेजीडेंट के पद तक आ गए। उन्होंने कहा, ''अब आप समझ गई होंगी कि हम किस तरह अपने बेटे की शिक्षा-दीक्षा के दौरान इस बात पर खास ध्यान दे रहे हैं कि वह इस बात की बेहतर जानकारी के साथ बड़ा हो, वह क्या चाहता है, उसे इस बात का मोल पता होना चाहिए।

भले ही आपका बच्चा अपने बचपन के दौरान कोई रेलरोड इंजीनियर, अंतरिक्ष यात्री, मूवी स्टार वगैरह कुछ भी बनना चाहे, परंतु उसके भीतर इस विश्वास को जाग्रत् करें कि वह जो भी चाहे कर सकता है। इसके साथ ही पूरे कौशल के साथ उसे यह समझाना भी न भूलें कि उसे जीवन में एक सुनिश्चित प्रधान उद्देश्य का निर्णय लेने के बाद उसके लिए कार्य करना चाहिए।

'हैबिट ऑफ गोइंग एक्स्ट्रा माइल' यह सफलता पाने का दूसरा नियम है और आपको अपने बच्चे को इस बारे में भी बताना चाहिए। इसके अनुसार उसे सीखना होगा कि वह अपने कर्तव्य की सीमा से परे जाते हुए सेवा प्रदान करना सीखे। यह एक ऐसी आदत है, जिसे अपनाए बिना कोई भी सफल व्यक्ति जीवन में आगे नहीं बढ़ सका। यह नियम अपनी ओर से अनुकूल आर्थिक अवसर तो पैदा करता ही है, इसके साथ सरलता से मित्र बनाने की योग्यता भी प्रदान करता है।

जो और पैटी पड़ोसी थे। दोनों के माता-पिता मजदूरी करते थे और वे लोग कभी स्कूली पढ़ाई भी नहीं कर सके, परंतु जो के माता-पिता इस नियम के बारे में जानते थे और उन्होंने सदा जो को इसका पालन करना सिखाया। इस तरह यह उसके स्वभाव का एक अंग बन गया।

वहीं दूसरी ओर पैटी के माता-पिता ने उसे सिखाया कि वह एक भी उँगली हिलाए बिना, जो जी चाहे पा सकता था। उसने इस विचार को अपना बनाने में पल भर की भी देरी नहीं की।

जब जो बड़ा हो रहा था, तो उसके पिता पहले फोरमैन के पद पर और फिर अपने विभाग में प्लांट प्रबंधक के पद तक आ गए, क्योंकि उन्हें अपनी सेवाओं के बदले में जो भुगतान मिलता था, वे उससे कहीं अधिक सेवाएँ प्रदान करने के आदी थे। उन्होंने यही आदत अपने बेटे को भी सौंपी।

अपनी ग्रेड व हाई स्कूल की पढ़ाई के दौरान जो पढ़ाई के अलावा अन्य

गतिविधियों को भी पूरा समय देता रहा। वह अपनी ओर से दूसरों के लिए कुछ करने में कोई कसर नहीं छोड़ता था। उसके अध्यापक और सहपाठी उसे बहुत पसंद करते थे। इसके अलावा अपने सकारात्मक मानसिक रवैए के कारण उसे दूसरों के लिए किए गए हर कार्य से मानसिक शांति और खुशी भी मिलती थी।

इसी दौरान पैटी अपनी ओर से कम-से-कम काम करता। स्कूल में कम अंक, अध्यापकों के साथ परेशानी, सहपाठियों से बैर और किसी भी तरह की गतिविधि में भाग न लेना। उसका रवैया बहुत ही गलत था। उसे लगता था कि जिस काम को करने से लाभ न हो, उसे करना ही नहीं चाहिए। उसने यह रवैया कहाँ से पाया? उसने यह रवैया अपने पिता से सीखा, जो हमेशा अपने काम, उसके स्कूल और उसके अध्यापकों को कोसते रहते थे।

जो को अपने हाई स्कूल में अच्छे प्रदर्शन के कारण कॉलेज में छात्रवृत्ति मिली और वह हमेशा कुछ अतिरिक्त करने की प्रवृत्ति के कारण कॉलेज में भी सबका चहेता बन गया। उसने कभी नहीं पूछा, "यह काम करने से मुझे क्या लाभ होगा?" वह हमेशा यही पूछता था, "किसी दूसरे की मदद कैसे की जा सकती है?"

पैटी हमेशा जो को ताना देता कि वह उन लोगों में से है, जो दूसरों की मदद के लिए अपना सबकुछ बरबाद करने को भी तैयार रहते हैं। जो को अपने कॉलेज के रिकॉर्ड के कारण स्नातक की डिग्री पाते ही एक अच्छे संस्थान में नौकरी भी मिल गई। उसका रवैया वही बना रहा और पहले ही साल में उसने अपने साथ काम करनेवालों की तुलना में दो पदोन्नित पाईं। दूसरे युवकों के पास भी उसके जितनी शैक्षिक योग्यता है, किंतु वे उसके जितनी बुद्धि नहीं रखते।

पैटी का क्या हुआ? उसे अपने कॉलेज के बाद छोटी-मोटी नौकरी से काम चलाना पड़ा। वह हमेशा इसी बात का खेद प्रकट करता है कि जो को जीवन में सबकुछ उससे ज्यादा मिला। उसे आज तक यह दिखाई नहीं दिया कि जो को हमेशा अपने इसी रवैए के कारण लाभ हुआ कि वह कुछ पाने से पहले दूसरों को देने के बारे में सोचता है और इस तरह बढ़ते प्रतिफल के नियम को अपने पक्ष में बनाए रखता है। पैटी के माता-पिता को सपने में भी अंदाजा नहीं है कि वे अपने बेटे को जीवन में सफलता पाने के लिए तैयार करने में असफल रहे।

आपको अपने बच्चे को सफलता का तीसरा नियम है—'सकारात्मक मानसिक रवैए की आदत।' उसे हमेशा यही सोचना चाहिए कि वह क्या कर सकता है, यह सोचना व्यर्थ होगा कि वह क्या नहीं कर सकता। हेनरी फोर्ड ने एक बार कहा था कि उन्हें अपने यहाँ काम करनेवाले ऐसे नौजवानों की जरूरत है, जो 'यह नहीं हो

सकता' जैसे वाक्य के बारे में कुछ जानते ही न हों।

दो किशोरी लड़कियों ने कक्षा में एक नाटक में अभिनय करने के बारे में निर्णय लिया। पहली किशोरी को माता-पिता ने बड़े ही उत्साह से भाग लेने को प्रोत्साहित किया। दूसरी किशोरी जोन को घर में सुनने को मिला कि उसे पढ़ाई के अलावा इन बातों में अपना समय नहीं लगाना चाहिए। उसकी आवाज बहुत पतली है। उसे ऑडिटोरियम की सर्दी में जुकाम हो सकता है। वह अपने संवाद कभी याद नहीं कर सकेगी। वह सबके लिए शर्मिंदगी का कारण बन जाएगी।

बेचारी लड़की काम की शुरुआत करने से पहले ही हार गई। उसके माता-पिता ने उसे नकारात्मक मानसिक रवैया सौंपने में पल भर की भी देरी नहीं की।

नैंसी ने भी नाटक में काम करना चाहा, पर उसे रोल नहीं मिला। उसके माता-पिता ने झट से उसकी उस असफलता में भी उसके लिए लाभ गिना दिया। मॉम ने कहा, "अरे, अच्छा हुआ, इस तरह तुम्हें 4 एच प्रतियोगिता की सिलाई के काम के लिए अधिक समय मिल जाएगा।" नैंसी ने उस प्रतियोगिता में दूसरा स्थान पाया और वह एक ऐसी माँ और पत्नी के रूप में सामने आई, जो अब अपने दो बच्चों को सदा अलग-अलग तरह से सकारात्मक मानसिक रवैए की घुट्टी पिलाती है।

जोन ने भी नाटक में काम नहीं किया, पर उसने तो काम पाने की कोशिश भी नहीं की। एक बार उसने अपनी हिम्मत से तैराकी प्रतियोगिता में हिस्सा लिया और असफल होने पर अपने माता-पिता से यही सुनना पड़ा, "हमने तो पहले ही मना किया था।" जोन अब आत्म-केंद्रित स्वार्थी महिला है, जो अपने दुःख और पीड़ा से मुक्त होने के लिए निरंतर कई तरह की गोलियाँ खाती रहती है। वह अपने नकारात्मक मानसिक रवैए के कारण ही अपने काल्पनिक रोगों के लक्षणों से ग्रस्त रहती है।

अगर माता-पिता भी रोग, निर्धनता और असफलता के बारे में ही सोचते रहते हैं तो वे अपने बच्चों को भी यही रवैया सौंपते हैं और उनके बच्चे जीवन में कभी आगे नहीं बढ़ सकते। हमेशा अच्छी सेहत, संपदा और उपलब्धि के बारे में सोचें और अपने बच्चों को सफलता की ओर अग्रसर होने में सहायक हों।

स्रोत : 'सक्सेस अनलिमिटेड' : नवंबर 1956, भाग-3, संख्या-11, पृष्ठ-36, 40

□

: 6 :

"विश्वास या आस्था का होना बहुत मायने रखता है। अपने जीवन में उस विश्वास को उतारना उससे भी बड़ी बात है। पर आपको ऐसे बहुत से आदर्श मिल जाएँगे, जो आपको यह दिखा सकते हैं कि ये काम कैसे करने चाहिए।"

—लिबी गिल

विश्वास या आस्था को आप आध्यात्मिक साहस या अप्रत्यक्ष सकारात्मक परिणाम कह सकते हैं। इसका अर्थ है, आप यह जानते हैं कि आप जो विश्वास करते हैं, वह निश्चित रूप से घटेगा। यह इस बात का आश्वासन है कि आप सही राह पर हैं और यही राह आपको आपकी मंजिल तक ले जाएगी। विश्वास का अर्थ है कि आप किसी परम शक्ति में विश्वास रखते हैं और आपको एहसास है कि यह शक्ति आपसे कहीं अधिक शक्तिशाली है। फिर भी यह शक्ति सदा आपको अपने हाथों में थामे रखती है। इससे भी महत्त्वपूर्ण बात यह है कि विश्वास एक ऐसी सजगता है, जो आपकी ओर से निष्क्रियता के कारण अपर्याप्त रहेगा। डॉ. हिल के अनुसार, "कर्म के बिना विश्वास मृतक के समान है।" इसी बात से कर्म की शक्ति का अनुमान होता है।

विश्वास का अर्थ है कि आप किसी परम शक्ति में विश्वास रखते हैं और आपको एहसास है कि यह शक्ति आपसे कहीं अधिक शक्तिशाली है। फिर भी यह शक्ति सदा आपको अपने हाथों में थामे रखती है। इससे भी महत्त्वपूर्ण बात यह है कि विश्वास एक ऐसी सजगता है, जो आपकी ओर से निष्क्रियता के कारण अपर्याप्त रहेगा।

आपको अपनी सफलता के पथ पर चलने के लिए इस विश्वास को लागू करना होगा। यह एक चिकनाई की तरह सफलता के पथ पर चलनेवाली गाड़ी के पहियों को लाभ पहुँचाएगा। मानो आपने ब्रेड में फुलावट लाने के लिए खमीर मिला दिया हो। इस तरह आप अपनी क्षमता के क्षेत्र में पूरी गरिमा के साथ विचार कर सकेंगे। कठिन-से-कठिन समय में भी सहज भाव से काम करने का साहस बना रहेगा। हो सकता है कि आपके रास्ते में फूल न बिछें, पर आप घर से बाहर तो निकल ही आएँगे।

विपरीत दृष्टिकोण से मुझे एडगर गेस्ट की कविता अच्छी लगती है। 'द वर्ल्ड इज अगेंस्ट मी'। इस कविता में बताया गया है कि विश्वास का अभाव सफलता के पथ की कितनी बड़ी बाधा बन सकता है।

कविता में कवि एक युवक से बात कर रहा है। वह लड़का दुःखी होकर कहता है कि सारा संसार उसका बैरी है। कोई उसकी हर योजना को बरबाद कर देता है। सभी उसे नीचा दिखाने की साजिश करते हैं। वह गरीब है, इसलिए कोई उसका साथ नहीं देता। कवि उससे पूछता कि है कि वह अब्राहम लिंकन के बारे में क्या सोचता है। उन्हें भी विपरीत परिस्थितियों का सामना करना पड़ा। उनका साथ भी किसी ने नहीं दिया, पर वे पूरे साहस के साथ अपने उद्‌देश्य पर डटे रहे और आसमान की ऊँचाइयों को छुआ। क्या संसार उनके भी खिलाफ था?

कवि उसे बेन फ्रेंकलिन के बारे में बताता है कि किस तरह वे कई बार रात को भूखे ही सो जाते थे और उन्होंने जीवन भर निर्धनता का सामना किया, क्या संसार उनके भी खिलाफ था?

अंत में कवि उस युवक को फटकारता है कि वह उसे दर्जनों नहीं सैकड़ों ऐसे नाम गिना सकता है, जिन लोगों ने पूरे धैर्य के साथ सफलता की सीढ़ियाँ चढ़ते हुए जीवन में सबकुछ अर्जित किया। वे अपने संघर्ष के बाद ही जीवन में कुछ पाने में सफल रहे। क्या संसार उनके भी खिलाफ था?

एक और प्रश्न करना चाहूँगा। आप विश्वास से भरपूर हैं या भयभीत हैं? आप एक साथ दोनों नहीं हो सकते। परंतु आप हमेशा यही निर्णय ले सकते हैं कि आप किस रवैए को अपनाएँगे। इस विषय में आपका उत्तर बहुत महत्त्व रखता है।

एप्लाइड फेथ (व्यावहारिक विश्वास)

—नेपोलियन हिल

विश्वास या आस्था ही वह द्वार है, जो व्यक्ति को अनंत बुद्धिमत्ता की ओर ले जा सकता है।

विश्वास मन की ऐसी अवस्था है, जिसे आत्मा का मुख्य आधार कहा गया है, इसके माध्यम से ही किसी व्यक्ति के लक्ष्य, इच्छाएँ और योजनाएँ भौतिक या वित्तीय आधार पा सकती हैं।

व्यावहारिक विश्वास के बुनियादी नियम निम्नलिखित हैं—

- उद्देश्य की निश्चितता और निजी पहल का समर्थन।
- एक सकारात्मक मानसिक रवैया; जो घृणा, क्रोध, ईर्ष्या व भय आदि नकारात्मकताओं से मुक्त हो।
- एक से अधिक लोगों के साथ मास्टर माइंड मेल-जोल, जो साहस पर आधारित विश्वास में आस्था रखते हों और जो आपके उद्देश्य के साथ मानसिक व आध्यात्मिक तारतम्य रखते हों।
- इस तथ्य की पहचान कि हर कष्ट या संकट अपने साथ लाभ भी लाता है, हर अस्थायी पराजय तब तक असफलता नहीं होती, जब तक आप उसे वैसा मान नहीं लेते।
- प्रार्थना के रूप में प्रतिदिन ईश्वर के प्रति आभार प्रकट करना।

व्यावहारिक विश्वास को प्रकट करने के लिए आपको एक अनुकूल मानसिक रवैए की आवश्यकता होगी, इसके लिए निम्नलिखित निर्देशों का पालन करें—

1. यह जानें कि आप क्या चाहते हैं और यह तय करें कि इसके बदले में आप क्या देंगे।
2. जब आप प्रार्थना में किसी वस्तु की याचना कर लें तो उसके बाद स्वयं को उसे ग्रहण करते हुए देखें।
3. भीतर से आनेवाले मार्गदर्शन के लिए अपने मन को मुक्त करें और जब भी जीवन में बाधा सामने आए तो तत्काल अपने भीतर से ही उत्तर पाने का प्रयास करें। आपको निश्चित रूप से उत्तर मिलेगा।
4. जब भी जीवन में असफलता सामने आए तो यह याद रखें कि प्राय:

मनुष्य के विश्वास की परीक्षा ली जाती है और हो सकता है कि वह पराजय आपकी परीक्षा की घड़ी ही हो; अतः उसे भी अपने भावी प्रयासों के लिए प्रेरणा के रूप में ही ग्रहण करें।

विश्वास ही वह द्वार है, जिसे आपको अनंत बुद्धिमत्ता से संप्रेषण करने के लिए पार करना होगा और उससे मदद की आकांक्षा रखनी होगी। केवल यही एक ऐसी चीज है, जो आपकी प्रार्थना को प्रभावशाली बना सकती है।

ब्लैंकेट फेथ या छद्म विश्वास जैसी कोई वास्तविकता नहीं होती। आपको व्यावहारिक विश्वास का लाभ उठाना है तो आपके पास एक निश्चित उद्देश्य का होना आवश्यक है।

विश्वास तो आपके भीतर से आनेवाला मार्गदर्शन है, जो आपको आपका मनचाहा प्राप्त करने में सहायक होगा और आपको वह रास्ता भी दिखाएगा, जिसके बल पर आप वह सब पा सकते हैं, जो जीवन में पाने की इच्छा रखते हों।

विश्वास ही वह द्वार है, जिसे आपको अनंत बुद्धिमत्ता से संप्रेषण करने के लिए पार करना होगा और उससे मदद की आकांक्षा रखनी होगी। केवल यही एक ऐसी चीज है, जो आपकी प्रार्थना को प्रभावशाली बना सकती है।

स्रोत : सक्सेस अनलिमिटेड

□

: 7 :

"मेरे पास दो शक्तियाँ हैं—मेरी सशक्त कार्य आचार नीति और बाधाओं से पार पाने की अद्‍भुत क्षमता। जैसा कि नेपोलियन हिल कहते थे, "मेरे पास लोच का गुण है।" डॉ. हिल ने लोच को परिभाषित करते हुए कहा है, "अपना आपा खोए बिना किसी भी तरह के आपातकाल या विपरीत परिस्थिति में स्वयं को अनुकूलित करने की क्षमता या क्रोध के कारण बिगड़े संतुलन को तत्काल साधने की योग्यता।"

—जिम कोनली

जब मैं कॉलेज में इंग्लिश मेजर था, तो मुझे हरमन मैरविली द्वारा लिखी गई लघु कथाओं का संकलन 'बार्टलबाइ द स्क्रीवेनर' पढ़ाने का दायित्व सौंपा गया। उन्होंने 'मॉबी डिक' नामक क्लासिक उपन्यास लिखने के बाद इसे लिखा था। 'बार्टलबाइ' मुख्य नायक था और थोड़ा अजीब था। उसे एक कानूनी काम करनेवाले कार्यालय में कॉपी राइटर का काम मिला। जब उसे एक परियोजना दी गई तो उसने जवाब दिया कि वह उसे न करना ही बेहतर समझता है। आगे चलकर तो जैसे यही उसके जीवन का मंत्र बन गया। वह अकसर अपने ऐसे जवाबों से सामनेवाले को हतप्रभ कर देता। इस तरह ये हालात बिगड़ते गए और उसने तय कर लिया कि वह स्वयं को जीवन से ही बाहर कर देगा। जब कहानी अंत पर आती है तो पाठक यह सोचने पर मजबूर हो जाता है कि बार्टलबाइ ने कोई निर्णय न लेने का निर्णय क्यों लिया? क्या उसे लगता था कि इस तरह वह अपने आस-पास एक सुरक्षा जाल बुन रहा है या उसे लगता है कि वह इस तरह अपनी आजादी की रक्षा कर पा रहा है? जो भी हो, अंत में वह एक पराजित के रूप में सामने आता है।

वह जीवन में अपने लिए निर्णय न ले पाने का ही खमियाजा भुगतता है।

यदि आपके जीवन में लोच का गुण है तो आपको इससे अनेक लाभ हो सकते हैं। निर्णय निर्धारण में लोच को मानसिक चित्रण के समान माना जा सकता है। ब्रह्मांड हमें जो भी देने जा रहा है, उसे लेने की बजाय अपने द्वार बंद करने से हमें कोई लाभ नहीं होगा। सेंट फ्रांसिस के शब्दों में, "हम देने में ही पाते हैं।" आप पाने के लिए देते हैं और देने के लिए पाते हैं। जिस तरह बीज बोने के बाद उससे तैयार फसल से और भी बीज बनते हैं, आपके जीवन को भी ऐसा ही होना चाहिए। इस प्रक्रिया को रोकने से हमारी वृद्धि में भी बाधा आ सकती है। अगर हमारी लोच बनी रहेगी तो हम सदा युवा और विकासशील बने रहेंगे। लोच में कमी आने से हमारा क्षय होने लगता है।

आप पाने के लिए देते हैं और देने के लिए पाते हैं। जिस तरह बीज बोने के बाद उससे तैयार फसल से और भी बीज बनते हैं, आपके जीवन को भी ऐसा ही होना चाहिए। इस प्रक्रिया को रोकने से हमारी वृद्धि में भी बाधा आ सकती है। अगर हमारी लोच बनी रहेगी तो हम सदा युवा और विकासशील बने रहेंगे। लोच में कमी आने से हमारा क्षय होने लगता है।

आपको लचीला बनना सीखना चाहिए। अनपेक्षित कार्य करें। खतरा मोल लें। चुनौती को स्वीकारें। देखें कि ब्रह्मांड आपके लिए क्या अनूठा उपहार लाया है। कौन जाने, आप कोई टूटता सितारा पा लें, कोई जादुई चिराग पा लें या इंद्रधनुष के अंत में आपके हाथ सोने से भरा कलश लग जाए, जैसे हम बचपन से अपनी कहानियों में पढ़ते आए हैं। परंतु आप यह सब तबतक नहीं कर सकते, जबतक आप अपने रवैए में लोच नहीं लाते। आपके अंदर ये जोश और आत्मविश्वास हमेशा बना रहना चाहिए—"हाँ, मैं कर सकता हूँ।"

लोच चमत्कार कर सकती है

—नेपोलियन हिल

अपने लंबे व शानदार कॅरियर के दौरान नेपोलियन हिल संसार के अनेक महान् व्यक्तियों से मिले। उनसे बातचीत की, उनके चरित्र का अध्ययन किया। उन्होंने जो भी सीखा, उसे अपनी प्रज्ञा से मिलाते हुए आपके सामने प्रस्तुत किया। जिस तरह

नेपोलियन हिल ने दुनिया के अनेक व्यक्तियों को प्रभावित किया, उस तरह बहुत कम लोग कर पाते हैं। 'थिंक एंड ग्रो रिच,' 'द साइंस ऑफ सक्सेस' और 'हाउ टू रेज योअर आन सेलेरी,' उनके भाषण, उनके रेडियो कार्यक्रम तथा मोशन पिक्चरें आदि असंख्य लोगों की मदद करती आई हैं कि वे अपनी मदद स्वयं कर सकें।

एंड्रयू कारनेगी ग्रेट यू.एस. स्टील कॉरपॉरेशन के मालिक थे, वे अपने समय के उद्योगपतियों में, मनुष्य की परख करनेवाले बेहतरीन लोगों में से थे। अपने समय में वे अनेक व्यक्तियों की सफलता के लिए प्रेरक रहे।

जब भी वे किसी अहम काम के लिए किसी व्यक्ति को नियुक्त करना चाहते तो वे उसके कुछ गुणों की परख अवश्य करते—निष्ठा, विश्वसनीयता, लोच और काम को उचित रूप से करने की योग्यता।

उनका कहना था कि यदि व्यक्ति निष्ठावान्, विश्वसनीय और लोचयुक्त नहीं है तो उसकी कोई भी योग्यता उसे एक जिम्मेदार कार्यकारी या निरीक्षण पद पर नहीं बिठा सकती। लोच से उनका तात्पर्य था कि वह व्यक्ति अपना आपा खोए बिना किसी भी तरह के आपातकाल या विपरीत परिस्थिति में स्वयं को अनुकूलित करने की क्षमता या क्रोध के कारण बिगड़े संतुलन को तत्काल साधने की योग्यता रखता हो।

उन्होंने इस बात के संदर्भ में अपने प्रमुख केमिस्ट का हवाला दिया। वे अपने लिए एक मेधावी केमिस्ट चाहते थे और उन्होंने टेलेंट स्काउट को जर्मनी भेजा, ताकि ऐसे व्यक्ति की खोज की जा सके और इसके लिए वे मुँहमाँगा वेतन देने को तैयार थे। वे उस व्यक्ति को 'क्रुप गन वर्क्स' में नियुक्त करना चाहते थे। उस व्यक्ति को बहुत अच्छे वेतन और पाँच वर्ष के कार्यकाल अनुबंध के साथ अमरीका लाया गया।

पहले ही माह के अंत में वह व्यक्ति मि. कार्नेगी के मास्टर माइंड ग्रुप का सदस्य बन गया। तब तक उन्हें समझ आ गया था कि उसे नियुक्त करके बड़ी भूल हो गई थी। बेशक वह एक प्रतिभाशाली व्यक्ति था, पर अपने अड़ियल रवैए के कारण संगठन के अन्य सदस्यों के साथ उसका मेल नहीं हो पा रहा था। इस तरह उसे पूरे पाँच साल के अनुबंध के अनुसार पैसा देकर काम से विदा कर दिया गया।

किसी ने कार्नेगीजी से कहा कि यह अनुभव तो बहुत ही महँगा रहा। तो वे बोले, "यह तो सच है, पर अगर हम उसे न निकालते तो शायद यह और महँगा पड़ सकता था।" हालाँकि ऐसा बहुत कम होता था कि कार्नेगी के संगठन में किसी महत्त्वपूर्ण पद के लिए चुने जा रहे व्यक्ति को उस महान् उद्योगपति द्वारा परखे बिना ही चुन लिया गया हो।

व्यक्तिगत असफलता के कारणों में सबसे प्रमुख कारण यह भी है कि व्यक्ति दूसरों के साथ सामंजस्य नहीं बिठा पाता। लोच ही इस दुर्बलता का हल है। निजी गुणों तथा मानसिक रवैए के साथ दो लोग एक से नहीं होते। सफल व्यक्ति इस तथ्य को पहचानता है और वह यह भी जानता है कि वह अपनी सुविधा के अनुसार दूसरों का रवैया नहीं बदल सकता, तो वह दूसरों के साथ संघर्ष को टालने के लिए कुछ समय तक अपने रवैए को बदल लेता है।

हमारे पास सुनने के लिए कान और बोलने के लिए मुख है, परंतु सौभाग्यवश हमारे पास यह चुनाव है कि अगर हमें कोई बात अच्छी नहीं लग रही तो हमें उसका जवाब देने की आवश्यकता नहीं है। मौन भी एक शक्तिशाली हथियार हो सकता है और अकसर बुद्धिमान लोग बहस करने के अभ्यस्त लोगों से भेंट करते समय इसी तरह का आचरण करते हैं।

स्वर्गीय फ्रेंकलिन डी. रूजवेल्ट अपने समय के सबसे लचीले स्वभाव के लोगों में से थे। वे बहुत आसानी से दूसरों के बीच घुल-मिल जाते और कहा जा सकता है कि यह उनकी सबसे बड़ी संपदा थी और यही बात उन्हें व्हाइट हाउस के सबसे सफल राजनेताओं में से एक बनाती थी।

मैंने अनेक व्यक्ति देखे, जो उनके ऑफिस में किसी शेर की तरह गरजते आते और किसी मेमने की तरह दुबके हुए बाहर निकलते। एक दिन बड़ा बैंकर प्रेसीडेंट से मिलने आया। जब वह भीतर आया तो उसके गुस्से की सीमा नहीं थी। उसे लग रहा था कि उसे भेंट से पूर्व बहुत देर तक प्रतीक्षा करवाई गई थी। उसने बैठने से पहले ही अपने मन की भड़ास निकालते हुए कहा, "मेरा समय कीमती है और मैं नहीं चाहता कि इसे चापलूसी में बरबाद करूँ।"

रूजवेल्ट अपने चेहरे पर लाखों डॉलरवाली मुसकान के साथ बोले, "मैं समझ सकता हूँ कि आप कैसा महसूस कर रहे हैं, मेरा समय भी कीमती है, मैं भी बहुत से लोगों को मूर्ख बना रहा हूँ।" उस व्यक्ति ने उसी समय माफी माँगते हुए कहा, "अगर मुझे आपके जैसी लोच मिल जाए तो मैं लाखों डॉलर देने को तैयार हूँ और उसने ऐसा खुशी-खुशी कर भी दिया होता।"

हमारे जीवन में एक भी दिन ऐसा नहीं आता, जब हमें यह अनुभव न होता हो कि जीवन में आनेवाली दुःखद परिस्थितियों के भार को घटाने के लिए लोच के सिवा कोई उपाय नहीं हो सकता। तीस से अधिक व्यक्तिगत गुण हैं, जिन्हें यदि एक साथ मिलाया जाए तो एक सुखद व्यक्तित्व सामने आता है। इस समूह में लोच का गुण अनिवार्य है, जिसके बिना काम नहीं चल सकता।

सबकुछ सीखना मेरी किसमत का हिस्सा था। अपने बीस साल की मेहनत के दौरान मैंने अपने सफलता के दर्शन को संगठित करने के लिए शोध किया। पैसे की कमी को पूरा करने के लिए जीवन में कई बार लोच अपनाने की भी जरूरत पड़ी। मुझे पाँच सौ से अधिक शीर्षस्थ पदाधिकारियों को इस बात का भरोसा भी दिलाना था कि मुझसे भेंट करके उनका समय व्यर्थ नहीं जाएगा।

हमारे सामने आनेवाले हर बुरे हालात के लिए लोच को ही सर्वोत्तम उत्तर माना जा सकता है। अगर हमें याद रहे कि 'हर संकट अपने साथ लाभ का बीज भी लाता है' तो इस गुण से हम अधिकतम लाभ उठा सकते हैं। जब भी संकट सामने आए तो आप देख सकते हैं कि आपके पास हालात का सामना करने के लिए लोच का गुण है या नहीं? उस समय आपको भय, आत्म-दया, उद्वेग या द्वेष से ऊपर उठकर लोच का गुण अपनाना होगा।

वर्ष 1929 के आरंभ में मंदी से घिरने के बाद मैंने अपनी लोच बनाए रखने के लिए किताबें लिखना आरंभ कर दिया। मेरे मन में उन्हें प्रकाशित करने का कोई विचार नहीं था। मैं तो केवल अपनी लोच बनाए रखने के लिए लिख रहा था। मेरे तीन दोस्तों ने अलग-अलग तरह से हालात से समझौता किया। उनमें से एक ने इमारत से छलाँग लगा दी, एक ने खुद को गोली मार दी और तीसरे ने जहर खा लिया। उस मंदी के दौरान मुझे भी उतनी ही वित्तीय हानि हुई थी, जितनी उन्हें हुई, परंतु मेरे पास एक संपदा थी, जो दुर्भाग्यवश उनके पास नहीं थी।

लोच व्यक्ति को वह क्षमता प्रदान करती है, जिसके अनुसार उसे एहसास हो सकता है कि मन जो सोचता है और विश्वास करता है, उसे आसानी से पा भी सकता है। इसके साथ ही यह सबक भी देता है कि समय बहुत बड़ा चिकित्सक है, जो बड़े से बड़ा घाव भर देता है। यह हमें साहस देता है कि हम संघर्ष से उबरकर, अपनी शारीरिक और आध्यात्मिक शक्ति को पहचानें।

मैंने अपने जीवन से जो भी अनुभव लिये, उनमें से एक अनुभव खास तौर पर मेरी यादों का हिस्सा है। मैंने सीखा है कि यदि कोई व्यक्ति अनंत बुद्धिमत्ता के संपर्क में रहते हुए यह विश्वास बनाए रखता है कि उसे शक्ति के दैवीय स्रोत से मार्गदर्शन प्राप्त होता रहेगा तो ऐसे व्यक्ति के लिए कोई भी अनुभव या भौतिक हानि मायने नहीं रखते। यहाँ भी लोच का ही गुण काम आता है और इसके साथ ही हमें यह अनुभव भी होता है कि किस तरह देखते-ही-देखते संकट भी हमारे लिए वरदान

में बदल जाता है। यह सच है कि उस महान् सर्जक ने यह भी सुनिश्चित कर रखा है, किसी भी व्यक्ति को दूसरे किसी रूप में लाभ हुए बिना, कभी हानि नहीं होती।

लोच व्यक्ति को वह क्षमता प्रदान करती है, जिसके अनुसार उसे एहसास हो सकता है कि मन जो सोचता है और विश्वास करता है, उसे आसानी से पा भी सकता है। इसके साथ ही यह सबक भी देता है कि समय बहुत बड़ा चिकित्सक है, जो बड़े से बड़ा घाव भर देता है। यह हमें साहस देता है कि हम संघर्ष से उबरकर, अपनी शारीरिक और आध्यात्मिक शक्ति को पहचानें।

स्रोत : 'सक्सेस अनलिमिटेड,' सितंबर 1955, भाग-2, संख्या-7, पृष्ठ-8-11

□

: 8 :

"उसे वे दिन याद थे, जब वह सेना में था। 'गरदन ऊँची, कंधे पीछे, छाती बाहर, पेट अंदर, याद रखो सिपाही, अगर तुम छह फीट लंबे हो तो इस तरह कदमताल करो, जैसे तुम छह फीट एक इंच लंबे हो।' उसे यह सब याद था। वह इसी तरह चलने लगा। हकीकत में वह एक कार के पिछले हिस्से में रहता था। असल में कुछ नहीं बदला। बस उसका हकलाना बंद हो गया। कितनी हैरानी की बात है, ऐसा काल्पनिक आत्मविश्वास भी क्या नहीं कर सकता।"

—माइकल जॉनसन

कठिन समय मनुष्य की आत्मा के लिए परीक्षा की घड़ी होती है। जब कोई व्यक्ति किसी भी तरह की मदद के अभाव में अपने दिन-प्रतिदिन के अस्तित्व की लड़ाई लड़ता है तो वह विनाश के मुहाने पर आ खड़ा होता है। नेपोलियन हिल और हमारे अतिथि स्तंभकार माइकल जॉनसन ने ऐसे ही कष्टों का सामना किया है। इससे भी महत्त्वपूर्ण बात यह है, क्या वे अपनी कमियों को सफलताओं में बदल सके, उन्हें अपनी जीत बना सके? वह कहावत तो हम सबको याद होगी, 'जब आगे चलना कठिन हो जाए तो सबसे कठिन चुनाव ही आगे ले जाता है।' यह सूत्र और नेपोलियन हिल का फॉर्मूला हमें याद दिलाते हैं कि यदि हम संकटपूर्ण हालात को अपने वश में करना चाहते हैं, तो हमें प्रतिदिन कुछ सकारात्मक कदम उठाने ही होंगे।

बिल, संबंध, काम करने की दशाएँ, रहन-सहन की दशाएँ आदि आपके लिए इनमें से कुछ भी परेशानी या समस्या का कारण हो सकता है। आप स्वयं से

यह सवाल भी कर सकते हैं कि इनके साथ किया जानेवाला संघर्ष आपके किसी काम का है भी या नहीं? ऐसा अनिवार्य रूप से सच है। आपकी ओर से किया गया एक भी प्रयास कभी अकारण नहीं रहता। कभी हार न मानें, अपने कदम को पीछे न लें और किसी को भी यह कहने का अवसर न दें कि आप मैदान छोड़कर जा रहे हैं, यही एक विजेता की सबसे बड़ी पहचान है। विजेता जीवन के खेल में कभी नहीं हारते। ये ऐसे लोग होते हैं, जो पूरे धैर्य, संकल्प तथा लंबी दूरी तक चलने के जीवट के साथ अपने लिए लक्ष्य सुनिश्चित करते हैं।

डॉ. हिल इस लेख के माध्यम से आपको एक ऐसा सूत्र दे रहे हैं, जिससे आप अपने आत्मविश्वास में वृद्धि कर सकते हैं। इस लेख को पढ़ते समय अपने पास कागज और कलम रखें। यदि आपको कोई जानी-पहचानी बात दिखे तो लिखें, अपने विचारों को भी लिखते चलें। लेख समाप्त होने तक संभवत: आपको यह पता चल जाए कि आप अभी तक एक विजेता के पथ पर क्यों नहीं चल सके? अब जबकि आप अपना रास्ता जानते हैं, तो क्यों नहीं इस रास्ते पर कदम बढ़ाते? आप इसके लिए निश्चित रूप से बेहतर साबित होंगे। केवल विकल्पों पर विचार करें।

आत्मविश्वास में वृद्धि कैसे हो

—नेपोलियन हिल

'अपने आपको कमतर आँकना, अपने सर्जक के प्रति धृष्टता होगी।'

इस धरती का सबसे महान् व्यक्ति वही है, जो इस समय इन पंक्तियों को पढ़ रहा है। यदि आप इस सत्य को अनुभव नहीं कर पा रहे तो आपको तत्काल निम्नलिखित निर्देशों को पढ़ना आरंभ कर देना चाहिए—

- अपने लिए एक सुनिश्चित उद्देश्य चुनें और उसे पाने के लिए प्रयास आरंभ कर दें।
- आप अपने सुनिश्चित प्रमुख उद्देश्य से जुड़े लाभों को एक स्थान पर लिखें और दिन में कई बार इन पर मनन करें, इन्हें पाने के लिए एक प्रार्थना के रूप में भी दोहराया जा सकता है।
- यदि आप प्रमुख रूप से कोई भौतिक संसाधन प्राप्त करना चाहते हैं, जैसे धन आदि, तो मानसिक चित्रण करें कि आपने उसे अपने लिए पहले ही

पा लिया है। कल्पना करें कि आप उसे अपने हाथों में लिये बैठे हैं। उसे देखकर आनंदित हो रहे हैं।

- जो लोग आपसे और आपके प्रमुख उद्‌देश्य से सहानुभूति रखते हों, उनमें से अधिक-से-अधिक लोगों को अपने लक्ष्य से जोड़ने का प्रयास करें और उनसे यथासंभव प्रोत्साहन तथा विश्वास पाने का प्रयत्न करें।
- आपको हर रोज कोई-न-कोई ऐसा काम अवश्य करना चाहिए, जिससे आप अपने लक्ष्य के थोड़ा निकट जा सकें और यह कभी न भूलें कि कर्म के बिना जीवन में कोई गति नहीं होती। किसी भी लक्ष्य तक जाने के लिए आपको कर्म तो करना ही होगा।
- अपने 'पेस-मेकर' के रूप में किसी समृद्ध व आत्मनिर्भर व्यक्ति को चुनें और मन-ही-मन तय कर लें कि आपको उसकी तरह उपलब्धि हासिल करनी है और उससे भी आगे निकलना है।
- जब भी पराजय से सामना हो, जब आपकी राह में बाधाएँ आ जाएँ और आपके लिए कहीं भी जाना कठिन लगने लगे, तो उस समय हिम्मत न हारें। दृढ संकल्प शक्ति के साथ चलना जारी रखें।
- प्रतिकूल परिस्थितियों से मुँह छिपाकर भागना छोड़ दें, उन्हें अपनी इच्छाओं की प्राप्ति के लिए प्रेरणा में बदलना सीखें।
- याद रखें कि नफरत आपके आस-पास एक छोटा दायरा बना देती है, जब आप प्रेम को अपनाते हैं तो वह एक मुसकान के साथ एक बड़ा दायरा बना देता है, जिससे नफरत का दायरा छोटा लगने लगता है।
- इस सत्य को जानें कि हर चीज के लिए एक कीमत अदा करनी होती है। आपको निरंतर पूरे धैर्य के साथ अपने आत्मविश्वास को बनाए रखना होगा।

यह भी स्मरण रहे, यदि आप आत्मविश्वास की कमी के कारण स्वयं को कमतर आँकते हैं तो आप अपने सर्जक के प्रति अन्याय कर रहे हैं, उनका अपमान कर रहे हैं। उन्होंने आपको यह विशिष्ट अधिकार और गुण प्रदान किया है कि आप अपने ही मन की शक्ति के प्रयोग से अपनी नियति रच सकते हैं।

स्रोत : सक्सेस अनलिमिटेड

□

: 9 :

''हमारी वर्तमान आर्थिक स्थिति अवसर का संकेत देती है; हमारे बच्चों, हमारे छात्रों और भविष्य में निवेश करने का इससे बेहतर कोई समय नहीं है।''

—डॉ. फ्रेंक फ्रे

जब भी सकारात्मक मानसिक रवैए की बात आती है, तो आप स्वयं को किस पैमाने पर तौलते हैं ? 5 का अर्थ होगा कि सर्वश्रेष्ठ और 1 का अर्थ होगा, इसका अभाव। सफलता के सातत्य में उचित मानसिक रवैए की बात आने पर कहाँ पाते हैं ? एक क्षण के लिए विचार करें, यदि आप प्रतिदिन इसी तरह अपनी मानसिक स्वच्छता के विषय में विचार कर सकें, तो यह आपके निजी विश्वास तंत्र को सशक्त बनाने में कितना सहायक हो सकता है, उसे नवजीवन प्रदान कर सकता है। हम प्रतिदिन स्नान आदि द्वारा अपने शरीर की शुद्धि करते हैं, पर जब भी अपने मन को शुद्ध या पवित्र करने की बात आती है, तो हम इस ओर ध्यान तक नहीं देते।

यदि आप सुबह के समय सकारात्मक आत्म-कथन, सुझाव या स्वयं को प्रेरित करनेवाले वाक्यों को पढ़ सकें तो बेहतर होगा, क्योंकि इस तरह आपको पूरे दिन के लिए एक बेहतर और जीवंत मानसिकता मिल जाती है। सकारात्मक सोच के साथ आरंभ होनेवाला दिन आपके लिए सकारात्मक परिणाम ही लाता है।

मैं ऐसे लोगों को जानता हूँ, जिन्होंने न केवल हिल का आत्मविश्वास वाला नियम रटा हुआ है, बल्कि उन्होंने उसे अपने बाथरूम के शीशे पर भी लिखकर लगा रखा है, ताकि वे जब

अपने पूरे दिन के लिए तैयार हो रहे हों तो उसे पढ़कर शारीरिक स्वच्छता के साथ-साथ सकारात्मक आत्म-कथन द्वारा अपने मन को भी नई ऊर्जा प्रदान कर सकें। यदि आप सुबह के समय सकारात्मक आत्म-कथन, सुझाव या स्वयं को प्रेरित करनेवाले वाक्यों को पढ़ सकें तो बेहतर होगा, क्योंकि इस तरह आपको पूरे दिन के लिए एक बेहतर और जीवंत मानसिकता मिल जाती है। सकारात्मक सोच के साथ आरंभ होनेवाला दिन आपके लिए सकारात्मक परिणाम ही लाता है। अगर आप अपने दिन को चिंता, तनाव और उद्वेग के साथ आरंभ करेंगे, तो सारा दिन आपको इसी मन:स्थिति में बिताना होगा। इन दोनों में अंतर इतना ही है कि आप इस ग्रह पर अपने समय को किस प्रकार पूर्व निश्चित करते हैं। आप स्वयं ही अपने दिन को सकारात्मक या नकारात्मक रंग में रँग सकते हैं।

यहं सब इतना मायने क्यों रखता है? यह सब इसलिए मायने रखता है, क्योंकि सफलता के दर्शन का एक सक्रिय भागीदार बनने के लिए आपको उचित मानसिक रवैया अपनाना होगा, जो कि उपलब्धि के अन्य नियमों को जानने और लागू करने के लिए अनुकूल है। एक सकारात्मक मानसिक रवैए के अभाव में थॉमस एडीसन, हेनरी फोर्ड, हेलन कीलर, राइट बंधु, एंड्रयू कार्नेगी, नेपोलियन हिल, डब्ल्यू क्लीमेंट स्टोन और उनके समकालीन जीवन में कुछ भी नहीं पा सकते थे। सकारात्मक मानसिक रवैए के साथ ही आप अनंत बुद्धिमत्ता का द्वार खटखटा सकते हैं और वहाँ से उत्तर आएगा, क्योंकि आप ऐसा होने की अपेक्षा कर रहे हैं। आपकी सफलता की अपेक्षा ब्रह्मांड को इस योग्य बनाती है कि जब आप अपने उचित कर्म के साथ इच्छा को साकार रूप दें तो वह हर संभव प्रकार से आपकी सहायता करे। एक क्षण के लिए सोचें, एक विचार किस तरह वस्तु बनता है और वही विचार यदि भावनायुक्त हो तो यह काम और भी शीघ्रता से हो जाता है। अब याद करें कि जब आपने किसी चीज को चाहा और किस तरह उसे अपनी गहरी इच्छा और कर्म के साथ साकार कर लिया। जब आप किसी भी चीज को पाने के लिए यह फॉर्मूला अपनाते हैं तो आपको सफल होने में देर नहीं लगती, क्योंकि अब यह आपके लिए कोई राज नहीं है। आपके उचित रवैए, सद्भाव तथा परिश्रम में ही सफलता की कुंजी छिपी है। इसे आजमाएँ और देखें। जब भी आप इसके लिए काम करेंगे, यह आपके लिए कारगर होगा।

सकारात्मक मानसिक रवैए की शक्ति

—नेपोलियन हिल

आपका मानसिक रवैया आपके शब्दों से कहीं अधिक तेज बोलता है।

एक सकारात्मक मानसिक रवैया ही बारह महान् संपदाओं में से पहला स्थान रखता है और यही वह साधन है, जहाँ आप 'विश्वास करने की जादुई शक्ति' से लाभ उठा सकते हैं।

एक सकारात्मक मानसिक रवैया ही बारह महान् संपदाओं में से पहला स्थान रखता है और यही वह साधन है, जहाँ आप 'विश्वास करने की जादुई शक्ति' से लाभ उठा सकते हैं।

थॉमस एडीसन का मानना था कि वे बिजली का बल्ब बना सकते हैं, जबकि वे उस दौरान दस हजार बार असफल हो चुके थे, परंतु अंततः उनका विश्वास सत्य के रूप में सामने आया।

मार्कोनी का मानना था कि वे तारों के बिना ध्वनि तरंगों को एक से दूसरे स्थान पर पहुँचा सकते हैं और अनेक असफलताओं के बाद वे विजयी रहे।

कोलंबस का मानना था कि उसे सागर में कहीं-न-कहीं धरती मिलेगी और वह अपने ही नाविकों के विद्रोह के बावजूद डटा रहा, अंततः उसने अपने लिए धरती पा ही ली।

मैडम शूमैन-हेंक का मानना था कि वे एक महान् गायिका बनेंगी, हालाँकि उनके पहले गुरु ने तो कहा था कि उन्हें संगीत को छोड़कर सिलाई मशीन पर कपड़े ही सिलने चाहिए। मैडम का विश्वास ही उनके लिए सफलता का वरदान लेकर आया।

हेलन कीलर का मानना था कि वे बोलने, सुनने और देखने की अक्षमता के बावजूद बोलना सीख सकती हैं और उनका यह विश्वास न केवल उनके लिए, बल्कि सारे संसार के लिए प्रेरणा का स्रोत बना और सफल भी रहा।

हेनरी फोर्ड को पूरा विश्वास था कि वे घोड़ारहित बग्घी बना सकते हैं, जो कम दामों में यातायात की सुविधा देगी। अनेक लोगों के संशय और तानों के बीच वे अपने विश्वास को उत्पाद में बदलने में सफल रहे।

एंड्रयू कार्नेगी का मानना था कि मैं उनके और अन्य सफल व्यक्तियों की

सोच के आधार पर सफलता के लिए एक दर्शन बना सकता था, उनका वही विश्वास मेरे भी मन में स्थानांतरित हुआ और मैं संसार को सफलता का एक विज्ञान देने में सफल रहा, जो संपूर्ण संसार में असंख्य लोगों के लिए लाभदायक रहा है।

हमारी महान् अमरीकी जीवनशैली और अतुलनीय फ्री एंटरप्राइज तंत्र उन्हीं लोगों के दिमाग की उपज है, जिन्होंने हमारे सरकारी और आर्थिक तंत्रों पर विश्वास रखा।

विश्वास करनेवाले ही सभ्यता को आगे ले जानेवाले होते हैं, वे ही उद्योगों के निर्माता व साम्राज्यों के सर्जक होते हैं तथा उस महान् रचनाकार की ओर से मिले सुंदर वरदानों को हमारे सामने लाने का महत्त्वपूर्ण कार्य संपन्न करते हैं।

विश्वास करनेवाले ही सभ्यता को आगे ले जानेवाले होते हैं, वे ही उद्योगों के निर्माता व साम्राज्यों के सर्जक होते हैं तथा उस महान् रचनाकार की ओर से मिले सुंदर वरदानों को हमारे सामने लाने का महत्त्वपूर्ण कार्य संपन्न करते हैं।

स्रोत : सक्सेस अनलिमिटेड

□

: 10 :

"संप्रेषण एक नृत्य की तरह है, जिसमें हम नेतृत्व और पालन करते हैं, आदान-प्रदान करते हैं, सुनते और बोलते हैं, रचते और स्वीकार करते हैं।"

—निरूका

परड्यू विश्वविद्यालय कॉलमेट नेपोलियन हिल वर्ल्ड लर्निंग सेंटर के वार्षिक ओपन हाउस में मई के पहले दो सप्ताह सत्र के लिए नियत रहते हैं। आप सभी वहाँ आने के लिए निमंत्रित हैं। एक बार जब आप प्रतिदिन की घटनाओं का ब्योरा जान लेंगे, तो आप भी मानेंगे कि यह कार्यक्रम टीमवर्क के नियम को अपनाए बिना संपूर्ण नहीं हो सकता था। इस वर्ष की थीम में उन महान् लेखकों, संगीतकारों तथा कलाकारों को शामिल किया गया है, जो डॉ. हिल के दर्शन और शिक्षाओं से प्रेरित रहे। मैं आपको बताना चाहूँगा कि यह सूची अपने आप में उल्लेखनीय है, क्योंकि वे सभी अपने-अपने क्षेत्र के महारथी हैं। वास्तव में यहाँ प्रत्येक के लिए बहुत कुछ है।

उल्लेखनीय लेखकों की सूची में एंडी बिंकोवस्की व मैरी एकर्स (रेडीकल ग्रैचीच्यूड), रिच विनोग्राद (पालोमा), क्रिस्टीना चिया (माइंड गार्डन) तथा रेवरेंड सैम ब्वायस (एन एंशियंट साउंड फॉर प्रेजेंट मूवमेंट) आदि शामिल हैं। उल्लेखनीय संगीतकारों की सूची में एंटोनियो कैस्टीलियो दि ला गाला (पियानोवादक), माइकल टेलापरी (बाँसुरीवादक) तथा रेवरेंड सैम ब्वायस (डिजगैरीडू वादक) तथा चीनो मार्टिनेज (लेब्रिंथ क्रिएटर) आदि शामिल हैं। कन्सर्ट से होनेवाला सारा लाभ चांसलर के छात्रवृत्ति फंड को दिया जाएगा, जो कि 5 मई मंगलवार को आयोजित होगा। इसमें आप एंटोनियो, माइकल तथा सैम के संगीत का आनंद उठा सकते

हैं। अगले दिन बुधवार को कॉलमेट हाई स्कूल बैंड छात्रों के लिए कार्यशाला का आयोजन होगा और फिर इसमें हिस्सा लेने के लिए आम जनता को भी निमंत्रित किया जाएगा। इसके बाद वीरवार को ओपन हाउस में 'क्रेजी फॉर यू' के साथ समापन होगा, जिसमें ग्रेशविन का संगीत सुनाया जाएगा।

इन सभी कार्यक्रमों के बीच आपको बहुत सारे नि:शुल्क प्रेजेंटेशन, नेटवर्क आदि देखने का अवसर मिलेगा। आप डब्ल्यू क्लीमेंट स्टोन पुस्तकालय की सैर करेंगे और आपको डॉ. नेपोलियन हिल द्वारा लिखे गए सफलता के पी.एम.ए. दर्शन के विषय में अधिक जानकारी पाने का अवसर मिलेगा।

आप हमारे साथ इस यात्रा में शामिल क्यों नहीं होते? हमारा उद्देश्य केवल इतना ही है कि जो भी डॉ. हिल के सफलता दर्शन विज्ञान की शिक्षा पाकर स्वयं को बेहतर बनाना चाहता है, उसे हमारी ओर से पूरी मदद मिले। क्या समय नहीं आ गया कि आप अपनी ही सबसे बड़ी संपदा यानी स्वयं में निवेश करें?

टीमवर्क

—नेपोलियन हिल

सामंजस्यपूर्ण सहयोग एक बहुमूल्य संपदा है, जिसे आप अपने देने के अनुपात में ही पा सकते हैं। सहयोग भी प्रेम और मित्रता की तरह ही है, आप इसे तभी पा सकते हैं, जब आप इसे दूसरों को देते हैं। प्रसन्नता की राह में आपको ऐसे बहुत से मुसाफिर मिलेंगे, जो आपको मंजिल तक ले जा सकते हैं।

सामंजस्यपूर्ण सहयोग एक बहुमूल्य संपदा है, जिसे आप अपने देने के अनुपात में ही पा सकते हैं। सहयोग भी प्रेम और मित्रता की तरह ही है, आप इसे तभी पा सकते हैं, जब आप इसे दूसरों को देते हैं। प्रसन्नता की राह में आपको ऐसे बहुत से मुसाफिर मिलेंगे, जो आपको मंजिल तक ले जा सकते हैं। आपको उनके सहयोग की आवश्यकता होगी और उन्हें आपके सहयोग की आवश्यकता होगी।

और इसके बाद हमसे अगली पीढ़ियाँ भी होंगी। उनके जीवन का कष्ट काफी हद तक इस बात पर निर्भर होगा कि हम उनके लिए क्या विरासत छोड़े जा रहे हैं। हमें न केवल वर्तमान पीढ़ी के लिए, बल्कि आनेवाली पीढ़ी के लिए भी सेतु-निर्माण करना चाहिए। इस सिलसिले में

बूढ़े आदमी पर लिखी उस कविता का भावार्थ देना चाहूँगा, जिसके बारे में कवि ने लिखा है—

यदि हमारे भीतर भी टीमवर्क का यह भाव जाग जाए तो हम अपनी वर्तमान पीढ़ी के साथ-साथ भावी पीढ़ी का भी कल्याण कर सकते हैं। इस तरह हम जीवन को कुछ ऐसी बेहतर वस्तुएँ दें सकते हैं, जो मैत्रीपूर्ण सहयोग से ही सामने आती हैं।

एक बूढ़ा अनजान रास्ते पर चला जा रहा था। राह में एक गहरा नाला आया। उसने शाम के धुँधलके में उसे पार कर लिया, क्योंकि उसे बहते नाले से कोई भय नहीं था। जब वह दूसरी ओर गया तो उसने मुड़कर देखा और वह उस दूरी को पाटने के लिए पुल तैयार करने लगा। वहाँ से निकलनेवाले एक बूढ़े तीर्थयात्री ने उससे कहा कि वह उस रास्ते पर पुल बनाकर अपनी ताकत व्यर्थ कर रहा था, क्योंकि दिन बीतने के साथ ही उसकी यात्रा का अंत होनेवाला था। उस बूढ़े ने उत्तर दिया, मैं जिस नाले को आराम से पार कर आया, भले ही मुझे दोबारा उससे न जाना हो, पर हो सकता है कि मेरे बाद आनेवाला उसमें गिरकर चोट खा बैठे। यह पुल तो मैं उसके लिए बना रहा हूँ।

यदि हमारे भीतर भी टीमवर्क का यह भाव जाग जाए तो हम अपनी वर्तमान पीढ़ी के साथ-साथ भावी पीढ़ी का भी कल्याण कर सकते हैं। इस तरह हम जीवन को कुछ ऐसी बेहतर वस्तुएँ दे सकते हैं, जो मैत्रीपूर्ण सहयोग से ही सामने आती हैं।

यदि आप निजी लाभ के लिए इस दर्शन का उपयोग करते हैं, तो याद रखें, आप उनके ऋणी हैं, जो आपके बाद आएँगे। उनके लिए भी आपको कुछ निर्माण करना होगा।

स्रोत : 'पी.एम.ए. साइंस ऑफ सक्सेस' : शैक्षिक संस्करण पृष्ठ-354-356

□

: 11 :

प्रज्ञावान् मनुष्य कह गए हैं, ''जब शिष्य तैयार होता है, तभी गुरु प्रकट होते हैं।''

—ग्लोरिया बेलेनडेज-रामीरेज

जब मैं इंग्लिश हाई स्कूल में अध्यापन करती थी तो एक छात्र की माँ ने मुझे कॉफी कप भेंट किया था, जिस पर अंकित था—

''हर दिन है, एक नया आरंभ
एक और नया अवसर
अपने विषय में कुछ सीखने का,
दूसरों के बारे में अधिक देख-रेख करने का,
जितना हँसे, उससे कहीं ज्यादा हँसने का,
जो पाने का सोच सकते थे, उससे कहीं ज्यादा पाने का,
हम पहले जो भी थे, उससे कहीं ज्यादा होने का!''

(लेखक, अज्ञात)

मुझे अपने काम के दौरान जो भी उपहार मिले, यह उनमें से सबसे ज्यादा अहमियत रखता है; क्योंकि इसके पीछे एक कहानी है। वह भावना ही इस उपहार को मेरे लिए और भी अमूल्य बनाती है।

जहाँ मैं पढ़ाती थी, उस बच्चे की माँ वहीं कैफेटेरिया में काम करती थी, परंतु मुझे कभी उनसे मिलने का अवसर नहीं मिला, क्योंकि मैं उन्हें उनके पहले नाम से जानती थी। एक दिन मैं कैफेटेरिया की लाइन से निकलते हुए एक छात्र की प्रशंसा कर रही थी कि भले ही वह बच्चा गरमियों की छुट्टियों के दौरान दूसरी बार कक्षा

ले रहा था, पर वह बहुत अच्छा प्रदर्शन कर रहा था। उसमें प्रतिभा या पहल की कोई कमी नहीं थी। शायद उसे पहले सही तरह से प्रोत्साहित नहीं किया गया होगा। अब कक्षा में उसके प्रोत्साहन का स्तर और कार्य दोनों ही प्रशंसनीय थे।

उसने कहा कि माइकल कक्षा में अच्छा प्रदर्शन इसलिए कर पा रहा है, क्योंकि मैं उससे ऐसा करने की उम्मीद रख रही हूँ। दूसरे लोगों को उससे कोई अपेक्षा नहीं है, इसलिए वह बहुत मेहनत नहीं करता था या कक्षा में हलचल का कारण बनता था।

जब मैं इस बारे में अपनी सहकर्मी से बात कर रही थी तो यह हमारे लिए एक सहज प्रक्रिया थी, क्योंकि हम अकसर अपने बच्चों की पढ़ाई और व्यवहार के बारे में चर्चा किया करते हैं। दरअसल कुछ माह पहले उसके सलाहकार ने उसके बारे में बताते हुए कहा था कि वह बच्चा कक्षा में मेरे लिए मुसीबत बनने के सिवा कुछ नहीं करेगा और अंत में पास नहीं होनेवाला। मैं उस बच्चे की तारीफ इसलिए कर रही थी कि उसके बारे में जो भी सुना था, उससे बिल्कुल विपरीत ही हुआ। वह तो कक्षा में बहुत अच्छी तरह पेश आ रहा था और पढ़ाई में मेहनत कर रहा था। मुझे खुशी थी कि उसके सलाहकार की चेतावनी झूठी निकली और वह एक अच्छे छात्र के रूप में सामने आ सका। मैं उसके प्रति आभारी थी कि वह कक्षा में इतनी मेहनत कर रहा था।

जब मैं अपने खाने का भुगतान करने लगी तो मेरे पैसे लेनेवाली महिला ने कहा, "धन्यवाद!" जाने कैसे मुझे समझ आ गया कि वह केवल भुगतान के लिए दिया जानेवाला औपचारिक धन्यवाद नहीं था। मैंने पूछा, "किसलिए?" वह बोली, "माइकल मेरा बेटा है और आप पहली अध्यापिका हैं, जो उसके बारे में इतनी अच्छी बात कह रही हैं।" मैं दंग रह गई। मैंने कहा कि मुझे इस बारे में कुछ पता नहीं था। मैंने अपने ही शब्दों को दोहराया कि उसका बच्चा कक्षा में अच्छा प्रदर्शन कर रहा है और वह एक गर्व की भावना से दमकती माँ की तरह सब सुनती रही।

मुझे लगा कि उस दिन लंचरूम में उसने सलाहकार और दूसरी अध्यापिकाओं के सामने एक जीत हासिल की थी, जो हमेशा उसके बच्चे के बारे में गलत धारणा रखते आए थे। उसने कहा कि माइकल कक्षा में अच्छा प्रदर्शन इसलिए कर पा रहा है, क्योंकि मैं उससे ऐसा करने की उम्मीद रख रही हूँ। दूसरे लोगों को उससे कोई अपेक्षा नहीं है, इसलिए वह बहुत मेहनत नहीं करता था या कक्षा में हलचल का कारण बनता था।

तो आपने देखा कि अध्यापिका ने अपने छात्र और उसकी माँ से कितना कुछ सीखा। वे जानती थीं कि सकारात्मक अपेक्षा से सकारात्मक परिणाम ही सामने आते हैं। फिर उन्होंने मुझे वह कप दिया, जो यह याद दिलाता था कि हर दिन न केवल हमारे लिए, बल्कि हमसे संपर्क रखनेवालों के लिए भी एक नई शुरुआत होता है। इस प्रकार जब हम हृदयहीन समाज में किसी ऐसी छिपी प्रतिभा का आदर करते हैं, जिसे दूसरे कचरा समझते रहे हों, तो यह बात बहुत मायने रखती है। यह अंतर उन दोनों व्यक्तियों के जीवन को सदा प्रभावित करता है—एक, जिसने किसी की छिपी प्रतिभा को खोजा हो और दूसरा वह, जिसे यह एहसास हुआ हो कि उसे अपने भीतर छिपे हुनर को बाहर लाने के लिए बस थोड़ी मेहनत और लगन की जरूरत होगी।

यही कारण है कि मैं उस कप को हमेशा साथ रखती हूँ। मैं उस छात्र या पाठ को कभी नहीं भूलना चाहती। जब छिपी प्रतिभा सामने आती है तो यह दुनिया हमारे लिए और भी बेहतर हो उठती है।

कुछ चाहने और विश्वास करने में अंतर

—नेपोलियन हिल

अधिकतर लोग कुछ चाहने या विश्वास करने में अंतर ही नहीं कर पाते, उन्हें यह एहसास तक नहीं होता कि लोग अपनी इच्छाओं को साकार करने के लिए छह चरणोंवाली प्रक्रिया का पालन करते हैं। ये चरण हैं—

1. अधिकतर जन-समुदाय अपने जीवन में केवल वस्तुओं की चाहना करके ही रह जाते हैं। ऐसे लोगों का प्रतिशत सत्तर प्रतिशत के लगभग होगा।
2. बहुत कम लोग अपनी चाह को इच्छाओं में बदलते हैं। वे दस प्रतिशत के लगभग होंगे।
3. इसके बाद बहुत थोड़े लोग अपनी चाह व इच्छाओं को आशा में बदलते हैं। वे आठ प्रतिशत के लगभग होंगे।
4. करीबन छह प्रतिशत लोग अपने मन की शक्ति का उपयोग करते हुए आशा को विश्वास में बदलते हैं।
5. करीबन चार प्रतिशत लोग अपनी चाह, इच्छाओं और आशाओं को ज्वलंत इच्छाओं और विश्वास में बदलने के बाद निष्ठा में बदल पाते हैं।

6. अंत में बहुत कम लोग अंतिम दो चरणों तक आते हैं, वे नियोजन और अपनी योजनाओं को फलीभूत करनेवाले कार्यों द्वारा निष्ठा को साकार रूप देते हैं। ऐसे लोग केवल दो प्रतिशत ही होते हैं।

जीवन के हर क्षेत्र से जुड़े उल्लेखनीय नेतागण इसी दो प्रतिशत में आते हैं। उन्होंने अपने मन की शक्ति को पहचाना, उसे अपने वश में किया और उसे मनचाही दिशा में केंद्रित कर दिया। इन लोगों के लिए असंभव शब्द के कोई अर्थ नहीं थे। केवल यही गुण उन्हें दूसरों से अलग करता था कि उन्होंने ऐसे हालात में अपने मन की शक्ति का उपयोग किया और अपना मनचाहा पाया, जब कोई ऐसा करने के विषय में सोच तक नहीं रहा था।

स्रोत : 'पी.एम.ए. साइंस ऑफ सक्सेस,' पृष्ठ–232–233

□

: 12 :

"जो बंधन हमें बाँधते हैं, वही हमें नेत्रहीन भी कर सकते हैं। स्नेही और आशावादी रहें, परंतु अपने निकटतम लोगों से संपर्क रखते हुए अपनी आँखें खुली रखें।"

—एलिजर ए. एल्परस्टीन, सी.पी.ए.

जब हम सफलता की सीढ़ियों पर चढ़ रहे होते हैं, तो कभी-कभी ढीले पायदान पर चलते-चलते लड़खड़ा भी जाते हैं। तब उस क्षण में हम स्वयं को सँभालकर, अचानक गिरने से बचा लेते हैं या अपना संतुलन खो देते हैं। यह जीवन ऐसा ही है। जीवन में सबकुछ सही मायनों में चलता भी है और कई बार ऐसे हालात भी पैदा हो जाते हैं, जिससे जीवन में हमारा संतुलन बिगड़ जाता है। यह नौकरी बदलने या परिवार में किसी की मृत्यु जैसी घटना भी हो सकती है। हर घटना हमारे तनाव का स्तर बढ़ाती है और हमारे संपूर्ण प्रदर्शन को प्रभावित करती है। जब ऐसा होता है, तो कोई व्यक्ति उच्च स्तर पर अपना प्रदर्शन कैसे कर सकता है?

नेपोलियन हिल इस प्रश्न के उत्तर में सबसे यही कहते थे कि उन्हें अपने सकारात्मक मानसिक रवैए को नहीं त्यागना चाहिए। एक अच्छा और सकारात्मक रवैया अच्छा बीमा है कि आप संकट से वापस लौट आएँगे और आपने अब तक जो भी हासिल किया है, उससे स्वयं को दूर नहीं करेंगे। सकारात्मक मानसिक रवैए के साथ आप अपने दिमाग को सफलता पाने के लिए कंडीशन करते हैं, फिर चाहे संकट कैसा भी क्यों न हो। मैं डब्ल्यू. क्लीमेंट स्टोन के कथन को हमेशा याद रखती हूँ, 'ईश्वर सदैव ईश्वर है।' अपने दो बड़े बच्चों को खोने के बाद भी स्टोन ने कभी भगवान् को नहीं कोसा और उससे यह नहीं जानना चाहा कि उसके साथ ऐसा क्यों हुआ। वे यही कहते थे, 'ईश्वर अच्छाई का दूसरा नाम है और सर्जक कभी

किसी का बुरा नहीं कर सकता।' स्टोन इस तथ्य को जानते थे और उनकी इसी दृढ मान्यता ने संसार को सकारात्मक मानसिक रवैए की शक्ति दिखाई।

जब कोई व्यक्ति जीवन के उजले पक्ष की ओर देखना चाहता है, तो उन कठिनाइयों से जूझते हुए भी वह कभी दुर्बलता नहीं दरशाता। जब आप बुरे दौर से गुजरते हुए भी अच्छाई के आने की भविष्यवाणी करते हैं तो बुरी घटना का अनुभव कम हो जाता है और आशवादिता में वृद्धि होती है।

जब कोई व्यक्ति जीवन के उजले पक्ष की ओर देखना चाहता है, तो उन कठिनाइयों से जूझते हुए भी वह कभी दुर्बलता नहीं दरशाता। जब आप बुरे दौर से गुजरते हुए भी अच्छाई के आने की भविष्यवाणी करते हैं तो बुरी घटना का अनुभव कम हो जाता है और आशवादिता में वृद्धि होती है। जब हम अच्छाई की अपेक्षा रखते हैं तो हम उसे पाने की मानसिकता में आ जाते हैं और उसे अपनी ओर से तलाशने की कोशिश करते हैं। दुर्भाग्यवश इसका विपरीत भी उतना ही सच है। नेपोलियन हिल का कहना है, ''आप जहाँ हैं, वहाँ अपने विचारों की आदतों के कारण हैं।'' काररवाई की तरह विचार भी एक आदत हो सकते हैं। आपको सकारात्मक या नकारात्मक चिंतन करने का अभ्यास है? क्या आपकी सोचने की आदत ऐसी है, जिसे आपको रखना चाहिए या छोड़ देना चाहिए? बेशक जिस तरह आपकी अन्य आदतें होती हैं, उसी तरह आपको इस आदत को भी रखने या अपनाने की पूरी छूट है। और इस चुनाव के साथ हम अपनी नियति तय करते हैं। अपने आप से पूछें, 'मेरे विचार किस भविष्य के बारे में बात कर रहे हैं?' केवल आप ही उस परिणाम की भविष्यवाणी कर सकते हैं? जैसा कि वे कहते हैं, यदि ऐसा किसमत में लिखा है तो आपने अपने चुने हुए रवैए के माध्यम से ही पत्तों को अपने पक्ष या विपक्ष में कर लिया है।

एक व्यक्ति का मानसिक रवैया

—नेपोलियन हिल

पराजय के बावजूद किसी भी व्यक्ति का मानसिक रवैया ही यह तय करनेवाला महत्त्वपूर्ण कारक होता है कि वह जीवन में सफलता रूपी नदी को पार करेगा या हालात की आँधी में बिखर जाएगा।

सकारात्मक मानसिक रवैया रखनेवाला व्यक्ति दृढ संकल्प के साथ पराजय का प्रत्युत्तर देता है और उसके आगे झुकने से इनकार कर देता है। नकारात्मक मानसिक रवैएवाला व्यक्ति असहाय स्वीकृति के भाव के साथ पराजय का सामना करता है।

अकसर सफलता या असफलता को अलग करनेवाले हालात इतने सूक्ष्म होते हैं कि उनका असली कारण उपेक्षित ही रह जाता है। प्राय: वे पूरी तरह से मानसिक रवैए में बसे होते हैं, जो अस्थायी पराजय का कारण बनता है। सकारात्मक मानसिक रवैया रखनेवाला व्यक्ति दृढ संकल्प के साथ पराजय का प्रत्युत्तर देता है और उसके आगे झुकने से इनकार कर देता है। नकारात्मक मानसिक रवैएवाला व्यक्ति असहाय स्वीकृति के भाव के साथ पराजय का सामना करता है।

सकारात्मक मानसिक रवैया रखनेवाला व्यक्ति जीवन में वह सबकुछ पा सकता है, जिसे वह पाना चाहता है, जब तक कि वह ईश्वर के नियमों तथा उसके नागरिकों के अधिकारों में बाधा न देता हो। संभवत: वह अनेक पराजयों का अनुभव करेगा, परंतु किसी भी पराजय के आगे आत्मसमर्पण नहीं करेगा। वह इसे अपने लिए एक मील के पत्थर में बदल देगा, जिससे वह उपलब्धियों के क्षेत्रों में ऊँचा-ही-ऊँचा उठता जाएगा।

सकारात्मक मानसिक रवैए का यह विषय इतना अहम है कि यह न केवल जीवन की बारह संपदाओं में स्थान रखता है, परंतु इसे सुखद व्यक्तित्व के महत्त्वपूर्ण भाग के नियम के रूप में भी अपनाया जाना चाहिए, इस कोर्स के लगभग हर नियम में इसका वर्णन किया गया है।

एक सकारात्मक मानसिक रवैया कुंजी का वह अहम हिस्सा है, जो सभी निजी समस्याओं के बंद तालों के लिए समाधान के द्वार खोलता है। यह इस चाबी की जादुई विशेषता है, जो इसे सफलता को उसी तरह आकर्षित करने के योग्य बनाती है, जैसे विद्युत्-चुंबक लोहे की कतरनों को आकर्षित करती है।

आप जिस फॉर्मूले से किसी पराजय को संपदा में बदल सकते हैं, उसका रहस्य यही है कि आपको अपनी पराजय के बावजूद एक सकारात्मक मानसिक रवैया बनाए रखना है।

यह कोई मनुष्य द्वारा बनाया गया नियम नहीं है। यह प्रकृति की उस सहज घटना का अंश है, जिसके माध्यम से मनुष्य को विश्वास नामक शक्ति सौंपी गई है। विश्वास और सकारात्मक मानसिक रवैया जुड़वाँ भाई हैं। जहाँ एक पाया जाएगा,

वहीं दूसरा पाया जाएगा। ये दोनों आपस में अलग नहीं किए जा सकते। विश्वास एक ऐसी शक्ति है, जिसका विश्लेषण विज्ञान द्वारा नहीं किया जा सकता, यद्यपि यह मानव जाति को दी गई महानतम शक्ति है।

और इन विशेषताओं की शक्ति इसी तथ्य में निहित है कि यह निःशुल्क है तथा महानतम और विनयी व्यक्ति को आसानी से उपलब्ध होती है। इस सत्य को जानें और आप 'हैप्पी वैली की ग्रेट एस्टेट' की ओर अपने कदमों को बढ़ता पाएँगे।

स्रोत : 'पी.एम.ए. साइंस ऑफ सक्सेस,' पृष्ठ-396-97

□

: 13 :

''एक लक्ष्य आपको सुबह जल्दी उठने, पूरे जुनून के साथ इसके नतीजे पर ध्यान देने, बाधा आने पर दूसरे नतीजों को देखने और लक्ष्य को पाने के लिए दूसरों की मदद पाने के लिए प्रवृत्त करेगा।''

—डॉन एम. ग्रीन

वर्ष के इस समय में मुझे इमर्सन की याद आ रही है, जिन्होंने कहा था कि धरती फूलों के संग हँसती है। बसंत के मौसम की कितनी सुंदर काव्यमयी छवि है। इस मौसम में धरती का पुनर्जन्म हमें यह सोचने पर विवश करता है कि सर्दियों के ठंडे और बरफीले महीनों के बाद इतनी सुंदरता आती कहाँ से है। डायलन थॉमस की आरंभिक कविताओं में से एक इस सुंदरता का श्रेय उस आध्यात्मिक सार को देते हैं, जो धरती से फूट पड़ती है। ''हरियाली से उठनेवाली वह शक्ति ही फूलों की प्रेरणा है।'' डॉ. हिल ने इसे अनंत बुद्धिमत्ता का नाम दिया है और वे बार-बार अपनी शिक्षाओं में इसका नाम लेते हैं। धरती के साथ-साथ इसी बल ने हमें भी रचा है। याद रखें, हम भी प्रकृति का एक अंश हैं, जिसे हम अपने भीतर पाते हैं, इसे अपने से बाहर नहीं पाया जा सकता।

जब आप यह विचार करते हैं कि हम मनुष्यों के रूप में मनचाहे नतीजे कैसे पा सकते हैं, तो डॉ. हिल हमें याद दिलाते हैं कि हमें सदा प्रकृति के प्राकृतिक नियमों और अपने लक्ष्यों को एक हित में साधना चाहिए। वे हमें याद दिलाते हैं कि हमारे भीतर एक ऐसा तंत्र है, जिसे अनंत बुद्धि ने रचा है।

जब आप यह विचार करते हैं कि हम मनुष्यों के रूप में मनचाहे नतीजे कैसे पा सकते हैं, तो डॉ. हिल हमें याद दिलाते हैं कि

हमें सदा प्रकृति के प्राकृतिक नियमों और अपने लक्ष्यों को एक हित में साधना चाहिए। वे हमें याद दिलाते हैं कि हमारे भीतर एक ऐसा तंत्र है, जिसे अनंत बुद्धि ने रचा है। यह नमूना-योजना ही ब्रह्मांड की संचालन शक्ति है और यदि हम सफल होना चाहते हैं तो हमें सदा आचार और नीतियों का पालन करना चाहिए। दूसरे शब्दों में हमें सदा प्रकृति के नियमों के साथ तारतम्य स्थापित करते हुए रहना चाहिए।

नेपोलियन हिल कहते हैं, ''प्रकृति अपने गहन रहस्य उसी मनुष्य को सौंपती है, जो उन्हें जानने का दृढ संकल्प रखता है।'' जब हमें यह याद दिलाया जाता है कि ब्रह्मांड के रहस्यों को सुलझाने के लिए हमें निरंतर धैर्य बनाए रखना होगा, तो हमें वह विचार पूरी तरह से समझ आ जाता है कि एक शक्ति या बल ही इस संसार में हमारे अस्तित्व के लिए उत्तरदायी है। यदि हम जीवन में कुछ भी पाना चाहते हैं तो हमें ब्रह्मांड के प्राकृतिक नियमों के अनुसार चलना ही होगा।

जब हम स्वयं को प्रकृति और ब्रह्मांड के नियमों के अनुसार संतुलित कर लेते हैं तो हम प्रकृति की व्यवस्था के अनुसार काम कर रहे हैं। कुछ लोगों के लिए यह संतुलन कभी नहीं सध पाता, क्योंकि वे स्वयं को इन नियमों से परे मानते हैं। या तो उनके लक्ष्य बहुत पहले ही दम तोड़ देते हैं या वे कभी सफल नहीं हो पाते, क्योंकि वे पूर्व निश्चित रास्ते पर नहीं चल पाते।

जब आप यह सीख लेते हैं कि लक्ष्य तय करने के बाद उनपर कैसे चलना चाहिए, तो आपके लिए अपने लक्ष्यों को प्रधान निश्चित उद्देश्य तथा प्रतिभा से जोड़ना सरल हो जाता है। सबसे पहले तो यह देखें कि आपके पास अपने निजी विकास के लिए कौन से अनिवार्य कौशल और क्षमताएँ हैं। यह नहीं कहा जा सकता है कि आपके काम आरंभ करने से पहले ही सबकुछ व्यवस्थित होगा। आपको निरंतर धैर्य, कड़े परिश्रम और विश्वास के साथ लक्ष्य की ओर कदम बढ़ाना होगा, तभी आप अपने लक्ष्य को साकार कर सकते हैं। आपको इसी बुनियाद पर लक्ष्य का महल खड़ा करना चाहिए। अपने जीवन में सफलता की सीढ़ियों को चढ़ने और एक-एक कर अपने लक्ष्यों की पूर्ति की दिशा में अग्रसर होने के लिए डॉ. हिल की ओर से दिए जानेवाले इन सुझावों पर ध्यान दें।

प्रकृति की ओर से एक पाठ

—नेपोलियन हिल

हर मूर्त अथवा अमूर्त वस्तु ऊर्जा के एक सूक्ष्म रूप में ही आरंभ होती है। यह इतनी सूक्ष्म होती है कि इसे सूक्ष्मदर्शी से भी नहीं देखा जा सकता। इसे प्रकृति की ओर से वरदान मिलता है कि यह अपनी वृद्धि तथा विकास के लिए अपनी ओर आकर्षित होने की शक्ति रखती है।

आपको बलूत का फल और एक मुट्ठी मिट्टी याद है। उस बीज में एक जीवन छिपा है, एक ऐसा गर्भ, जो अपने आस-पास के तत्त्वों से मिट्टी, वायु, जल, सूर्य का प्रकाश तथा एक बलूत के पेड़ में बदलने की सारी आवश्यक सामग्री लेने की क्षमता रखता है।

गेहूँ या मक्का का दाना लें; इसे धरती में बो दें, यह गतिविधि का केंद्र बन जाएगा और अपने आस-पास के परिवेश से ऐसे रासायनिक तत्त्वों को उचित अनुपात में खींचेगा, जो गेहूँ की बाली या मक्का का पौधा बनाने में सक्षम है। इस तरह यह अपना ही पुनः उत्पादन करने में सफल होगा, जो कि विकास और बढ़ते हुए प्रतिफल के नियम पर आधारित है।

इन उदाहरणों में हमें आत्म-परामर्श के माध्यम से मन की शक्ति की सच्ची तसवीर देखने को मिलती है। हम देख सकते हैं कि चेतन मन से निरंतर इच्छा के दोहराव के साथ अपने अवेचतन मन में इच्छा का बीज बो सकते हैं। इसे अपने गहनतम भावों के साथ अनुभव कर सकते हैं। इसे अपने विश्वास के साथ अपनी ओर आकर्षित करते हुए अनंत बुद्धिमत्ता के साथ जीवन ऊर्जा का अक्षय प्रवाह पा सकते हैं। हर बीज के भीतर एक वृक्ष बनने की संभावना छिपी होती है। इसी तरह इच्छा के बीज को भी साकार किया जा सकता है।

आकर्षण का नियम जीवंतता से विकास के नियम पर आधारित है, जो कि स्वयं बीज या इच्छा में छिपा होता है। हर योग्य इच्छा संपूर्ण और साकार रूप ले सकती है।

आकर्षण का नियम जीवंतता से विकास के नियम पर आधारित है, जो कि स्वयं बीज या इच्छा में छिपा होता है। हर योग्य इच्छा संपूर्ण और साकार रूप ले सकती है। अगर किसी बीज को अंकुरित होकर फसल में बदलना है तो इसे उपजाऊ मिट्टी में लगाना होगा, इसे पूरा पोषण देना होगा और फसल

को कटने से पहले सूरज की धूप भी मिलनी जरूरी है।

हमारे अवचेतन मन की तुलना उपजाऊ मिट्टी से की जा सकती है, जहाँ हम अपने निश्चित उद्देश्य का बीज बोते हैं। हमारे पास एक गहन इच्छा होनी चाहिए, जो हमारे निश्चित उद्देश्य के गर्भ में आरंभिक ऊर्जा बनती है, उसके माध्यम से यह पौधा बड़ा होकर विकसित होता है।

हमारे अवचेतन मन की तुलना उपजाऊ मिट्टी से की जा सकती है, जहाँ हम अपने निश्चित उद्देश्य का बीज बोते हैं। हमारे पास एक गहन इच्छा होनी चाहिए, जो हमारे निश्चित उद्देश्य के गर्भ में आरंभिक ऊर्जा बनती है, उसके माध्यम से यह पौधा बड़ा होकर विकसित होता है। अब हमने बता दिया कि एक बीज किस तरह अंकुरित होकर फल-फूल सकता है। आपको इसे अपनी योजनाओं के अनुसार निरंतर कर्मशीलता तथा अवचेतन को दिए गए निर्देशों से विकसित होने में मदद करनी होगी। इसी तरह आप अनंत बुद्धिमत्ता के जीवनदायक प्रभाव को आकर्षित करते हुए अपनी वांछित इच्छा पर केंद्रित कर सकते हैं। यहाँ आपके सामने सारी प्रक्रिया दी गई है। यही वह प्रक्रिया है, जो निरंतर चलायमान है, जो जीवन के अनंत रूपों में आपके आस-पास चल रही है। यह केवल एक सिद्धांत नहीं है, यह एक प्रदर्शित तथ्य है। आपको इसे अपने निश्चित उद्देश्य के अनुसार स्वीकार करना होगा।

स्रोत : 'पी.एम.ए. साइंस ऑफ सक्सेस,' पृष्ठ-106-7

□

: 14 :

"जब मन कोलाहल रहित होता है तो हम अपनी इच्छानुसार निश्चित कर्म की ओर प्रवृत्त हो सकते हैं। यही उपस्थिति की शक्ति है।"

—डॉ. सैम ब्वायस

एकाग्रता की शक्ति हमें अनंत संभावनाओं के दरवाजे तक ले जाती है, किंतु इसके बाद हमें स्वयं ही इसकी दहलीज लाँघकर अपने भविष्य की ओर कदम बढ़ाना होता है। वांछित परिणाम पाने के लिए जिस क्रियाशीलता की आवश्यकता है, कोई भी मानसिक चित्रण या केवल इच्छा उसका स्थान नहीं ले सकती। हम सारा दिन जो सोचते हैं, उन्हीं चीजों को अपनी ओर आकर्षित करते हैं, परंतु यह कोई जादू नहीं होता, हमें इसके साथ अपने प्रयासों, आत्म-अनुशासन, सटीक चिंतन, नियंत्रित ध्यान तथा पद्धतिबद्ध क्रियाशीलता का बल भी लगाना होता है। आपको अपने मन में इच्छा के उत्पन्न होने से लेकर उसके साकार रूप लेने तक की प्रक्रिया के दौरान मानसिक चित्रण के साथ निरंतर नियोजन युक्त काररवाई भी करनी होगी, तभी मनचाहे नतीजे सामने आ सकते हैं।

हम सारा दिन जो सोचते हैं, उन्हीं चीजों को अपनी ओर आकर्षित करते हैं, परंतु यह कोई जादू नहीं होता, हमें इसके साथ अपने प्रयासों, आत्म-अनुशासन, सटीक चिंतन, नियंत्रित ध्यान तथा पद्धतिबद्ध क्रियाशीलता का बल भी लगाना होता है।

मैंने देखा है कि जब कोई मनुष्य सजग भाव से कोई कर्म करता है तो उसके परिणाम से भी रचनात्मक दृष्टिकोण झलकता है। हाल ही में मैंने एक

सपने को साकार रूप लेते हुए देखा। मैं आदरणीय सैम ब्वायस के साथ था, जब उन्होंने अमेजन पर लॉग-इन किया तो अचानक उनके सामने वही किताब आ गई, जो उन्होंने हाल ही में प्रकाशित की थी। यह उनके लिए एक चिरंतन और अनमोल क्षण था, जब उन्होंने 'एन एंशियंट साउंड फॉर प्रेजेंट मूमेंट' को साकार रूप में पाया। कुछ ही माह पूर्व सैम ने कहा था कि उन्होंने डिडगैरीडू की ध्यान विधियों पर कोई किताब नहीं लिखी। मैंने उन्हें ऐसा करने के लिए प्रोत्साहित किया। यह न केवल लिखी गई, बल्कि पढ़ने के लिए भी प्रस्तुत थी। उन्होंने एक विचार-बीज को ग्रहण करते हुए उसे साकार रूप दिया। वे 5 और 6 मई को माता-पिता और छात्रों के लिए हमारे ओपन हाउस में अपना प्रदर्शन देने जा रहे हैं, आप स्वयं आकर क्यों नहीं देखते कि उनके सपने ने किस तरह साकार रूप लिया है?

कलाकार माइकेल टेलापेरी और कंसर्ट पियानो एंटोनियो कैस्टीलिओ ने भी हमारे दो विचारों को अपनाया, जो अब फलीभूत होने जा रहे हैं, वे भी हमारे कार्यक्रम का हिस्सा होंगे। उन्होंने सफलता के 17 नियमों को दरशाती हुई छवियाँ तैयार की हैं और एंटोनियो ने पियानो संगीत की एक सीडी तैयार की है, जिसमें इन 17 नियमों को शामिल किया गया है। मेरे कार्यकारी सहायक चीनो मार्टीनेज इस विचार पर काम कर रहे हैं कि किस तरह वे अपने अनुभवों को एक तसवीर प्रदर्शनी में ढाल सकते हैं। केवल विचार बीज से ही कितनी संपदा अर्जित की जा सकती है।

इन सभी लेखकों, कलाकारों और संगीतज्ञों का आप से क्या लेन-देन है? सबकुछ। डॉ. हिल का कहना है कि यदि एक व्यक्ति कुछ कर सकता है तो हम सब भी वही कर सकते हैं। सैम, माइक, एंटोनियो और चीनो ने चुनौती स्वीकार की और उल्लेखनीय परिणाम भी पाए और आप भी ऐसा ही कर सकते हैं। आपका निजी सपना क्या है? आप जीवन से क्या पाना चाहते हैं? ऐसा क्या है, जो दिन-रात आपके दिमाग पर छाया रहता है? मेरे मित्र, वही आपके जीवन की चुनौती है, वही आपका आनेवाला कल है। यह वही विचार-बीज है, जिस पर काम करने के लिए डॉ. हिल प्रेरित करते आए हैं, क्योंकि यह ब्रह्मांड की ओर एक उपहार है और इस उपहार पर आपका ही नाम लिखा है। क्या आप इसे खोलकर दुनिया को नहीं दिखाएँगे? आपका सपना प्रतीक्षा कर रहा है और दुनिया भी प्रतीक्षा कर रही है।

एकाग्रता की शक्ति

—नेपोलियन हिल

आपको अपने मन की सारी शक्तियों को उस उद्देश्य की ओर एकाग्र व निर्देशित करना होगा। यह कार्य आप केवल आत्म-अनुशासन के बल पर ही कर सकते हैं। जिस ध्यान को नियंत्रित और निर्देशित नहीं किया जा सकता, वह एक खाली कौतूहल से अधिक कुछ नहीं है। नियंत्रण ही विचार-शक्ति की कुंजी है।

जब कोई अपने सुनिश्चित उद्देश्य पर एकाग्र होता है तो चेतन मन पर उसकी एक स्पष्ट छवि उभरती है और फिर अवचेतन भी उसे ग्रहण कर लेता है। इसे ही 'नियंत्रित ध्यान' कहा गया है।

आपको अपने मन की सारी शक्तियों को उस उद्देश्य की ओर एकाग्र व निर्देशित करना होगा। यह कार्य आप केवल आत्म-अनुशासन के बल पर ही कर सकते हैं। जिस ध्यान को नियंत्रित और निर्देशित नहीं किया जा सकता, वह एक खाली कौतूहल से अधिक कुछ नहीं है। नियंत्रण ही विचार-शक्ति की कुंजी है।

आप निम्नलिखित छह कारकों को अपनाकर इस शक्ति को अपना बना सकते हैं, इसके साथ ही आपको आत्म-अनुशासन को भी जीवन पर लागू करना होगा—

1. उद्देश्य की निश्चितता, सारी उपलब्धियों का यह आरंभिक बिंदु है।
2. कल्पना, जिसके माध्यम से उद्देश्य की वस्तु सामने आती है और इतनी स्पष्ट हो जाती है कि इसकी प्रकृति के विषय में संदेह नहीं रह जाता।
3. जब आपकी इच्छा ज्वलंत इच्छा में बदल जाती है, तब इसे अस्वीकृत नहीं किया जा सकता।
4. आपके उद्देश्य की प्राप्ति में परम विश्वास। यह विश्वास इतना सशक्त होना चाहिए कि आपको लगने लगे कि आपने अपने उद्देश्य को पा ही लिया है।
5. संकल्प शक्ति को पूरे विश्वास के साथ निरंतर लागू करना होगा।
6. अवचेतन मन आपके मन में बसी छवि को उठाता है और इसे आपके द्वारा दिए गए व्यावहारिक साधनों के बल पर एक मूर्त रूप दे देता है, यह काफी हद तक आपके उद्देश्य की प्रकृति पर भी निर्भर करता है।

हम आपको इन नियमों के माध्यम से आपके उद्देश्य की जानकारी नहीं देना चाहते। सर्जक ने प्रत्येक व्यक्ति को यह योग्यता और क्षमता प्रदान की है कि वह अपने सपनों और इच्छाओं को मनचाही दिशा दे सके।

नियंत्रित ध्यान को आप आत्म-अनुशासन का सबसे उच्च रूप मान सकते हैं। अपने लिए एक निश्चित उद्देश्य चुनें और इसे नियंत्रित ध्यान और एकाग्रता के बल पर आगे ले जाएँ।

इस तरह यह स्पष्ट है कि अब तक इस दर्शन के जो भी नियम बताए गए, वे भी इसमें समाहित होते हैं और इस तरह यह नियंत्रित ध्यान भी उनका ही एक हिस्सा बन जाता है। यदि आपने पिछले नियमों पर काम करते हुए सारे निर्देशों का पालन किया है तो अब आप अपने मन की शक्ति का पूरा भार अपने पर लेने को तैयार हैं और आप इसे मनवांछित दिशा में भेज सकते हैं और इसके साथ ही यह विश्वास भी रख सकते हैं कि इस प्रक्रिया में आपका कोई अहित नहीं होगा।

हम आपको इन नियमों के माध्यम से आपके उद्देश्य की जानकारी नहीं देना चाहते। सर्जक ने प्रत्येक व्यक्ति को यह योग्यता और क्षमता प्रदान की है कि वह अपने सपनों और इच्छाओं को मनचाही दिशा दे सके।

हम तो केवल इतना बता सकते हैं कि नियंत्रित ध्यान आपको सुनिश्चित उद्देश्य की राह पर अग्रसर करने का कार्य करता है। यह आपको मन की अद्भुत शक्ति का परिचय देता है। हम इस सत्य में विश्वास रखते हैं, क्योंकि हमने विविध परिस्थितियों में इन नियमों को साकार होते देखा है।

नियंत्रित ध्यानाकर्षण ही मन की असीम शक्ति का व्यवस्थित व संगठित रूप है।

जब इसे प्रार्थना की तरह उपयोग में लाया जाता है, तो यह आपको सभी शक्तियों के स्रोत के प्रत्यक्ष संपर्क में ला देता है। यह एक ऐसा निष्कर्ष है, जिसे सदैव प्रत्येक चिंतक का पूरा समर्थन मिलता आया है।

□

: 15 :

"अच्छे विचार और कर्म कभी बुरे परिणाम उत्पन्न नहीं कर सकते, बुरे विचार और कर्म कभी अच्छे परिणाम उत्पन्न नहीं कर सकते। आप जो बोते हैं, वही काटते हैं। यही प्रकृति का नियम है।"

—क्रिस्टीना चिया

आपको नर्सरी में पढ़ी गई कविता की पंक्तियाँ याद हैं, 'मेरी-मेरी क्वाइट कांटरेरी? तुम्हारा बगीचा कैसे फले-फूले?' जब हम छोटे थे तो हमें इस बात का एहसास कहाँ था कि जिस तरह हम धरती में बीज बोते हैं, उसी तरह हम अपने अवचेतन मन में भी बोते हैं, वही उगता है। लोग विचारों को तरबूज के बीजों की तरह क्यों नहीं लेते, जिन्हें वे अपने फलों और सब्जियों के बाग में बोते हैं। ज्यों ही हमारी छुट्टियाँ समाप्त होती हैं तो हमारे पास बीजों की जानकारी से जुड़े कागज डाक में आने लगते हैं और हम अपने बाग में बड़े लाल रसीले टमाटर और गुलाबी गुलाब उगाना चाहते हैं, तो इसी तरह हम यह सपना और मानसिक चित्रण क्यों नहीं देख सकते कि हम अपने मन के बगीचे में क्या उगाना चाहते हैं? यह काम इतना कठिन भी नहीं है। मानसिक चित्रण तथा योजना तैयार करने के बाद उचित काररवाई की जाए तो हम अपने मन के गुप्त अवचेतन बाग में बोए गए बीज को अंकुरित होते देख सकते हैं।

क्रिस्टीना इस विचार को प्रस्तुत करती हैं कि जो विचार-बीज अंकुरित होकर फलेगा-फूलेगा और पनपेगा, वही एक सुंदर फसल की तरह सामने आएगा, जिसे काटा जा सकता है। यदि हम सीख लें कि सपनों को कैसे बोना है तो उन्हें बड़ी आसानी से हकीकत में बदला जा सकता है।

इस सप्ताह क्रिस्टीन चिया अपनी नई पुस्तक 'माइंड गार्डन' हमारे वार्षिक ओपन हाउस में प्रदर्शित करेंगी। उनकी पुस्तक में

फूलों के असली बागों की सुंदर तसवीरों का संकलन है, जो किसी मनुष्य के उच्चतम विचारों का प्रतिबिंब हैं। क्रिस्टीना इस विचार को प्रस्तुत करती हैं कि जो विचार-बीज अंकुरित होकर फलेगा-फूलेगा और पनपेगा, वही एक सुंदर फसल की तरह सामने आएगा, जिसे काटा जा सकता है। यदि हम सीख लें कि सपनों को कैसे बोना है तो उन्हें बड़ी आसानी से हकीकत में बदला जा सकता है।

हम इस विचार को बच्चों के साथ क्यों नहीं बाँटते? अगर बच्चे बचपन में सुनी कविताओं को आजीवन स्मरण रख सकते हैं तो वे आसानी से इसी स्मरणशक्ति के माध्यम से अपने अवचेतन मन को सफलता के लिए प्रोग्राम कर सकते हैं। आत्म-कथन, आत्मविश्वास के फॉर्मूले, एक्शन प्लान और 'इसे अभी करो' जैसे निर्देश हम जैसे लोगों के लिए सहायक होते हैं, जिन्हें पूरा विश्वास होता है कि ये तकनीकें हमारे लिए सकारात्मक परिणाम सामने ला सकती हैं।

इन रहस्यों को उन युवाओं के साथ बाँटें, जो अपने जीवन के बाग बनाने के लिए तैयार हैं। आप एक सुपर माली बन सकते हैं, जो एक सकारात्मक जीवन-परिणाम पाने का सपना देखता है। यह जीवन एक बगीचा हो सकता है। जीवन बाग से ही आरंभ होता है। हम बच्चों को वे यंत्र और उपकरण क्यों नहीं थमा सकते, जो उसे जीवनरूपी बाग को सँवारने के लिए दिए गए हैं? अगर आप विचारों को बोएँगे तो आपको अमर होने में देर नहीं लगेगी। भौतिक रूप से आप सदा जीवित नहीं रहेंगे, परंतु आपके विचार उन लोगों के दिल और दिमाग में अंकित रहेंगे, जो आपके नेतृत्व में चलेंगे और इस तरह आपका जीवन आगे बढ़ता जाएगा। हो सकता है कि आपके पीछे आनेवालों को उचित समय और स्थान भी मिल जाए। यह बसंत का मौसम है। एक बाग तैयार करें। बेहतर होगा कि दो बाग तैयार करें। एक बाग अपने मनपसंद स्थान पर तैयार करें और दूसरा किसी युवा के मन की उपजाऊ मिट्टी में लगाएँ। दोनों ही फसलें तैयार होंगी, जो आपके जीवन को सार्थक दिशा दे सकती हैं।

क्या आपके बाग में खरपतवार उगे हैं?

—नेपोलियन हिल

आप अपने मन पर जिस भी विचार को हावी कर लेते हैं, आप उसके लिए एक सहज और कुदरती नतीजा सामने लाने में सफल रहते हैं। अगर आप निर्धनता, रोग और असंतुलन की फसल बोएँगे तो वही पाएँगे, क्योंकि आपने जान-बूझकर अपने अवचेतन मन की मिट्टी को नकारात्मकता से सींचा है। वे कई गुना हो गए

आपका मन कभी शांत नहीं रहता। यह हमेशा काम करता रहता है। आपको ही इसे काम में लगाकर इससे उत्पादक नतीजे पाने होंगे, इसे यों ही छोड़ देने से आप उन्हीं चीजों को जीवन में आकर्षित करेंगे, जिन्हें आप पाना नहीं चाहते हैं।

और नए प्रकार के जहरीले फल पैदा कर दिए। नियम तो प्राकृतिक रूप से अपना काम कर रहा है, परंतु दुर्भाग्यवश आपने खरपतवार से भरा बगीचा तैयार किया है।

अपने पड़ोस में जमीन के खाली पड़े टुकड़े या खाली पड़े खेत पर नजर डालें, वहाँ बसंत के मौसम में आप सुंदर और पूरी लंबाई के साथ उगे खरपतवार की फसल खड़ी पाएँगे। इन खाली बंजर स्थानों पर खरपतवार के बीज अनजाने में फेंके गए और सूरज की धूप, हवा और पानी मिलने से वे फलने-फूलने लगे। इन्हें किसी ने भी निराई या कटाई करके तैयार नहीं किया। एक औसत व्यक्ति के साथ भी जीवन में यही होता है, जो यहाँ-वहाँ लक्ष्यहीन होकर भटकता रहता है। वह जान ही नहीं पाता कि वास्तव में वह करना क्या चाहता है। वह अपने परिवेश से हर तरह के खरपतवारी विचारों का प्रभाव ग्रहण करता चलता है और उसे कभी अच्छे-बुरे, वांछित-अवांछित विचारों का अंतर करने और उनके स्थान पर अपने उद्देश्य को रखने का अवसर ही नहीं मिलता। इस तरह विचारों के खरपतवार अपनी जड़ें जमा लेते हैं और वह कभी अपने लिए फसल नहीं उगा पाता।

आपका मन कभी शांत नहीं रहता। यह हमेशा काम करता रहता है। आपको ही इसे काम में लगाकर इससे उत्पादक नतीजे पाने होंगे, इसे यों ही छोड़ देने से आप उन्हीं चीजों को जीवन में आकर्षित करेंगे, जिन्हें आप पाना नहीं चाहते हैं।

पर जब आप जीवन में कुछ करने का पक्का मन बना लेते हैं तो निश्चित रूप से बाधाएँ आपके आगे आती हैं और आपको अपनी ओर से सफल होने से रोकती हैं। ये आपके विश्वास की परीक्षा लेने आती हैं। आपका विश्वास जितना दृढ होगा, यह उतना ही सशक्त और टिकाऊ होता जाएगा। जब ऐसी अस्थायी पराजय सामने आती है तो उन्हें और अधिक प्रयासों और अपनी ओर से दृढ संकल्प की प्रेरणा के रूप में स्वीकारें। इसी विश्वास को मानकर चलें कि आप एक न एक दिन निश्चित रूप से सफल होंगे।

स्रोत : 'पी.एम.ए. साइंस ऑफ सक्सेस,' पृष्ठ-108-9

□

: 16 :

''सफलता का ऐसा तंत्र, जो कभी असफल नहीं होता, मुझे लगा कि यह जीवन बीमा पर कोई पुस्तक है और मैंने उसे किताबों की अलमारी में ठूँस दिया। यह वहाँ नहीं टिक सकी। अगले ही सप्ताह यह फर्श पर गिरी। मैंने इसे उठाया और ये शब्द देखे, मन जिसे धारण कर, विश्वास कर सकता है, वह उसे पा भी सकता है। विचार ही ब्रह्मांड का सबसे अद्भुत बल है, आप वही बनते हैं, जो विचार करते हैं।''

—जॉन रानडोल्फ प्राइस

डब्ल्यू. क्लीमेंट स्टोन का जन्म एक सदी पहले 4 मई, 1902 में लुईस व एना एम. (गुन) स्टोन के घर हुआ। तीन वर्ष की आयु में उनके पिता चल बसे और उनका पालन-पोषण उनके संबंधियों के घर हुआ। ऐसी दुर्भाग्यपूर्ण शुरुआत के साथ स्टोन चमत्कारिक रूप से एक ऐसे भले और नेक इनसान बने, जिन्होंने होरेटियो एल्गर की सफलता की कहानियों 'रैग्स टू रिचिस' के प्रधान नायक के अनुसार अपने चरित्र को ढाला, वे अपनी युवावस्था से ही उन्हें पढ़ते आ रहे थे। इन कहानियों ने स्टोन को उनके जीवन के प्रधान उद्देश्य से जोड़ने का कार्य किया। वे कहते हैं, ''मैं केवल इतना चाहता हूँ कि संसार को बदला जाए।''

स्टोन जानते थे कि एक सकारात्मक मानसिक रवैया उन्हें अपने जीवन में आगे तक ले जाएगा, हालाँकि तब तक उनके पास इस प्रक्रिया के लिए कोई नाम नहीं था। उन्होंने अपने हालात को बदलने के लिए कड़ा परिश्रम किया और इसके लिए उन्हें अपनी सोच और उसके ढाँचे को बदलना पड़ा।

यह बात उनके विश्वास में जड़ें जमा चुकी थी कि वे अपने विचारों के बल पर सारे सपने साकार कर सकते हैं। स्टोन जानते थे कि एक सकारात्मक मानसिक रवैया उन्हें अपने जीवन में आगे तक ले जाएगा, हालाँकि तब तक उनके पास इस प्रक्रिया के लिए कोई नाम नहीं था। उन्होंने अपने हालात को बदलने के लिए कड़ा परिश्रम किया और इसके लिए उन्हें अपनी सोच और उसके ढाँचे को बदलना पड़ा।

वे शिकागो के दक्षिण में छह साल की आयु में अखबार बाँटने का काम करते थे और तभी उन्हें एहसास हुआ कि यदि उन्हें उस प्रतियोगी बाजार का हिस्सा बनना है तो उन्हें कड़ी मेहनत, आत्मविश्वास, साहस और आत्म-अनुशासन के बल पर अपने लिए स्वयं रास्ता बनाना होगा, ताकि थोड़ा बड़े होने पर उन लड़कों का सामना कर सकें, जो न केवल उनके प्रतिद्वंद्वी बल्कि निर्दयी भी थे।

स्टोन के जीवन की गाथा निश्चित रूप से प्रेरणादायी है। अपने जीवन के सौ वर्षों के दौरान उन्होंने यह प्रमाणित कर दिखाया कि भले ही परिस्थितियाँ कैसी भी क्यों न हों, सफलता कुछ निश्चित लक्षणों पर आधारित होती है, जिन्हें आप पा सकते हैं। उन्होंने सफलता के लिए अपनी ओर से एक फॉर्मूला विकसित किया, जिसे उन्होंने 'आर2ए2' का नाम दिया। उनका कहना था कि इसके अनुसार हमें सफलता पाने के लिए ताजा पठनीय सामग्री के पठन-पाठन और विश्लेषण, गहन अंतर्दृष्टि व सहज ज्ञान की मदद लेनी होगी। उनके इस सूत्र में अंग्रेजी के चार शब्द शामिल थे (Recognize, Relate, Assimilate and apply)। स्टोन ने इन शब्दों को अपने जीवन में लागू किया और जब वे व्यवसाय में थे तो प्रतिदिन ऐसा कुछ-न-कुछ सीखते थे, जो उनके व्यवसाय में काम आ सके। उन्होंने होरेटियो एल्गर की किताबों से अपने लिए आदर्श चुने और उनके जैसा बनने के लिए संघर्ष करते रहे।

स्टोन के लिए सफलता की पहला उदाहरण उनकी माँ थीं और वे सदा इसके लिए ईश्वर के आभारी रहे। उनकी माँ एक अनूठी, परिश्रमी, देखरेख करनेवाली महिला थीं, जो अपने पुत्र के साथ एक स्वतंत्र जीवनयापन कर रही थीं। वे जानती थीं कि उन्हें अकेले ही सब करना होगा, इसलिए उन्हें काम के लंबे घंटों से कभी कोई परेशानी नहीं रही। स्टोन को बचपन से ही शिकागो के दक्षिण में एक ऐसे मुहल्ले में रहना पड़ा, जहाँ वे आसानी से बुरी और नकारात्मक आदतों के शिकार हो सकते थे और वे नकारात्मक आदतें उन्हें आजीवन असफलता के गर्त में धकेल सकती थीं।

माँ को लगा कि उनका अपना बेटा रास्ता भटक रहा है। स्टोन ने सिगरेट पीने, स्कूल से छुट्टी मारने और बुरे लड़कों के संग रहने की लत पाल ली थी, जो उनके

वयस्क जीवन के लिए परेशानी का सबब हो सकती थी। उनकी माँ इलिनोस ने नावू के एक बोर्डिंग स्कूल में उनका नाम लिखवा दिया, ताकि वे बेहतर परिवेश में रहकर अपने आप में सुधार ला सकें। स्टोन वहाँ जाते ही समझ गए कि जीवन में सफल होने के लिए उन्हें अपने चरित्र में किन गुणों को शामिल करना होगा। वे कहते हैं, ''दिन महीनों और महीने सालों में बदले तथा मेरे मन में एक गुप्त इच्छा ने जन्म लिया। मैं भी अपने धर्म पिता की तरह बनना चाहता था, जिनसे मुझे बहुत लगाव था।'' एना स्टोन ने अपने पुत्र के लिए जिस मार्गदर्शन की प्रार्थना की थी, वह उसे मिल गई और स्टोन ने अपनी संस्था में ही सफलता पाने के ऐसे तीन सूत्र सीखे जो आजीवन उनके साथी बने रहे। उनका जीवन उन्नत होने लगा, क्योंकि उन्हें एहसास हुआ कि उनके जीवन में कुछ ऐसा घटा था, जिससे वे बेहतर महसूस करने लगे थे। बोर्डिंग स्कूल भेजे जाने की कुंठा से ग्रस्त होने की बजाय उन्होंने जीवन की इस घटना से एक सबक लिया और अपनी माँ से विलग होने के पलों में संकल्प लिया कि उन पलों को अपनी बेहतरी के लिए उपयोग में लाएँगे।

कॉस्मिक हैबिटफोर्स : सभी आदतों को स्थापित करनेवाला नियम

—नेपोलियन हिल

अगर कोई व्यक्ति सदा गरीबी के बारे में ही सोचेगा तो ब्रह्मांड का नियम उसे हमेशा गरीबी और कष्ट के बीच ही बनाए रखेगा। अगर कोई व्यक्ति प्रसन्नता, संतुष्टि, मन की शांति और भौतिक संपदा चाहेगा, तो नियम इस सोच के हिसाब से ही उसके लिए अनुकूल अवसर पैदा करेगा।

मनुष्य ही ऐसा प्राणी है, जिसके पास चुनाव की शक्ति है, जिसके बल पर वह अपने विचार तथा व्यवहार के ढाँचे बना सकता है। आदतों को तोड़ सकता है, नई आदतों को बना सकता है या पुरानी आदतों को नए सिरे से व्यवस्थित कर सकता है।

जहाँ ईश्वर ने मनुष्य को अपने विचारों को वश में करने की सुविधा प्रदान की है, वहीं मनुष्य को ब्रह्मांडीय नियम को भी मानना पड़ता है, जिसके अनुसार वह अपने विचारों को दोहराव के बाद आदतों में बदल देता है। यह नियम नहीं जानता कि मनुष्य को कैसे विचार प्रकट करने

चाहिए, किंतु इतना स्पष्ट है कि यह उन्हीं के माध्यम से उसकी इच्छा को पूरा करता है।

अगर कोई व्यक्ति सदा गरीबी के बारे में ही सोचेगा तो ब्रह्मांड का नियम उसे हमेशा गरीबी और कष्ट के बीच ही बनाए रखेगा। अगर कोई व्यक्ति प्रसन्नता, संतुष्टि, मन की शांति और भौतिक संपदा चाहेगा, तो नियम इस सोच के हिसाब से ही उसके लिए अनुकूल अवसर पैदा करेगा। मनुष्य ही अपनी सोच के बल पर ये ढाँचे बनाता है और ब्रह्मांड का नियम इन ढाँचों को विकसित कर देता है।

यह तो स्पष्ट है कि प्रकृति का नियम सदा दूसरे नियमों के साथ सामंजस्य रखते हुए ही अपना काम करता है। जैसे गति, गुरुत्वाकर्षण, चुंबकत्व, सार्वजनीन गुरुत्व बल आदि, परंतु इन सबसे कहीं महान् है; क्योंकि यही वह शक्ति है, जिसके अधीन सभी कार्य करते हैं। दूसरे प्राकृतिक नियम भी कार्य के समय अनंत बुद्धि के अन्य नियमों के परिचायक हैं, जो काररवाई करने और पुनः काररवाई करने की आदत के अनुसार चलते हैं। इस संसार की व्यवस्था इस बात की साक्ष्य है कि सभी प्राकृतिक नियम एक ब्रह्मांडीय योजना के नियंत्रण के अधीन हैं।

ब्रह्मांडीय नियम किसी मनुष्य के मन में छिपी इच्छा या सकारात्मक भाव को भौतिक रूप में कैसे बदलता है? यह उस इच्छा या भाव को इतना गहन बना देता है कि मन इसे एक विश्वास के तौर पर अपना लेता है। इस अवस्था में मन अनंत बुद्धि के उस प्रवाह को ग्रहण करने लगता है, जिसमें से किसी व्यक्ति की इच्छित वस्तु की प्राप्ति के लिए संपूर्ण योजना सामने आती है। ये योजनाएँ सदा प्राकृतिक योजना के साथ सामने आती हैं।

ब्रह्मांडीय नियम इच्छाओं को प्रत्यक्ष तौर पर यथार्थ में नहीं लाता, यह उस व्यक्ति की कल्पनाशक्ति को इतना जाग्रत् कर देता है, ताकि वह स्वीकृत प्रक्रिया के साथ वार्त्तालाप कर सके। यह शक्ति कोई चमत्कार नहीं करती, कोई बाजीगरी नहीं दिखाती। यह एक सशक्त इच्छा रखनेवाले व्यक्ति को विवश करती है कि वह संभव और उपलब्ध प्राकृतिक साधनों के साथ अपने विचारों को पूर्णता प्रदान करे।

स्रोत : 'पी.एम.ए. साइंस ऑफ सक्सेस कोर्स,' पृष्ठ 492 और 493

□

: 17 :

"यह हमेशा याद रखें कि अगर व्यवसाय में आप अपने ग्राहकों का खयाल नहीं रखना चाहते तो कोई-न-कोई अवश्य होगा, जो आपके लिए खुशी से यह काम करना चाहेगा।"

—टोनी जॉनसन

एना स्टोन के पास सिलाई का हुनर था, जिसके बल पर वे एक अच्छी दर्जिन कहलाने लगीं। उन्होंने खुद को प्रशिक्षित किया कि कपड़ों की डिजाइन, फिटिंग और सिलाई आदि सारा काम अपने हाथों से करें। इस तरह उनके पास ग्राहक आने लगे और वे शिकागो में 'डिलोंस' नामक स्थान पर काम करने लगीं। हाथ में चार पैसे आते ही उन्होंने घर बदला और एक सभ्य मुहल्ले में रहने लगीं। कुछ समय बाद स्टोन ने अपनी माँ से आग्रह किया कि वह उन्हें अपने पास बुला ले। वह घर आने के लिए तैयार था, उसे घर की याद सताती थी। अब तो पड़ोस भी पहले से बेहतर हो गया था और किसी भी तरह की बुरी संगति का भय नहीं था। इस तरह एना स्टोन ने बेटे को साथ रखने की अनुमति दे दी। दो साल बाद वे फिर से साथ रहने लगे।

स्टोन ने बोर्डिंग स्कूल में बीते समय पर गौर किया और वहीं से उनके मन में कुछ कर गुजरने की ललक पैदा हुई। उन्होंने देखा कि उन्हें देखरेख देनेवाला धार्मिक समुदाय किस तरह अपने को और दूसरों को संपूर्ण और परिश्रमी बनाने के लिए प्रयासरत रहता था। इस तरह स्टोन के मन में भी आत्म-सुधार की भावना आई और उन्हें लगने लगा कि वे भी अपने जीवन में बेहतरी के लिए बदलाव ला सकते थे। उन्होंने यह निष्कर्ष निकाला कि उन्हें आत्म-सुधार के लिए अपने प्रेरणा और कर्म के नियम को अपनाना होगा। वहीं उन्होंने अपने आर2ए2 फॉर्मूला के पहले

भाग को अपने लिए इस्तेमाल किया। उन्होंने इस तथ्य को पहचाना कि किसी भी काम को आरंभ करने के लिए प्रेरणा का होना आवश्यक है, ताकि आत्म-सुधार के लक्ष्य को पाया जा सके। वे अपनी इस नई सजगता के विषय में स्नेहवश लिखते हैं, ''सबसे अच्छी नई सोच यही है कि पुरानी सोच ही सबसे अच्छी है।'' उन्हें अपने जीवन के लिए समुचित प्रेरणा मिल चुकी थी और इसके बाद उनका जीवन उनके विलक्षण जुनून का प्रदर्शन बन गया।

तीन चरणीय सफलता फॉर्मूले का अगला भाग सामने आया। स्टोन को एहसास हुआ कि उन्हें वह जानकारी और ज्ञान पाना होगा, जो उनकी इच्छाओं और सपनों को हकीकत में बदल सके। वे छह वर्ष की आयु में सफलतापूर्वक अखबार बेचने के काम को कभी नहीं भूले। यह एक दिन उनके पूरे कॅरियर का आरंभ था और इसने स्टोन को आजीवन सफलता पाने का वरदान दिया। उनके अपने शब्दों में वे घटना के बारे में बताते हैं—छह साल की आयु में अखबार बेचने के काम के बारे में सोचते हुए वे याद करते थे कि उस दिन हॉली के रेस्तराँ में क्या हुआ था। यही उनके कॅरियर का आरंभिक बिंदु था और इसने स्टोन को आजीवन सफलता के द्वार पर ला खड़ा किया। उनके अपने शब्दों में ही सुनें—

मैं एक छह वर्षीय भयभीत लड़का था। शिकागो के दक्षिण में सड़क पर अखबार बेचना खतरे से खाली नहीं था। मुझसे बड़े लड़के कोनों में खड़े अखबार बेचते, वे ज्यादा जोर से चिल्लाते और बंद मुट्ठियों से मुझे डराया करते। आज भी उन दिनों की याद ताजा है, क्योंकि मैंने तभी सीखा था कि अपनी हानि को भी लाभ में कैसे बदल सकते हैं। यह एक सीधी सी बात है, जो अब इतने मायने नहीं रखती, पर फिर भी वह एक शुरुआत थी।

हॉली का रेस्तराँ पास ही था, जहाँ मैं अखबार बेचने की कोशिश कर रहा था। तभी एक उपाय सूझ गया। चहल-पहल से भरा वह इलाका किसी छह साल के बच्चे को सहमाने के लिए काफी था। मैं घबराया हुआ था, पर इसके बावजूद पहले ही मेज पर अखबार बेचने में सफल रहा। फिर दूसरी और तीसरी मेज वालों ने भी अखबार ले लिया। जब मैं चौथी मेज पर गया तो श्रीमान हॉली ने मुझे बाहर खदेड़ दिया।

मैं तीन अखबार बेच चुका था। जब श्रीमान हॉली का ध्यान बँटा तो मैं फिर से भीतर चला गया और चौथी मेज पर अखबार दिया। मुझे उसने अतिरिक्त दस सेंट भी दिए। तब तक मुझे फिर से बाहर भेजा जा चुका था। मैं मौका पाते ही फिर से भीतर जाकर अपना काम करने लगा। वे सब हँसने लगे। ग्राहकों को यह सब देखकर मजा आ रहा था। ज्यों ही श्रीमान हॉली मुझे बाहर निकालने आए, किसी

ने हँसकर कहा, 'उसे अपना काम करने दें।' पाँच मिनट बाद ही मेरे सारे अखबार बिक चुके थे।

कर्म के आधार पर जानकारी बढ़ाना, यह स्टोन की सफलता का दूसरा सूत्र रहा। उन्होंने भूल-सुधार विधि और अपने विवेक से सीखा कि क्या तरीका काम करता है और कौन सा तरीका काम नहीं आता। उनका यह सारा ज्ञान अपने भावी निवेश में पूँजी की तरह काम आया। एना स्टोन भी अपने क्षितिज का विस्तार कर रही थीं। उन्होंने दो साल तक नौकरी करने के बाद अपना काम शुरू करने के बारे में सोचा। उन्होंने अपने लिए दो पूर्णकालिक सहायक भी रख लिए। कड़ी मेहनत के साथ नई भूमिका में बहुत संघर्ष था और वित्तीय समस्याओं ने अभी पीछा नहीं छोड़ा था।

कर्म के आधार पर जानकारी बढ़ाना, यह स्टोन की सफलता का दूसरा सूत्र रहा। उन्होंने भूल-सुधार विधि और अपने विवेक से सीखा कि क्या तरीका काम करता है और कौन सा तरीका काम नहीं आता। उनका यह सारा ज्ञान अपने भावी निवेश में पूँजी की तरह काम आया। एना स्टोन भी अपने क्षितिज का विस्तार कर रही थीं।

एक बार माँ की चिंता और कुंठा को देखते हुए स्टोन ने तय किया कि अपनी माँ के लिए कुछ खास करेंगे। उन्होंने अपनी बचत में से बहुत सारी राशि ली और लंबी डंडियोंवाले दर्जन सुंदर गुलाबों का गुलदस्ता अपनी मॉम को बहुत ही स्नेह और अपनेपन से भेंट किया। उन्होंने अपनी मॉम को उन सभी बातों के लिए धन्यवाद दिया, जो वे आज तक उनके लिए करती आई थीं। वे अपने लिए ऐसा उपहार पाकर मुदित हो उठीं। वे अपने जीवन में कई बार इस घटना की याद को दोहरातीं। ये उनके जीवन के ऐसे क्षण थे, जिन्हें पैसे से नहीं खरीदा जा सकता था। स्टोन का कहना था, ''इस घटना के बाद मैंने जाना कि पैसा भी बुरी चीज नहीं है, अगर इसे अच्छे काम में लगाया जाए तो।''

अपना आकलन करें

—नेपोलियन हिल

और अब हम आपके लिए इस दर्शन का वह हिस्सा प्रस्तुत कर रहे हैं, जो आपसे एक निजी आकलन की अपेक्षा रखता है, ताकि आप जान सकें कि आप

अपने समय का कितना और कैसा सदुपयोग कर पा रहे हैं। इसके अनुसार आपको निम्नलिखित प्रश्नों के उत्तर देने होंगे—

1. क्या आपके पास जीवन में एक सुनिश्चित उद्देश्य है, और यदि है तो आप उसके लिए अपना कितना समय देते हैं?
2. यदि आपके पास ऐसा कोई उद्देश्य है, तो आपके पास इसे पाने के लिए कौन सी योजना है? क्या आप अपनी योजनाओं पर निरंतर काम कर रहे हैं? क्या आपके प्रयास संगठित हैं या आप उनपर कभी-कभार ही काम कर पाते हैं?
3. क्या आपका निश्चित उद्देश्य समय बिताने का साधन, एक इच्छा या एक दुर्बल आशा भर है?
4. अगर आपको अपने निश्चित उद्देश्य की प्राप्ति हो जाए तो आपने उसके बदले में क्या देने की योजना बनाई है?
5. आपने मास्टर माइंड नियम के अधीन दूसरों से संपर्क साधने के लिए क्या योजना बनाई है, ताकि आपके उद्देश्य की पूर्ति हो सके।
6. क्या आपने किसी भी चुनौती के सामने आते ही अस्थायी पराजय स्वीकार करने की आदत बना ली है?
7. अपने प्रमुख निश्चित उद्देश्य की प्राप्ति या उसके प्राप्त कर पाने का भय आपके मन में इन दोनों में से क्या अधिक है?
8. आप किस बात को अधिक समय देते हैं? अपने उद्देश्य की प्राप्ति के लिए तैयार की जानेवाली योजना पर या उसकी राह में आनेवाली बाधाओं पर?
9. क्या आप कुछ समय के लिए अपने अस्थायी आनंद को त्यागने के लिए तैयार हैं, ताकि अपने प्रधान उद्देश्य को पूरा समय दे सकें?
10. क्या आपने इस सच को पहचान लिया है कि आपके पास अपने जीवन के इस एक सेकंड के सिवा जीवन के लिए कोई आश्वासन नहीं है। आपका जीवन सेकंड-दर-सेकंड मापा जा रहा है, एक बार जो सेकंड बीत जाएगा, वह दोबारा हाथ नहीं आनेवाला। आप इसका जो भी उपयोग करेंगे, उसे न तो बदला जा सकता है और न ही सुधारा जा सकता है।
11. क्या आपको एहसास है कि आपके जीवन के वर्तमान हालात वही नतीजे हैं, जो पिछले कर्मों की उपज हैं और हो सकता है कि जीवन

का यह क्षण, अपने उचित सदुपयोग के कारण आपके जीवन की दिशा ही बदल दे।

12. क्या आपको एहसास है कि आपका मानसिक रवैया भले ही सकारात्मक हो या नकारात्मक, इसे संकल्प शक्ति से एक क्षण में बदला जा सकता है।
13. क्या आप जानते हैं कि सफलता अर्जित करने के लिए आप अपने विचार और उनसे जुड़ी कर्मशक्ति का भी प्रयोग कर सकते हैं ?
14. क्या आप किसी ऐसे व्यक्ति को जानते हैं, जो आपको अनिवार्य निजी पहल से प्रेरित करे, ताकि आप अपने जीवन का प्रधान उद्‌देश्य पा सकें। इसके बाद आप स्वयं से ही प्रेरणा पाने के योग्य हो जाएँगे।
15. जब भी कभी आप पराजय के घेरे में हों तो आपने इसके कारण का विश्लेषण करते हुए जानना चाहा कि ऐसा क्यों हुआ या यह देखा कि इसके लिए और क्या किया जा सकता है ?
16. क्या आपको विश्वास है कि कोई प्राकृतिक नियम है, जिसके अनुसार व्यक्ति को लाभ या हानि होती है, जो उसके अपने ही विचारों या कर्मों की उपज होता है ?
17. अंततः क्या आप इस दर्शन के एक हिस्से को स्वीकार करते हुए बाकी हिस्सों को नकार रहे हैं ? या आप निर्देशों के अनुसार अपने सारे विचारों व कर्मों में सारे दर्शन को लागू कर रहे हैं ?

यदि आप अपने जीवन की बागडोर अपने हाथों में लेना चाहें तो आपको स्वयं इन प्रश्नों के उत्तर अवश्य देने चाहिए। ये प्रत्यक्ष प्रश्न हैं और इनमें से कुछ तो निजी भी हैं। ये ऐसे सटीक प्रश्न हैं, जिनका उत्तर सफल व्यक्ति को जीवन में कभी-न-कभी देना ही पड़ता है।

स्रोत : 'पी.एम.ए. साइंस ऑफ सक्सेस,' पृष्ठ-479-81

□

: 18 :

हमारी महानतम कठिनाइयाँ हमारे लिए पीड़ा के साथ-साथ मनुष्यों के रूप में विकसित होने की महानतम संभावना भी लाती हैं, जैसा कि डॉ. हिल ने कहा है, ''हर कष्ट अपने साथ समान लाभ के बीज लेकर आता है।''

—एलीजर ए. एल्परस्टीन

ऐसे ही एक और अवसर पर स्टोन 6 जनवरी को अपनी मॉम का जन्मदिन मनाना चाहते थे, किंतु उनके पास एक डॉलर से भी कम धनराशि थी। वे अपना सारा पैसा क्रिसमस पर खर्च चुके थे। शिकागो की सड़कों पर चलते हुए वे अपने लिए कोई सहारा खोज रहे थे। जब वे दोपहर के भोजन के समय स्कूल से घर आ रहे थे तो उन्हें अपने पैरों तले बर्फ चटकती महसूस हुई। वे घर की ओर आ रहे थे, पर अंदर-ही-अंदर कोई उन्हें वापस जाने को कह रहा था। वे वापस मुड़े और उसी जगह पहुँचे तो वहाँ उन्हें दस डॉलर पड़े दिखाई दिए। उन्होंने उससे कोई उपहार लेने की बजाय जन्मदिन की शुभकामनाएँ एक कागज पर लिखीं और डॉलर को उसमें लपेटकर माँ के खाने की प्लेट के नीचे रख दिया, ताकि उन्हें खाना खाते समय वह दिखाई दे जाए। माँ को उस उपहार से खुशी मिली, पर वे अपने बेटे की सोच से और भी अधिक प्रसन्न हुईं। डब्ल्यु क्लीमेंट स्टोन के लिए उपहार देनेवाली ये दो घटनाएँ आजीवन आभार प्रकट करने के अभ्यास में बदलीं और उन्होंने कभी लोकोपकार में अपनी ओर से कमी नहीं आने दी।

वे अपने इस पाठ को संक्षेप में इस तरह बताते हैं—

जब कोई वयस्क निर्णय लेता है, यह मूर्खतापूर्ण या समझदारी से भरा दिखता है, जो उसके पिछले अनुभवों की देन होता है। छोटी अच्छी बातें आगे चलकर

> **जब कोई वयस्क निर्णय लेता है, यह मूर्खतापूर्ण या समझदारी से भरा दिखता है, जो उसके पिछले अनुभवों की देन होता है। छोटी अच्छी बातें आगे चलकर बड़ी अच्छी बातों में बदलती हैं। छोटी बुरी बातें आगे चलकर बड़ी बुरी बातों में बदलती हैं और हमारे निर्णयों पर भी यही लागू होता है।**

बड़ी अच्छी बातों में बदलती हैं। छोटी बुरी बातें आगे चलकर बड़ी बुरी बातों में बदलती हैं और हमारे निर्णयों पर भी यही लागू होता है।

परंतु अच्छे निर्णय के साथ हमारा कर्म भी शामिल होना चाहिए। अगर हम कोई फैसला करके काररवाई नहीं करते तो उसका होना न होना कोई महत्त्व नहीं रखता। किसी भी इच्छा को अपने आप साकार रूप नहीं मिलता। उसके लिए हमें परिश्रम करना होता है। आपको किसी अच्छे फैसले पर तत्काल निर्णय लेना चाहिए।

इस तरह स्टोन के तीन चरणोंवाले सफलता फॉर्मूला का तीसरा भाग पूरा होता है—

वे चरण हैं—(1) काररवाई की प्रेरणा; (2) काम करने का उपाय; (3) गतिविधि का ज्ञान। ये चरण आपके जीवन को सफलता की ओर ले जाते हैं। स्टोन ने यह भी सीखा कि भूल-सुधार की बुनियादी विधि में भी क्या कारगर होता है। उन्होंने 'सक्सेस सिस्टम दैट नेवर फेल्स' में हमारे लिए इन चरणों को लिखा है।

उनका शुरुआती जीवन उन्हें काम और सफलता की ओर अग्रसर करने के लिए प्रभावी रहा। ग्रामर स्कूल के बाद वे हाई स्कूल में आए। वे एक अंग्रेज परिवार के साथ रहने लगे, क्योंकि उनकी माँ के लिए डेट्रॉयट जाना जरूरी था, ताकि वे यू.एस. कैजुएलिटी कंपनी का प्रतिनिधित्व करनेवाली बीमा कंपनी के साथ एक व्यावसायिक निवेश कर सकें। श्रीमती स्टोन ने इस एजेंसी में अपना सारा धन लगा दिया। उन्होंने अपने दो गहने भी गिरवी रखे, पर पहले ही दिन कोई काम नहीं आया। स्टोन अपनी माँ की बात को याद करते हैं—

मैं मायूस थी। मैंने अपना सारा पैसा लगा दिया था और मुझे लग रहा था कि मुझे इस निवेश से लाभ होना चाहिए। मेरी पूरी कोशिश के बाद बिक्री नहीं हुई। उस रात मैंने मार्गदर्शन के लिए प्रार्थना की और अगली सुबह फिर यही प्रार्थना की। फिर मैं शहर के सबसे बड़े बैंक में गई और वहाँ कैशियर को पॉलिसी बेचने के बाद बैंक के काम करने के घंटों के दौरान दूसरे कर्मचारियों को भी पॉलिसी बेचने की अनुमति ले ली। ऐसा लगता है कि उस दिन मेरे भीतर से ऐसी प्रेरणा सामने आई कि सारी बाधाएँ स्वयं ही दूर हो गईं। उस दिन मैंने 44 पॉलिसी बिक्री कीं।

अपनी माँ के मन में सफलता पाने के लिए ऐसा दृढ संकल्प देख स्टोन भी उनके कदमों पर चलने लगे। वे अवकाश के दौरान अपनी माँ के साथ रहते। वे भी पॉलिसी बेचने लगे और अपने सफलता के तंत्र पर भी काम करने लगे, जिसने उन्हें कभी धोखा नहीं दिया। जब उन्होंने इसे अपने काम पर लागू किया तो ग्राहकों की संख्या में निश्चित तौर पर बढ़ोतरी होने लगी। जल्दी ही स्कूल में रहना भारी पड़ने लगा, क्योंकि इससे उन्हें संभावित आय की हानि हो रही थी। उन्होंने हाई स्कूल छोड़ा और माँ के ही काम को आगे बढ़ाने का निर्णय लिया।

अपनी पढ़ाई के दौरान उन्होंने अपने काम और पढ़ाई की गति को समान रूप से चलाने की बहुत कोशिश की, परंतु ऐसा नहीं कर सके। उन्हें किसी एक काम को छोड़ना ही था और बीमा व्यवसाय में सफलता की इच्छा रखने के कारण वे इसमें कहीं बेहतर प्रदर्शन दे पाते थे। उन्होंने स्कूल छोड़ा, पर पठन-पाठन के प्रति प्रेम हमेशा बना रहा। उन्हें अपनी निजी शिक्षा को बढ़ाने के लिए कई तरह की पुस्तकें पढ़ना बहुत भाता था। उनके पुस्तक-प्रेम को उनके पुस्तकालय से देखा जा सकता है। उन्होंने अपने पुस्तकालय से सारी पुस्तकें पढ़ीं और उनसे बहुत कुछ सीखा। वे कभी एटॉनी नहीं बन सके, पर हमेशा उन लोगों को प्रायोजित करते रहे, जो इस क्षेत्र में नाम कमाना चाहते थे। स्टोन ने कभी एक ओर खड़े होकर असहाय भाव से घटनाओं को घटते नहीं देखा। उन्होंने दूसरों के लिए उनके घटने में मदद की।

वे अपनी माँ को बहुत स्नेह के साथ स्मरण करते थे। 'सक्सेस अनलिमिटेड' में प्रकाशित होनेवाले उनके लोकप्रिय निबंध में वे याद करते हैं कि किस तरह एक क्रिसमस के मौके पर उनकी पत्नी ने माँ के हाथों उनके नाम लिखा पुराना कार्ड नाश्ते की मेज पर रखकर उन्हें चौंका दिया था। क्लीमेंट अचानक अपनी माँ की लिखाई देखकर चौंके। यह कैसे संभव हो सकता था? उन्हें स्वर्ग सिधारे तो बहुत समय हो गया था। जब वे इस विशेष क्रिसमस कार्ड का आनंद ले रहे थे तो उन्होंने इसे हमारे साथ भी बाँटा—

'श्रीमती स्टोन को क्रिसमस के पुराने सामान में माँ के लिखे ऐसे कार्ड मिले, जिन्हें हमने बरसों से सँभाला हुआ था। उन्होंने उसे मेरे नाश्ते की मेज पर रख दिया। जिसे देख मेरी खुशी का ठिकाना नहीं रहा। शायद आप भी किसी प्रिय को ऐसा ही आनंद दे सकते हैं।'

—डब्ल्यू. क्लीमेंट स्टोन

इसे पढ़ने के बाद मुझे स्टोन के जीवन की वह घटना याद आ गई। जब उन्होंने अपनी माँ की प्लेट के नीचे दस डॉलर रखे थे। वे भी इसी तरह चौंककर खुश हो गई थीं। कहते हैं न, हमारा किया हमारे आगे आता है। स्टोन ने उन्हें जो खुशियाँ दीं, वे माँ के जाने के बाद भी उनके पास लौटकर आती रहीं।

उत्साह की आदत कैसे विकसित की जाए?

—नेपोलियन हिल

आप निम्नलिखित चरणों का पालन करते हुए नियंत्रित उत्साह की आदत विकसित कर सकते हैं—

- एक निश्चित प्रधान उद्देश्य चुनें।
- अपने उद्देश्य और उससे जुड़ी योजना को स्पष्ट शब्दों में लिखें। इसके साथ ही यह भी लिखें कि इसे साकार रूप में पाने के लिए आप बदले में क्या देने को प्रस्तुत हैं?
- अपने उद्देश्य को उत्साह से जोड़ें और तीव्र इच्छा में बदल दें। इसे सहलाएँ, पुचकारें और इतना याद करें कि यह आपके दिमाग का ही एक हिस्सा सा बन जाए।
- अपनी योजना को आरंभ करने के लिए तत्काल काररवाई आरंभ करें।
- निरंतर धैर्य और उत्साह के साथ अपनी योजना का पालन करें।
- अगर आप अस्थायी हार का सामना कर रहे हैं तो अपनी योजना पर नए सिरे से विचार करें और हो सके तो उन्हें बदल दें, अपने चुने गए उद्देश्य को केवल इसलिए नहीं बदलें कि उसे निभाने में कठिनाई हो रही है।
- अगर आपके उद्देश्य की प्रकृति के अनुसार दूसरों के सहयोग की आवश्यकता है तो स्वयं पहल करें, मास्टर माइंड वाले पाठ में दिए गए निर्देशों का पालन करें।
- निराशावादियों की संगति से बचें। आपको आशावादियों के बीच रहना चाहिए। अपनी योजनाओं को उन्हें बताएँ, जो आपसे सहानुभूति रखते हों, जैसे आपके मास्टर माइंड साथियों का समहू।
- एक दिन भी ऐसा नहीं बीतना चाहिए, जब आप अपनी योजनाओं पर विचार न करें। याद रखें कि आप अपने भीतर उत्साह और ललक की

आदत पैदा कर रहे हैं और किसी भी आदत को अपनाने के लिए दोहराव की जरूरत होगी।

- किसी भी आदत को विकसित करने के लिए आत्म-सुझाव की तकनीक कारगर हो सकती है। स्वयं को इस विश्वास के साथ बनाए रखें कि आप अपने उद्‌देश्य तक अवश्य जाएँगे, भले ही वह आपको कितना भी दूर क्यों न दिखे। आपका अपना मानसिक रवैया ही तय करेगा कि आपका अवचेतन मन आपके उद्‌देश्य की पूर्ति के लिए किस हद तक सहायक होगा।
- अपने मन को सदा सकारात्मकता से ओत-प्रोत रखें। इसमें भय, ईर्ष्या, लोभ, जलन, संदेह, प्रतिशोध, असहिष्णुता तथा विलंब का मिश्रण नहीं होना चाहिए। यह उत्साह आपको सकारात्मक सोच और कर्म की शक्ति देगा।

आपकी कल्पना किसी भी काम को जितना बड़ा बना सकती है, आपका काम उससे बड़ा नहीं होगा।

याद रखें, हर व्यक्ति दो संसारों के भीतर रहता है; उसके अपने मानसिक रवैए का जगत्, जो उसके सहयोगियों व परिवेश से प्रभावित होता है और दूसरा, वह भौतिक जगत्, जिसमें वह आजीविका पाने के लिए संघर्ष करता है। हो सकता है कि आप जिस जगत् में आजीविका कमाने के लिए संघर्ष कर रहे हैं, वह आपके वश में न हो, परंतु आप काफी हद तक उसके हालात को मनचाहा आकार दे सकते हैं। आप अपने मानसिक जगत् से जैसा संबंध रखते हैं, उसके आधार पर यह काम किया जा सकता है; क्योंकि आपका मानसिक रवैया आपको भौतिक जगत् के उन पहलुओं की ओर ले जाता है, जो आपके मानसिक रवैए से मेल खाते हैं। इस तरह निराशाजनक बातों से दुर्भाग्य और कष्टों को न्योता मिलता है। परंतु उत्साह, उचित नियंत्रण और संकल्प शक्ति, प्रसन्नता अच्छे सौभाग्य को न्योता देते हैं।

स्रोत : 'पी.एम.ए. साइंस ऑफ सक्सेस कोर्स।' पृष्ठ-248-50

□

: 19 :

''नेपोलियन हिल वर्ल्ड लर्निंग सेंटर प्रतिवर्ष एक ओपन हाउस आयोजित करता है, ताकि उस क्षेत्र के निवासियों व छात्रों को हिल के दर्शन से अवगत कराया जा सके। उद्‌देश्य की निश्चितता, रचनात्मक चित्रण, उत्साह आदि उनके सत्रह नियमों में शामिल हैं।''

—सू ऐलन रीड

कड़ी मेहनत और समर्पण के बल पर स्टोन अमरीका की कंबाइंड बीमा कंपनी के प्रेजीडेंट बने, शिकागो ब्वाय क्लब की अध्यक्षता की, 'सक्सेस अनलिमिटेड' पत्रिका के संपादक व प्रकाशक रहे और नेपोलियन हिल फाउंडेशन के चेयरमैन पद पर सुशोभित हुए। वे नेपोलियन हिल की 'सक्सेस थ्रू ए पॉजिटिव मेंटल एटीट्यूड' तथा नोरमा ली ब्राउनिंग की 'द अदर साइड ऑफ माइंड' पुस्तक के सह-लेखक भी रहे। वे क्लासिक आत्म-विकास पुस्तक 'द सक्सेस सिस्टम दैट नेवर फेल्स' के लेखक भी रहे हैं।

स्टोन को उनके प्रसिद्ध आत्म-प्रेरक कथनों के लिए विशेष तौर पर याद किया जाता है, जैसे—'मन जिसे ग्रहण कर, विश्वास करता है, उसे पी.एम.ए. के माध्यम से अर्जित भी कर सकता है।' 'इसे अभी करें,' उनका यह क्लासिक कथन व्यक्ति को तुरंत कारवाई के लिए ऊर्जान्वित करता है। स्टोन का कहना है कि एक दिन की पूरे जोश और लगन के साथ शुरुआत करने के लिए हर इनसान को ये वाक्य दोहराने चाहिए, ''मैं स्वस्थ महसूस कर रहा हूँ! मैं प्रसन्न हूँ! मैं बहुत बेहतर महसूस कर रहा हूँ!'' इन आत्म-प्रेरक कथनों की आवश्यकता क्यों है? स्टोन कहते हैं, ''अच्छी, सकारात्मक और खुशनुमा सोच रखने से आपके महसूस करने की शक्ति में निखार आएगा। आपके मन को जो आकर्षित करता है, वही

स्टोन कहते हैं, ''अच्छी, सकारात्मक और खुशनुमा सोच रखने से आपके महसूस करने की शक्ति में निखार आएगा। आपके मन को जो आकर्षित करता है, वही आपके शरीर को भी प्रभावित करता है।''

आपके शरीर को भी प्रभावित करता है।''

संक्षेप में स्टोन का कहना है—''लेखक किसी आत्म-विकास की पुस्तक में जो लिखता है, वह उसका सच्चा मोल नहीं है, एक पाठक के रूप में आप उसमें से किसे अपनाकर अपने जीवन में उतारते हैं, यह अधिक महत्त्व रखता है।''

और

''आप अपनी आनुवंशिकता, पर्यावरण, भौतिक शरीर, चेतन और अवचेतन मन, अनुभव, निश्चित समय तथा स्थान में पद व स्थिति की उपज हैं और इससे भी अधिक इसमें जानी-अनजानी शक्तियों को भी शामिल किया जा सकता है। आपके पास उन्हें प्रभावित करने, प्रयोग में लाने, वश में करने या उनके साथ सामंजस्य बिठाने हर तरह की शक्तियाँ हैं। आप अपनी सोच, नियंत्रण और भावों को वश में करते हुए अपनी नियति को सुनिश्चित कर सकते हैं।

स्टोन सौ वर्ष की आयु में मृत्यु होने तक नेपोलियन हिल फाउंडेशन के सभापति रहे और सफलता के नियमों के प्रचार व प्रसार में जुटे रहे। इंडियाना की परड्यू यूनिवर्सिटी कॉलमेट, हेमंड तथा वाइस के यूनिवर्सिटी ऑफ वर्जीनिया कॉलेज में उनकी यह विरासत कायम रही। डॉन ग्रीन और ज्यूडिथ विलियमसन प्रकाशनों, सेमीनारों, कार्यशालाओं, सत्रों तथा वार्त्ताओं द्वारा सफलता के इन नियमों को दुनिया तक पहुँचाने का कार्य कर रहे हैं। वे व्यक्तियों व कंपनियों को डॉ. नेपोलियन हिल तथा डब्ल्यू. क्लीमेंट स्टोन की शिक्षाओं की जानकारी देते हैं।

डब्ल्यू. क्लीमेंट स्टोन के अनुसार सफलता के नियम—

1. एक सकारात्मक मानसिक रवैया
2. उद्देश्य की सुनिश्चितता
3. कुछ अतिरिक्त करने की भावना
4. सटीक चिंतन
5. आत्म-अनुशासन
6. मास्टर माइंड मैत्री
7. व्यावहारिक विश्वास
8. एक सुखद व्यक्तित्व
9. निजी पहल

10. उत्साह
11. नियंत्रित ध्यान
12. समूह भावना
13. कष्ट व पराजय से सीखना
14. रचनात्मक विजन
15. समय और धन का निवेश
16. भौतिक व मानसिक सेहत कायम करना
17. ब्रह्मांडीय नियम यानी कॉस्मिक हेबिट फोर्स का प्रयोग

दो प्रतिशत सफल लोगों की सूची में अपना नाम कैसे शामिल करें?

—नेपोलियन हिल

जो वास्तव में सफलता के नियमों को अपनाकर जीवन में मनचाही वस्तुओं को पाना चाहता हो, उसके लिए निम्नलिखित निर्देश बहुत महत्त्व रखते हैं—

- स्वयं को दूसरों की मानसिक अवस्था तथा विचित्र स्वभाव के अनुसार समायोजित करें, ताकि आप उनके साथ शांति से जी सकें। किसी कुत्ते को देखें और सीखें कि वह किस तरह अपने मालिक के मूड के अनुसार जीना सीख जाता है।
- मानवीय संबंधों और हालातों में होनेवाली छोटी बातों को अनदेखा करना सीखें। बड़े लोग हमेशा छोटी-छोटी बातों से परे हटकर जीना जानते हैं।
- हर दिन की शुरुआत के साथ अपने मन की कंडीशनिंग के लिए अपना तरीका खोजें, जो कि इस कोर्स में दिए गए निर्देशों के अनुसार भी तय किया जा सकता है। इस तरह आप सारा दिन एक सकारात्मक मानसिक रवैया बनाए रख सकेंगे।
- प्रत्यक्ष पहल की बजाय अप्रत्यक्ष पहल के साथ स्वयं को दूसरों को बेचने की कला सीखें।
- अपने गुस्से को हानिरहित भाव में बदलना चाहें तो हँसने की कला विकसित करें और देखें कि किस तरह आपका मन सकारात्मकता की ओर खिंचता चला जाएगा। मास्टर सेल्समैन इसी तकनीक से हर दिन अपने मन की कंडीशनिंग करता है। बिक्री के काम में ऐसा करना बहुत मायने रखता है।
- अपने संकटों, कष्टों और पराजय का विश्लेषण करें और उनका कारण

तलाशें। इसके बाद देखें कि आप कितनी जल्दी अपने लिए समान लाभ का बीज तलाश सकेंगे, जो ऐसे अनुभवों के साथ सामने आता है।

- अपने मन को उन कामों पर केंद्रित करें, जिन्हें आप कर सकते हैं, जो काम आप कर नहीं सकते, उनकी चिंता तब तक न करें, जब तक वे आपके सामने नहीं आते। तब तक किया गया काम आपको काफी हद तक सफलता के निकट ला चुका होगा।
- अपने सारे दु:खद अनुभवों को सकारात्मक मानसिक रवैए में बदलना सीखें। इसे एक आदत बनाएँ और हर दु:खद अनुभव के बाद इसे दोहराएँ।
- हर उस हालात को जानें, जो आपके जीवन को प्रभावित करती हो, इसकी कीमत चुकाने को तैयार रहें, भले ही ये हालात सुखद हों अथवा दु:खद।
- यह भी जान लें कि हर व्यक्ति हमेशा नहीं जीत सकता, भले ही वह कितना भी समर्थ क्यों न हो। ऐसे समय के लिए अपने लिए कुछ तैयारी करके रखें, जब आपकी जीत नहीं होगी और उस समय आपके अनुभव ही आपकी संपदा होंगे।
- जीवन को निरंतर चलनेवाले ऐसे अनुभव के रूप में लें, जहाँ आपको लगातार अच्छे और बुरे अनुभवों से दो-चार होना है।
- याद रखें कि आपका हर विचार कई गुना होकर आपके पास वापस आता है, जो आपको वरदान या शाप देता है। अपने विचारों पर गौर करें और देखें कि आपकी सोच ऐसी ही हो, जैसा आप जीवन में अपने लिए चाहते हैं।
- अपने सहयोगियों से सावधान रहें, क्योंकि जीवन में दूसरों का नकारात्मक रवैया संक्रामक होता है और यह हानि पहुँचा सकता है।
- याद रखें कि आपके पास दोहरा व्यक्तित्व है; एक है सकारात्मक रवैया, जो विश्वास की महान् शक्ति रखता है; दूसरा है, नकारात्मक रवैया, यह अविश्वास की महान् शक्ति रखता है। जो व्यक्तित्व विश्वास रखता हो, स्वयं को उसकी ओर रखें; अभ्यास के अभाव में दूसरा व्यक्तित्व पीछे रह जाएगा।
- यह भी याद रखें कि सच्चे विश्वास के साथ की गई प्रार्थना कभी असफल नहीं होती। इसे ही सकारात्मक मानसिक रवैया कहते हैं।

स्रोत : 'पी.एम.ए. साइंस ऑफ सक्सेस,' पृष्ठ-233-35

□

: 20 :

''वे लोग सच्ची सफलता नहीं पा सकते, जो गिरने से भयभीत रहते हैं। सफलता केवल उन्हीं को मिलती है, जो अपने साथ उद्देश्य की निश्चितता रखते हैं, अपने कामों के लिए नियत योजनाएँ बनाते हैं, खतरे मोल लेने को तैयार रहते हैं, अपनी भूलों से सबक लेना चाहते हैं और यह विश्वास रखते हैं कि किसी भी लक्ष्य को पाने की शक्ति इसी में निहित है कि आप इसे पाने के लिए पूरी तरह से सक्षम और योग्य हैं।''

—गेल ब्रुक्स

हाल ही में चीनो मार्टीनेज और मुझे मिनीसोटा के मिनीआपोलिस में, अमेरिकन सोसाइटी फॉर क्वालिटी इंटरनेशनल कन्वेंशन में एक सत्र करने का अवसर मिला। अगर आप इन संगठनों से परिचित हैं तो आपको यह भी पता होगा कि इनका अंतरराष्ट्रीय स्तर तथा प्रसिद्धि कैसी है। इस संगठन की प्रतिष्ठा के अनुसार चयन होना इतना सरल नहीं होता, क्योंकि बहुत सी संस्थाएँ गुणवत्ता प्रबंधन पर अपने प्रदर्शन देना चाहती हैं, परंतु हमारे प्रस्ताव को वहाँ दूसरी बार पेश करने का अवसर मिला और हमारे सत्र का शीर्षक था 'ट्रांसफार्मिंग क्वालिटी फ्रॉम विद इन विद द क्लासिक्स,' इसे मंगलवार, 19 मई, 2009 को पेश किया गया। इस वार्त्ता में 'द विजार्ड ऑफ ओज' के चरित्रों शेर, टिन मैन, कागभगोड़ा व डोरोथी आदि को डॉ. हिल के सफलता के दर्शन के साथ जोड़ते हुए दिखाया था।

हमारे बहुत से पाठक क्लासिक बाल-कथाओं से परिचित हैं, इसलिए मुझे लगा कि आप लोगों को भी इस वार्त्ता में रस आएगा। इसे अगले तीन सप्ताह में तीन भागों में प्रस्तुत किया जाएगा।

ट्रांसफार्मिंग क्वालिटी फ्रॉम विद इन विद द क्लासिक्स

जीवन और साहित्य में चरित्र की उन्नति के लिए निजी विकास तथा बदलाव का होना अनिवार्य है। अपनी कमियों को जानने से समस्या का पचास प्रतिशत हल निकल आता है, पर अनिवार्य भाग यही है कि उन कमियों से उबरना भी होगा। केवल ज्ञान, साहस और देख-रेख को ही काफी नहीं माना जा सकता।

बच्चे अपने विकास की अवस्थाओं में अकसर परी-कथाओं की मदद लेते हैं, उन्हें अपने विकास की इन अवस्थाओं में भावात्मक, मानसिक, सामाजिक, आध्यात्मिक तथा भौतिक पीड़ा का सामना करना पड़ता है। किसी शेर, टिन मैन, कागभगोड़े व डोरोथी के संबंध में प्रश्न पूछना आसान होता है, यह कहना कठिन है कि वे सवाल अपने लिए पूछ रहे हैं। कर्मचारी और प्रबंधन भी काम से जुड़ी समस्याओं के हल निकालने के लिए असल जिंदगी की बजाय ऐसी कहानियों की मदद लेना पसंद करते हैं। यह कहानी उन मसलों और चिंताओं पर गौर करती है, जो एक बच्चे को बड़े और वयस्क होने से पहले झेलने होते हैं। यह उन सभी गुणों के लिए भी एक मंच तैयार करती है, जिनके अनुसार उन्हें जीवन में सफल होना है और अपने लिए ताकत एवं संभावना तलाशनी है। जीवन के निश्चित दौर में किसी व्यक्ति का सीधापन, कायरता, मूर्खता या हृदयहीनता उसके लिए परेशानी का कारण बन सकते हैं, इसलिए एल. फ्रेंक बॉम की कहानियों के पात्रों से अपने आपको जोड़ना कहीं ज्यादा सरल है।

जीवन और साहित्य में चरित्र की उन्नति के लिए निजी विकास तथा बदलाव का होना अनिवार्य है। अपनी कमियों को जानने से समस्या का पचास प्रतिशत हल निकल आता है, पर अनिवार्य भाग यही है कि उन कमियों से उबरना भी होगा। केवल ज्ञान, साहस और देख-रेख को ही काफी नहीं माना जा सकता। जब ये तीनों मिल जाते हैं तो इक्कीसवीं सदी के सच्चे नेतृत्व गुणों के रूप में सामने आते हैं। 'लोग तब तक आपकी परवाह नहीं करते, जब तक उन्हें यह पता नहीं चलता कि आप उनकी कितनी परवाह करते हैं।' जब तक कोई व्यक्ति डरपोक शेर, टिन मैन और कौए जैसे रूपांतरण से नहीं गुजरता, तब तक कोई भी नेतृत्व प्रशिक्षण उसके काम नहीं आएगा। दिल, दिमाग और आत्मा में आनेवाला बदलाव ही ऐसा करने में सक्षम है।

ऐसी प्रक्रिया के दौरान किसी व्यक्ति को अपने भीतर बदलाव लाना ही होता

है। नेपोलियन हिल प्रश्न करते हैं कि एक नेता के भीतर क्या गुण होने चाहिए। अपने बीस वर्षों के शोध से डॉ. हिल ने निष्कर्ष निकाला है कि ऐसे सत्रह नियम हैं, जो निश्चित तौर पर एक नेता के भीतर होने चाहिए। जब डोरोथी अपने इंद्रधनुष की तलाश में निकलती है तो उसे एहसास होता है कि सफलता की ओर जानेवाला मार्ग सार्वजनीन है। देखें, उसे इस राह में कौन से नियम अपने लिए महत्त्वपूर्ण लगे।

होरेस मान के शब्दों में—''आदत एक तार है, हम प्रतिदिन इसका एक तार बुनते हैं और अंत में हम ही इसे तोड़ नहीं सकते।'' कुदरत सारे ब्रह्मांड को स्थापित आदतों और अभ्यासों के बल पर ही चलाती है, जिनमें कभी विविधता नहीं आती।

सफलता को एक आदत बना लो। होरेस मान के शब्दों में—''आदत एक तार है, हम प्रतिदिन इसका एक तार बुनते हैं और अंत में हम ही इसे तोड़ नहीं सकते।'' कुदरत सारे ब्रह्मांड को स्थापित आदतों और अभ्यासों के बल पर ही चलाती है, जिनमें कभी विविधता नहीं आती। यदि इनसानों की बात करें तो हमारी सोच से आदत पनपती है। हममें से प्रत्येक अपनी ही सोच का नतीजा है। 'आप जहाँ भी हैं, जो भी हैं, अपने ही विचारों और कर्मों से स्थापित आदतों का परिणाम हैं।' आप जो भी हैं, अगर उससे कुछ अलग बनने की चाह रखते हैं, तो अपने भीतर सफलता से जुड़ी ऐसी आदतें विकसित करें, जो आपको वहीं ले जाएँगी, जहाँ आप जाना चाहते हैं। जैसे डोरोथी ने जाना कि उसके दिल की तमन्ना यही थी कि उसे घर लौटना है। उसे अब भी अपने सच्चे हुनर को तलाश करना था।

देखें, आप कल्पना कर सकते हैं या नहीं कि कौन से सफलता नियमों के साथ डोरोथी और उसका दल आगे बढ़ा, जब वह पीली ईंटोंवाली सड़क से होते हुए विजार्ड से मिलने जाती है।

स्वेच्छा से एक आदत को विकसित करना

—नेपोलियन हिल

यदि आप अपनी मरजी से कोई आदत विकसित करना चाहते हैं, तो आपको इन तीन नियमों पर ध्यान देना होगा। ये बहुत महत्त्व रखते हैं, इसलिए आपको इन्हें भूलना नहीं चाहिए—

1. **प्लास्टिकता :** इस नियम के अनुसार आपके भीतर बदलाव लाने और करने की योग्यता होनी चाहिए। अगर आप एक बार कोई बदलाव ले आएँ तो उसे एक आदत में बदलने तक आपको उसी पर टिके रहना होगा। यह एक तरह की लोच है, जो बच्चों की मॉडलिंग क्ले में पाई जाती है। इसे आप किसी भी मनचाहे आकार में ढाल सकते हैं और जब तक आप उसका आकार नहीं बदलते, तब तक वह उसी रूप में रहेगी। सभी प्राणियों में केवल मनुष्य के भीतर ही ऐसा करने की योग्यता पाई जाती है। वही अपनी इच्छा से अपने भीतर बदलाव ला सकता है। वह बाहरी बदलावों की मदद से भी बदल सकता है और चाहे तो अपने संकल्प से भी अपने अंदर बदलाव ला सकता है। स्वेच्छा से कोई भी आदत विकसित करने के लिए ऐसा करना बहुत महत्त्व रखता है।
2. **प्रभाव की बारंबारता :** जैसा कि हमने देखा है, दोहराव ही स्मरणशक्ति की जननी है। यह आदत की भी जननी है। कोई आदत कितनी जल्दी आपके जीवन का अंग होगी, वह इस बात पर भी निर्भर करता है कि उसमें आपका कितना भाव शामिल है। हालाँकि लोग, हालात और समय के अनुसार यह अनुपात अलग हो सकता है। किसी सोच को दिन में कई बार दोहराया जा सकता है, जैसे अगर कोई काम पर है तो वह चाहकर भी किसी आदत को विकसित करने की सोच को नहीं अपना सकता। इसमें निजी पहल को भी शामिल कर सकते हैं। कोई इनसान आलसी, उदासीन, महत्त्वाकांक्षी या ऊर्जावान हो सकता है। इस तरह उसकी सोच कई बार प्रभावित होगी और आदत को विकसित होने में उतना ही अधिक समय लग जाएगा।
3. **छाप की गहनता :** आदत विकसित करने के ढाँचे में एक और बात पर ध्यान दिया जाना चाहिए। इन सभी नियमों के अधीन आपको अपने भीतर एक प्रबल इच्छा रखने को कहा गया है। इसकी एक वजह है। अगर आप किसी विचार को पूरी भावप्रवणता के साथ अपने मन को सौंपते हैं तो इस तरह यह एक साधारण इच्छा से कहीं अधिक ताकतवर हो जाता है। इस तरह आपके शब्दों में एक अलग तरह की शक्ति आ जाती है। आपके मन में छाप की गहनता भी काफी हद तक इस बात को प्रभावित करती है कि कोई आदत कितने समय के बाद आपके जीवन का एक अंग बन जाएगी।

स्रोत : 'पी.एम.ए. साइंस ऑफ सक्सेस कोर्स,' पृष्ठ-505-6

□

: 21 :

"मेरे जीवन के सबसे अमूल्य स्व-शिक्षा पाठ दो क्लासिक पुस्तकों के साथ आरंभ हुए 'द मास्टर की टू रिचिस' और नेपोलियन हिल की 'थिंक ऐंड ग्रो रिच' इन पुस्तकों ने मुझे सफल लोगों को बेहतर तरीके से समझने में मदद की और मैंने अन्य महान् नेताओं और विचारकों की प्रचुर प्रज्ञा को भी पाया।"

—चक सिंक

भले ही उसके पैरों में लाल रूबी जूते थे, पर वह नहीं जानती थी कि उनका जादू कैसे काम करता है। इसी तरह निजी ज्ञान, करुणा तथा साहस जैसी मानवीय विशेषताओं को भी उनके देने के अनुपात में ही पाया जा सकता है। डोरोथी को परिपक्व होने के लिए कि इन गुणों को प्राप्त करना आवश्यक था। ओज में उसकी सैर, उसके अनुभवों के समृद्ध होने और उसके चिंतन के परिपक्व होने का माध्यम बना।

अमरीकी दार्शनिक राल्फ वाल्डो इमर्सन के अनुसार, "प्रत्येक व्यक्ति की कुंजी उसके विचार में ही है।" नेपोलियन हिल का कहना है, "इस तरह आप अपनी नियति को काफी हद तक वश में कर सकते हैं, बस अपनी सोच को एक निश्चित ढाँचे में ढालना होगा। जब आपकी सोच एक ढाँचे में होगी तो कॉस्मिक हेबिटफोर्स का नियम इन्हें स्थायी आदतों में बदल देगा और वे आपके भावी विचारों के साथ सशक्त विचार ढाँचे के रूप में बने रहेंगे।"

यदि आप चुने हुए क्षेत्र में नेता बनना चाहें तो आपको एक नेता के गुण अपनाने होंगे। ये गुण हैं—ज्ञान, साहस व करुणा। यदि आप कागभगोड़े, डरपोक शेर और टिन मैन को निकट से देखें तो समझ सकते हैं कि वर्तमान नेताओं के लिए ये गुण

नेपोलियन हिल कहते हैं, ''भय सफलता की राह में सबसे बड़ी बाधा है।'' यह व्यक्ति के लिए आगे जाने का रास्ता बंद कर सकता है। फ्रेंकलिन डी. रूजवेल्ट ने कहा है, ''हमें भय के अतिरिक्त किसी और वस्तु से भय करने की आवश्यकता नहीं है।''

क्या महत्त्व रखते हैं।

किसी भी क्षेत्र में ज्ञान का होना अनिवार्य है, परंतु जब नेतृत्व की बात आती है तो केवल ज्ञान ही पर्याप्त नहीं होता। हो सकता है कि आप ऐसे लोगों को जानते हों, जो कागभगोड़े की तरह यह सोचते हों कि कि ज्ञान ही शक्ति है। यह तभी शक्ति बनता है, जब आप इसे प्रयोग में लाते हैं। ज्ञान तो शिक्षण के छह चरणोंवाली सीढ़ी का एक पायदान भर है। ब्लूम के अनुसार सच्ची शिक्षा इन अवस्थाओं में है—ज्ञान, बोध, लागू करना, विश्लेषण, संश्लेषण तथा आकलन। यह देखें कि इस अनुक्रम में शिक्षा सबसे निचले पायदान पर है। जब तक आप उद्योग, व्यक्ति, तकनीक, उत्पाद, व्यवसाय आदि शिक्षा को लागू नहीं करते, तब तक वह व्यर्थ है।

जब कागभगोड़े की शिक्षा आगे बढ़ती है तो वह डिप्लोमा कर लेता है। अपने आप से पूछें कि क्या वह डिप्लोमा करके अधिक समझदार हो गया था या स्वयं का ऐसा ही मान रहा था। शिक्षा पाने के बाद उसके आत्मविश्वास में बढ़ोतरी हुई और उसने अपने ज्ञान को व्यवहार में लाना सीखा। जब आप ज्ञान को उपयोग में लाते हैं तो वह शक्ति बनता है। अब उसे योग्यता और परिणाम के साथ सोचना आ गया था। उसकी सोच साकार रूप लेने लगी। किसी भी उपलब्धि को पाने के लिए उद्देश्य का सुनिश्चित होना बहुत मायने रखता है। यही जीवन में पराजित और विजेता के मध्य अंतर बनता है।

साहस वह योग्यता है, जिसके बल पर आप धुँधले प्रकाश के बीच भी कचरा उठाने में सफल होते हैं। आपको आमने-सामने होकर खतरे का सामना करना होता है। नेपोलियन हिल कहते हैं, ''भय सफलता की राह में सबसे बड़ी बाधा है।'' यह व्यक्ति के लिए आगे जाने का रास्ता बंद कर सकता है। फ्रेंकलिन डी. रूजवेल्ट ने कहा है, ''हमें भय के अतिरिक्त किसी और वस्तु से भय करने की आवश्यकता नहीं है।'' उन्होंने यह बात दशकों पूर्व यू.एस. में संकट के दौरान कही थी, पर आज भी उतनी ही प्रासंगिक है। भय हमें जड़ता देता है। नेता बनाने के स्थान पर अनुयायी बना देता है। हमारी निजी पहल और उत्साह का क्षय करता है। यह अनिवार्य रूप से सफल होने की इच्छा और ललक का नाश कर देता है।

जब डरपोक शेर को उसके साहस के लिए मेडल मिलता है, तो भी उसे भय लगता है। वह समझता है कि साहसी लोगों को भी भय का अनुभव होता है। वह सोचता था कि वह साहसी है और वह अंतत: साहसी बन ही गया। वह मेडल उसके भीतरी बदलाव का प्रमाण बना। जब हम एक बार भय का विश्लेषण कर लेते हैं तो व्यक्ति को वांछित परिणाम की ओर भी देखना चाहिए और यह तय करना चाहिए कि वह वास्तव में करना क्या चाहता है। जो लोग किसी भी प्रकार की सूचना की अति या अन्य किसी प्रकार के भय से आक्रांत नहीं होते, उनके लिए भय परिवर्तन का पैगाम लाता है। डॉ. हिल के अनुसार, ''सफलता के आकांक्षी व्यक्ति को स्वयं को विवश करना चाहिए कि वह अपने भय को वश में करे, ताकि लक्ष्य की ओर पहला कदम बढ़ाया जा सके।''

मृत्यु और मरण से जुड़े विश्लेषण के दौरान डॉ. एलिजाबेथ कुबलर रोस कहती हैं—''मरण की प्रक्रिया में व्यक्ति पाँच प्रकार की अवस्थाओं से गुजरता है। अस्वीकृति, क्रोध, सौदेबाजी, अवसाद और स्वीकृति। लोग भय को भी ऐसे ही चरणों से गुजरने के बाद स्वीकार करते हैं, क्योंकि ये अवस्थाएँ परिवर्तन को रेखांकित करती हैं।

मृत्यु और मरण से जुड़े विश्लेषण के दौरान डॉ. एलिजाबेथ कुबलर रोस कहती हैं—''मरण की प्रक्रिया में व्यक्ति पाँच प्रकार की अवस्थाओं से गुजरता है। अस्वीकृति, क्रोध, सौदेबाजी, अवसाद और स्वीकृति। लोग भय को भी ऐसे ही चरणों से गुजरने के बाद स्वीकार करते हैं, क्योंकि ये अवस्थाएँ परिवर्तन को रेखांकित करती हैं। सकारात्मक मानसिक सोच ऐसे किसी भी हालात के दौरान हमें भीतर से ताकत देती है कि 'मैं कर सकता हूँ'। यही हर परिस्थिति में सबसे उचित मानसिक रवैया है।

दो महत्त्वपूर्ण नियम

—नेपोलियन हिल

दो महत्त्वपूर्ण नियम हैं, जिनके बारे में आपको निश्चित तौर पर पता होना चाहिए। इनमें एक कंपन्सेशन और दूसरा इंक्रीजिंग रिटर्न का नियम है। मनुष्य जाति अपने जीवन के लिए इन्हीं दो नियमों पर आश्रित है। अगर किसान इन्हें नहीं

अपनाता तो वह अनाज पैदा नहीं कर सकता। जरा देखें, उसे इन दो नियमों और थोड़े अतिरिक्त श्रमवाले नियम को कैसे अपनाना पड़ता है, फिर भले ही वह इन्हें प्रत्यक्ष तौर पर न जानता हो।

किसान को पेड़ों और झाड़ियों की मिट्टी की गुड़ाई करनी चाहिए। उसे सही समय पर खेत जोतकर, उसमें खाद डालनी चाहिए। फिर खाली स्थानों पर क्यारी बनाकर बीज डालने चाहिए। उसे अपनी मेहनत के साथ दिमाग से भी काम लेना चाहिए, ताकि उसे पता हो कि किस मौसम में कौन सी फसल उगानी चाहिए, उसे फसल उगाने का सही तरीका आता हो और फिर उसे सिंचाई एवं कटाई की भी सारी उचित तकनीकें पता हों।

इन सारे चरणों को पूरा करने के बाद उसने अपनी ओर से सारा काम कर दिया है। अभी तो उसे अपनी मेहनत का मोल नहीं मिला। उसने अपनी ओर से कोई कमी नहीं रखी। अब उसे कुदरत की ओर से आनेवाले उत्तर के लिए प्रतीक्षा करनी होगी। वही उन बीजों को अंकुरित करेगी और उचित समय आने पर फसल पककर तैयार होगी।

अगर किसान ने पूरी मेहनत के साथ काम किया होगा तो कुदरत उसे कंपन्सेशन के नियम से पुरस्कार देगी अर्थात् वह किसान को उसकी मेहनत का पूरा फल देगी। किसान ने बीज ही बोए थे और वह उसे बीज ही लौटाएगी। अगर यह नियम लागू न हो तो किसी भी तरह का उत्पादन या पैदावार होना संभव नहीं होगा।

इसके साथ ही एक और नियम भी काम करता है। इसके अनुसार, जो भी बीज बोए गए हैं, उनसे कई गुना बीजों की प्राप्ति होगी। कुदरत किसान को उसकी मेहनत के बदले में बोए गए बीजों की तुलना में कई गुना फसल लौटाएगी। पूरे विश्वास और मेहनत के साथ काम करनेवालों को इस नियम से अवश्य लाभ होता है।

प्रकृति के पास सुनिश्चित और स्थापित नियम हैं, जिन्हें सफलता की चाह रखनेवाले व्यक्ति को निश्चित रूप से स्वीकार करना चाहिए। हमें इन नियमों की विस्तृत व्याख्या में जाने की आवश्यकता नहीं है। केवल हमें इनके अस्तित्व का निरीक्षण करते हुए अपने कर्मों को इनके अनुसार ढालना है।

अब आप समझ सकते हैं, जब हम कहते हैं कि आपको जो भुगतान दिया जा रहा हो, आपको उससे अधिक सेवाएँ देनी चाहिए, यह नियम किसी मनुष्य ने नहीं बनाया। हो सकता है कि आपको ये उदाहरण भी सरल

लगें, किंतु आप यह नहीं जान सकते कि इनके पीछे छिपे प्रयोजन इतने सरल नहीं हैं। जिन नियमों के माध्यम से यह ब्रह्मांड और ग्रह चालित होता है, वे समय और स्थान की सीमाओं के भीतर पूरी तरह से व्यवस्थित और सामंजस्यपूर्ण हैं।

प्रकृति के पास सुनिश्चित और स्थापित नियम हैं, जिन्हें सफलता की चाह रखनेवाले व्यक्ति को निश्चित रूप से स्वीकार करना चाहिए। हमें इन नियमों की विस्तृत व्याख्या में जाने की आवश्यकता नहीं है। केवल हमें इनके अस्तित्व का निरीक्षण करते हुए अपने कर्मों को इनके अनुसार ढालना है।

स्रोत : 'पी.एम.ए. साइंस ऑफ सक्सेस कोर्स,' पृष्ठ–142–43

□

: 22 :

"हमें अपने ही विचारों को अपने वश में रखने की शक्ति अवश्य हासिल करनी चाहिए, यदि हम अपने सपनों और लक्ष्यों को पाना चाहते हैं, तो हमें अपनी चिंता से उबरकर नियमों की पीली ईंटोंवाली सड़क पकड़नी होगी; क्योंकि असली 'विजार्ड ऑफ ओज' तो आपके भीतर ही है और किसी को भी अनुमति न दें कि वह आपसे इस सत्य को छीन सके।"

—बारबरा हेली

करुणा—दि टिन मैन

वह दूसरों के प्रति करुणा व न्याय का भाव रखे बिना एक सशक्त नेता बनना चाहता है। हृदय की करुणा जन्मजात नहीं होती, आप इसे मानवीय मेल-जोल के माध्यम से विकसित कर सकते हैं। एक 'क्रिसमस गीत' में क्रिसमस घोस्ट करुणा को मानवीय करुणा का दूध कहकर बुलाता है। जब कोई बालक अपनी माँ से देखरेख पाता है तो आपसी देख-रेख की यह प्रक्रिया वहीं से आरंभ होती है, वह अपने परिवार और फिर बड़ा होकर समुदाय और देश के बीच इस भावना को विकसित करता है। मास्लो की 'हायररेकी ऑफ नीड्स' में दिखाया गया है कि मनुष्य को जन्म के समय से जो उपहार मिले, उन्हें लौटाने के लिए उसे पहले अपनी देख-रेख करनी होगी। यदि करुणा के आदर्श को प्रस्तुत नहीं किया गया तो छात्र के पास सीखने के लिए क्या होगा? करुणा का अर्थ है कि आप कुछ पाने की बजाय केवल देने में रुचि रखें। आपको जन्म से जो भी उपहार मिले, उन्हें ब्रह्मांड को लौटाने के लिए आपको अतिरिक्त श्रम करना होगा। मास्लो इसके लिए सेल्फ-एक्जुलाइजेशन, यानी आत्म-वास्तवीकरण की बात करते हैं। यही वह अवस्था है,

जिसमें व्यक्ति ब्रह्मांड को वह सब वापस करने के योग्य हो जाता है, जो उसने जन्म के बाद से अब तक इस संसार से पाया। जब टिन मैन को मान्यता दी जाती है कि उसके पास एक दिल भी है, तो वह स्वयं को दूसरों से भावनात्मक रूप से जुड़ा महसूस करता है। उसे भावनात्मक पीड़ा व चोट का एहसास होता है, क्योंकि वह अपने मन में जानता है कि डोरोथी कानसास वापस जा रही है। करुणा की यह माँग ही हमें और अधिक मनुष्य बनाती है।

नेपोलियन हिल हमें बताते हैं कि हमें पहाड़ी प्रवचन से जुड़े नियमों के अनुसार दूसरों के साथ अपने संबंध के ढाँचे को तैयार करना चाहिए। उनका कहना है कि आध्यात्मिक सफलता के अभाव में भौतिक सफलता एक छल से अधिक कुछ नहीं है। हिल की चेतावनी—''याद रखें, आप दूसरों के साथ न्याय करेंगे, वह आपकी अपनी अंतरात्मा द्वारा परखा जाएगा।'' वे कहते हैं, ''मैं जिस न्याय की बात कर रहा हूँ, वह उस सकारात्मकता से भरपूर होना चाहिए, जो लोगों को एक मनुष्य के तौर पर उनकी क्षमता का भान कराते हुए उन्हें अपनी महान् उत्पादकता तक जाने की प्रेरणा दे सके।'' थोड़ा सा अतिरिक्त श्रम ही सारे नियमों में सर्वश्रेष्ठ है। इस तरह हम ब्रह्मांड से कई गुना ब्याज पाने के अधिकारी हो जाते हैं। यह 'इंक्रीजिंग रिटर्न का नियम' कहलाता है। इसे 'लॉ ऑफ कंपन्सेशन से' ही गतिशील बना सकते हैं। अपने लिए ऐसी संपदा अर्जित करें और आपको कभी जीवन में अपनी उपलब्धियों पर सवालिया निशान नहीं लगाना होगा।

करुणा का अर्थ है कि आप कुछ पाने की बजाय केवल देने में रुचि रखें। आपको जन्म से जो भी उपहार मिले, उन्हें ब्रह्मांड को लौटाने के लिए आपको अतिरिक्त श्रम करना होगा। मास्लो इसके लिए सेल्फ-एक्जुलाइजेशन, यानी आत्म-वास्तवीकरण की बात करते हैं। यही वह अवस्था है, जिसमें व्यक्ति ब्रह्मांड को वह सब वापस करने के योग्य हो जाता है, जो उसने जन्म के बाद से अब तक इस संसार से पाया।

निष्कर्ष : द विजार्ड ऑफ ओज—इक्कीसवीं सदी के लिए नक्शा

जीवन की यात्रा में द विजार्ड ऑफ ओज के पात्रों से अपनी तुलना करने के बाद यह देखा जा सकता है कि हम सबके भीतर एक डरपोक शेर, एक टिन मैन,

एक कागभगोड़ा और एक डोरोथी छिपे हैं। ये सभी पात्र हमें हमारे प्रदर्शन को सँवारने का अवसर देते हैं। यदि संगठनात्मक नेतृत्व की बात करें तो हमें सीखने के इन अवसरों को अपनाते हुए चुनौतियों को स्वीकार करना चाहिए, जो हमें हमारे पेशे में और अधिक परिपक्व होने का अवसर देती हैं। जब हम चुनौती को आगे बढ़कर अपना लेते हैं तो वह हमारे पथ की बाधा नहीं रह जाती। शेक्सपीयर के शब्दों में—"प्रत्येक व्यक्ति के जीवन में ज्वार आता है, बाढ़ के समय यदि उसे अपनाया जाए तो वह जीवन में सौभाग्य की ओर ले जाता है। यदि वे उसे न अपना सकें तो सारा जीवन कष्टों और संकटों के बीच बीतता है। समय और ज्वार-भाटा कभी किसी की प्रतीक्षा नहीं करते।" जीवन से मिलनेवाली चुनौतियों का सामना करें। अपनी चुनौतियों को अवसर में बदल दें। यह आपके लिए अच्छा ही होगा। डरपोक शेर, टिन मैन, कागभगोड़े और डोरोथी से पूछें। उन सबको अपने पुरस्कार मिले, क्योंकि वे जीवन की राह पर चलकर मिलनेवाले अनुभवों से समृद्ध हुए थे।

ग्रहण करें, विश्वास करें और पा लें (Condeive, Believe, Achieve), यह सफलता की ए.बी.सी. है, जो विपरीत क्रम में सी.बी.ए. की तरह लिखी जाती है। अपनी पीली ईंटोंवाली सड़क पर चलें और आप अपनी कल्पना से भी कहीं पहले मंजिल तक पहुँच जाएँगे। आप कानसास में नहीं रहेंगे।

प्रत्येक व्यक्ति 'चमत्कार' कर सकता है

—नेपोलियन हिल

एक सकारात्मक मानसिक रवैया पाने का अर्थ होगा कि व्यक्ति स्वयं को जीवन में अपनी इच्छओं से जुड़ी परिस्थितियों और वस्तुओं से जोड़े रखता है तथा उन बातों पर गौर नहीं करता, जिन्हें वह नहीं पाना चाहता। अधिकतर लोग अपना सारा जीवन आनेवाली घटनाओं से जुड़े चिंता, भय, उद्वेग और तनाव के बीच ही बिता देते हैं। उससे भी हैरानी की बात यह है कि वे अपने दुर्भाग्य का दोष सदा दूसरों के ऊपर डालते हैं और अपनी नकारात्मक मानसिक प्रवृत्ति को नहीं तोड़ते।

मन एक निश्चित तरीके से आपके विचारों को अमली जामा पहनाता है। अगर आप निर्धनता पर ही विचार करते रहेंगे तो आप निर्धन ही बने रहेंगे। संपन्नता के बारे में सोचें तो आप संपन्न रहेंगे। सामंजस्यपूर्ण आकर्षण के नियम के कारण प्रत्येक व्यक्ति के विचार अपने आप ही भौतिक रूप धारण करते रहते हैं।

सकारात्मक सोच रखनेवाला व्यक्ति सारी समस्याओं का आकलन करते हुए उनके बीच यह अंतर करना जानता है कि किन समस्याओं को वश में किया जा सकता है और कौन सी समस्याएँ उसके वश के बाहर हैं।

एक सकारात्मक मानसिक प्रवृत्ति रखनेवाला व्यक्ति अपने सामने आनेवाले बुरे हालात को भी ऐसे अवसरों के रूप में लेता है, जिनके बल पर वह अपनी उनसे उबरने की क्षमता की परख कर सकता है और उनसे मिलनेवाले लाभ को अपने लिए प्रयोग में ला सकता है।

सकारात्मक सोच रखनेवाला व्यक्ति सारी समस्याओं का आकलन करते हुए उनके बीच यह अंतर करना जानता है कि किन समस्याओं को वश में किया जा सकता है और कौन सी समस्याएँ उसके वश के बाहर हैं। जो समस्याएँ सुलझ सकती हैं, वह उन्हें सुलझा देता है और जो नहीं सुलझ सकतीं, उन्हें अपनी सोच पर हावी नहीं होने देता। वह इस बात का ध्यान रखता है कि ऐसी समस्याएँ उसकी सकारात्मकता को प्रभावित न करें।

स्रोत : 'यू कैन वर्क योअर ओन मिरेकल्स',
नेपोलियन हिल, बैलेंटाइन बुक, 1971, पृष्ठ 21

□

23

"नकारात्मक परिणाम नकारात्मक सोच से उपजते हैं, जो नकारात्मक वार्त्तालाप की देन होते हैं। हम जिन बुरे समाचारों पर स्वयं को एकाग्र करते हैं, बुरे परिणाम भी उन्हीं की देन होते हैं।"

—कीथ रसेल ली

'नो बैड न्यूज', ये शब्द 'द विज' के एक गीत के हैं। यदि हमारे जीवन पर बुरी खबर का साया पड़ जाए तो यह हमारे पूरे दिन और यदि हम चाहें तो पूरे जीवन को भी बरबाद कर सकती है। यह हम पर एक ऐसा जादू कर सकता है, जो न केवल हमें हानि पहुँचाएगा, बल्कि आनेवाले समय में हमारे आनंद और प्रगति में भी बाधक होगा। सच कहूँ, बुरी खबर हमारी आत्मा को भीतर से झिंझोड़कर ऐसा एहसास दिला सकती है, मानो हम जीते जी मर चुके हों। इसका केवल एक ही विकल्प हो सकता है, हम इसके स्थान पर सकारात्मक सोच को ले आएँ। डॉ. हिल और क्लीमेंट दोनों ही हमें यह सलाह देते हैं कि ज्यों ही कोई बुरा समाचार सामने आए तो उसे आँखों में आँखें डालकर देखने के बाद उसी समय वापस पलट दिया जाए, यानी उसके स्थान पर अपनी सकारात्मक सोच को न्योता दे दिया जाए। परंतु जिस किसी ने भी ऐसे बुरे दौर, कठिन समय या नकारात्मक भाव का सामना किया हो, वह जानता है कि इस तरह का बदलाव कितना कठिन और असाध्य हो सकता हैं। जब कठिनाइयों से भरी आँधी हमें उड़ाए लिये जा रही हो और उससे पार पाना अपने वश में न लगे, तो ऐसे में हम क्या कर सकते हैं ?

मुझे इस अवस्था में एडमंड बर्क का एक कथन याद आ रहा है, "बुराई को जिताने के लिए केवल यही चाहिए, नेक इनसान कुछ न करे।" नेपोलियन

एडमंड बर्क का एक कथन याद आ रहा है, ''बुराई को जिताने के लिए केवल यही चाहिए, नेक इनसान कुछ न करे।'' नेपोलियन हिल इससे आगे कहते हैं, ''दूसरों को प्रेरणा देना सीखें। उनके लिए मिसाल बनें।''

हिल इससे आगे कहते हैं, ''दूसरों को प्रेरणा देना सीखें। उनके लिए मिसाल बनें।'' ऐसा लगता है कि ऐसे वक्त में कुछ करना ही सबसे बड़ा उपचार होगा। तूफान आने पर उसे रोकने के लिए कुछ ठोस कदम उठाने होंगे। पानी की बाढ़ को रोकने के लिए दीवार उठानी होगी और इसके बाद बाढ़ आने के असली कारण को पहचानते हुए उसका समूल नाश करना होगा। यह कोई एक चरण नहीं होगा, इसमें अनेक चरण शामिल हैं और अंत में आपको यही अंतर दिखेगा कि कम-से-कम पूरा गाँव पानी की बाढ़ में बहने से बच जाएगा। जैसा कि गांधीजी ने कहा है, आप संसार में जिस बदलाव को लाना चाहते हैं, आप उस बदलाव का हिस्सा बन सकते हैं। इसके लिए आपकी ओर से ठोस सकारात्मक काररवाई की आवश्यकता होगी।

माइकल जैक्सन नहीं रहे और यह दुनिया के लिए अच्छी खबर नहीं थी। मैं प्रायः अपनी कक्षाओं में उनका संगीत एलबम 'मैन इन दि मिरर' दिखाता हूँ, जिसमें दिखाया गया है कि हम जो बदलाव संसार में लाना चाहते हैं, वही बदलाव हम स्वयं कैसे बन सकते हैं। भुखमरी से ग्रस्त अनाथ बच्चे, युद्धों के दृश्य तथा परमाणु बम विनाश आदि के दृश्य दिल दहला देते हैं, परंतु साथ ही हमारी आत्मा को भी बुरी तरह से झिंझोड़कर रख देते हैं। ये वीडियो हमें हमारे दैनिक सुविधाजनक दायरे से बाहर लाकर सुधार करने की विनती करते दिखाई देते हैं। यह 'नो गुड न्यूज है', पर इस नकारात्मक शब्द में एक सकारात्मक संदेश छिपा है। मैं माइकल जैक्सन के प्रति आभार प्रकट करता हूँ कि उन्होंने इस ओर हमारा ध्यान दिलाया। किसी कलाकार का अद्‌भुत कार्य उसके जाने के बाद भी बना रहता है और सदियों तक आनेवाली पीढ़ियों को प्रभावित व प्रेरित करता है। माइकल जैक्सन भले ही अब हमारे बीच नहीं, किंतु मुझे पूरा विश्वास है कि वे उस काम को पूरा करने में वहीं से सहयोग देते रहेंगे, जो उन्होंने इस ग्रह पर आरंभ किया था। हम ही वे हाथ और पैर हैं, जिनके माध्यम से संसार में बदलाव लाने का काम संभव हो सकेगा। तभी यह दुनिया रहने के लिए एक बेहतर स्थान बन सकेगी, माइकल के शब्दो में 'वही बदलाव लानेवाले बनें।'

आप एक सकारात्मक मानसिक रवैया विकसित करने के लिए कौन से कदम उठा सकते हैं?

—नेपोलियन हिल

जो लोग जीवन को अपनी शर्तों पर जीना चाहते हैं, उन्हें तो हर हाल में अपने जीवन में सकारात्मक मानसिक रवैया विकसित करना ही होगा। सकारात्मक मानसिक रवैया विकसित किए बिना जीवन में कुछ भी महान् नहीं प्राप्त किया जा सकता।

जो लोग जीवन को अपनी शर्तों पर जीना चाहते हैं, उन्हें तो हर हाल में अपने जीवन में सकारात्मक मानसिक रवैया विकसित करना ही होगा। सकारात्मक मानसिक रवैया विकसित किए बिना जीवन में कुछ भी महान् नहीं प्राप्त किया जा सकता।

इस बात को जानें कि आपकी अपनी सोच ही ऐसी है, जो पूरी तरह से आपके वश में है और इसे याद रखते हुए सकारात्मक मानसिक प्रवृत्ति की ओर अपनी सोच को निर्देशित करें।

इसका अनुभव करें और अपने स्तर पर इस बात की संतुष्टि पाएँ कि आप इसके बल पर किसी भी संकट, कष्ट, पराजय, दुःख तथा दुःखद स्मृतियों को अपने लिए लाभ में बदल सकते हैं, जो कि बाहरी तौर पर संकट जैसे दिखने पर भी भीतर से आपके लिए वरदान हो सकती हैं।

अतीत से जुड़ी पराजय और दुःखद स्मृतियों के नाम पर पिछले सारे दरवाजे बंद करना सीखें और अपने मन को स्पष्ट करें, ताकि यह सकारात्मक मानसिक सोच के साथ काम कर सकें।

यह पता लगाएँ कि आप जीवन में क्या पाना चाहते हैं और इसे पाना आरंभ करें। आप जो भी हैं, जहाँ भी हैं, बस वहीं से आरंभ करें और दूसरों को उनकी सफलता तक जाने में सहायक हों, यह नियम आपको भी आगे जाने में मदद करेगा।

अपने लिए कोई ऐसा व्यक्ति चुनें, जिसे आप संसार में सबसे बेहतरीन मानते हों, उसे अपना पेसमेकर बना दें। वही आपके शेष जीवन में गति लाने का कम करेगा। उससे प्रेरित हों और आगे बढ़ें।

यह तय करें कि आप कितनी भौतिक संपदा अर्जित करना चाहते हैं, उसे पाने की योजना बनाएँ और इसके बाद 'न बहुत अधिक और न बहुत कम' का नियम अपनाएँ अर्थात् इसी के आधार पर आपकी भौतिक वस्तुओं के प्रति भावी

आकांक्षा नियत हों। आवश्यकता से अधिक भौतिक वस्तुओं की चाह आरंभ से ही अनेक व्यक्तियों के लोभ का कारण रही है।

आपको प्रतिदिन कुछ ऐसा करना या कहने का अभ्यास करना होगा, जो किसी दूसरे के चेहरे पर प्रसन्नता ला सके या वह बेहतर महसूस कर सके। आप उससे कोई बात करके या एक फोन कॉल द्वारा यह एहसास दे सकते हैं, किसी के प्रति दयालुता दरशा सकते हैं। जैसे अगर किसी जरूरतमंद के हाथ में एक प्रेरणादायी पुस्तक थमा सकें, तो यह उसके जीवन में बड़े-से-बड़ा चमत्कार कर सकती है।

स्रोत : 'पी.एम.ए. साइंस ऑफ सक्सेस,' पृष्ठ 225

□

: 24 :

"स्वतंत्रता एक अद्भुत धारणा है, जिसे पाने की हम सभी आकांक्षा रखते हैं। यू.एस. में रहनेवालों के पास आजादी की कमी नहीं, जिसे हम बिना किसी सोच-विचार के स्वीकार करते हैं। हालाँकि जब हम सही मायनों में आजादी पाते हैं, तो ये प्रायः भयपूर्ण उत्तरदायित्व बन जाता है।"

—डॉ. ज्यूडिथ आर्सी

यू. एस. में जुलाई माह जश्न और समारोहों के नाम होता है। 14 जुलाई को हम अपने देश का जन्मदिवस मनाते हैं। परंपरा को बनाए रखने के लिए हम अवकाश लेते हैं, काम से छुट्टी करते हैं, पारिवारिक समारोह करते हैं, पिकनिक और खुले में खान-पान का आयोजन करते हैं। कुछ-न-कुछ खास चलता ही रहता है और पूरे माह एक खुशनुमा सा माहौल बना रहता है। बाकी अवकाशों की तरह इस अवकाश में तनाव के लिए कोई जगह नहीं होती। आतिशबाजी, रेतीले समद्री तट, हैमबर्गर और हॉटडॉग, गरमियों की सुंदर शामें वगैरह मिलकर एक ऐसा निर्द्वंद्व रवैया पैदा करती हैं, जो इनसान की प्रगति को धीमा कर देता है।

साल के बाकी दिनों में जो बातें मामूली लगती हैं, उन्हें इस समय देखना अच्छा लगता है। जैसे ताजी घासवाला लॉन, सूरज और चाँद की रोशनी, जुगनू, हवा के झोंके और फलों व सब्जियों के बाग आदि।

सेवा-भावना की बात करते हुए डॉ. हिल हमें याद दिलाते हैं कि उस किसान से सबक लेना चाहिए, जो खेत में बीज डालता है, उसकी पूरी देख-

रेख व सिंचाई करता है और इस तरह उसके सामने लहलहाती फसल तैयार हो जाती है। एक और कहावत भी याद आ रही है, हम जो बोते हैं, वहीं काटते हैं। अगर हमने टमाटरों के बीज बोए हैं तो हम कुछ समय बाद मक्का की फसल पाने की उम्मीद नहीं कर सकते। यह सबक बहुत सादा है। अगर हम प्रकृति के नियमों को मानकर चलें, तो हम जानते हैं कि हमें अपने हर काम के बदले में पुरस्कार मिलता है। अगर आज हम मेहनत करेंगे तो फसल काटने और खुशियाँ मनाने का अवसर भी हमें ही मिलेगा। अगर हम दूसरों को सेवा प्रदान करेंगे तो देर-सवेर हमें उसका फल मिलेगा, क्योंकि यही नियम है। हम जितनी प्रतीक्षा करेंगे, हमारे लिए उतना ही बेहतर होगा; क्योंकि यह एक नियम है। इस तरह हमें ब्रह्मांड से उसके एवज में कई गुना ब्याज मिलेगा।

तो इस 4 जुलाई को हम ब्रह्मांड की ओर से मिले हर छोटे-बड़े उपहार के लिए आभार प्रकट करते हैं। मेरे एक मित्र ने मेल से ऐसी बातों की सूची भेजी, जो छोटी होने पर भी किसी करिश्मे से कम नहीं लगती। आपके सामने कॉफी से भरा प्याला है, जिसे आपने स्वयं नहीं बनाया, किसी पुराने मित्र से आई अनपेक्षित कॉल, काम पर जाते समय हर जगह हरी बत्ती मिलना, राशन की दुकान पर तेजी से चलती पंक्ति, रेडियो पर बजती एक मधुर धुन, सही समय पर आपकी रखी चाबियों का मिलना आदि।

आप भी अपने लिए ऐसे छोटे चमत्कारों की सूची क्यों नहीं बनाते? इस सूची में अपने देश में मिल रही आजादी को जोड़ना न भूलें, क्योंकि आज हम 4 जुलाई को अपनी विरासत के रूप में मना रहे हैं!

ग्रहण करें, विश्वास करें और पा लें

—नेपोलियन हिल

मनुष्य का मन जो भी सोचता है, वह उसे पा सकता है, बस उसकी यह सोच या इच्छा प्राकृतिक नियमों के विपरीत नहीं होनी चाहिए और यह नैतिक व व्यवस्थित ब्रह्मांड के साथ सामंजस्य रखती हो।

इस धरती पर मनुष्य के अस्तित्व का एक अर्थ यह भी हो सकता है कि वह अनंत बुद्धिमत्ता की शक्ति के आदान-प्रदान का माध्यम बने। हम एक हद

तक देख सकते हैं कि मनुष्य इस उद्देश्य में सहायक होता है, वह प्रकृति में छिपी शक्तियों के साथ तारतम्य स्थापित करता है। इसके विपरीत यदि वह केवल अपने स्वार्थी हितों के लिए इसका उपयोग कर रहा है, तो वह इन शक्तियों के प्रवाह में बाधा डाल रहा है।

अनंत बुद्धिमत्ता हमारे भीतर आना चाहती है, परंतु जिस प्रकार खराब प्रिज्म सूर्य की किरणों को परछाईं में बदल देता है, उसी तरह हमारे अविश्वास और संदेह भी जीवन-ऊर्जा को रोग, निर्धनता, कलह और संकट में बदल सकते हैं।

अनंत बुद्धिमत्ता की शक्ति एक बहते नाले की तरह हमारे भीतरी जीवन को प्रवाहित करती है, हमारे तन और मन से जुड़ी सारी गतिविधियों को पूरा करती है। हम इसे अपने जीवन की दशा और परिस्थितियों के मार्गदर्शन व संचालन के लिए प्रयोग में ला सकते हैं, यदि हम इस ऊर्जा के सुचालक की तरह काम करें और इसे अपने रचनात्मक उद्देश्यों के लिए आकार दे सकें। भीतर आनेवाले शक्ति के इस प्रवाह की कोई सीमा नहीं है। यह संसार में स्वयं को एक अद्भुत रूप में प्रकट करती है, जिस प्रकार फ्रेबीकेटिंग संयंत्र में एल्यूमीनियम की पत्तियों को डाला जाता है और नया ही रूप सामने आता है। यह जीवन-प्रवाह हमेशा जारी है, परंतु सबकुछ हमारी मानसिक सोच पर निर्भर करता है, हमारी अपनी धारणाएँ और विचार उस मौलिक सामग्री को किस रूप में पेश करेंगे, यह नहीं कहा जा सकता।

जिसे भी हम स्वीकार करते हैं, प्रेम करते हैं, इच्छा रखते हैं और निरंतर अपने विचारों में स्थान देते हैं, वही हमारे जीवन में साकार रूप धारण करता है। जिस तरह सूर्य का प्रकाश प्रिज्म में से गुजरने पर अपने प्रकाश को रंगीन किरणों में बदल देता है, उसी प्रकार जब अनंत बुद्धिमत्ता हमारे चेतन मस्तिष्क में प्रवेश करती है, तो यह विविध रूप धरती है। हमारे मन का प्रिज्म केवल हमारे अपने चिंता, भय, उद्वेग, तनाव तथा असफलता की चेतना के कारण ही धुँधला सकता है, जो सारे हलके और खुशनुमा रंगों को भीतर नहीं आने देता। अनंत बुद्धिमत्ता हमारे भीतर आना चाहती है, परंतु जिस प्रकार खराब प्रिज्म सूर्य की किरणों को परछाईं में बदल देता है, उसी तरह हमारे अविश्वास और संदेह भी जीवन-ऊर्जा को रोग, निर्धनता, कलह और संकट में बदल सकते हैं।

सबसे पहले अनिवार्य रूप से साँचे पर ध्यान देना होगा, अपनी इच्छाओं

और विश्वासों को उसी तरह परखना होगा, जैसे यू.एस. मिंट के डायरेक्टर चाँदी के सिक्के ढालनेवाले साँचे या डाई को गौर से देखते हैं। आप जिन बातों की चिंता करते हैं या जो आपको पसंद नहीं, उनकी छवि अपने मन में लाने की बजाय और मन में प्रवाहित हो रही अनंत बुद्धिमत्ता पर नकारात्मकता की छाप लगाने से बेहतर होगा कि आप वही देखें, जो आप पाना चाहते हैं।

यदि आप विश्वास रखना ही चाहते हैं तो उस चीज के लिए रखें, जिसे पाना चाहते हैं, जिसे पाना नहीं चाहते, उसके बारे में न सोचें।

स्रोत : 'पी.एम.ए. साइंस ऑफ सक्सेस,' पृष्ठ-88-89

□

: 25 :

"आप जो करना चाहते हैं, यदि वह उचित है और आप बड़ी गहनता के साथ उस पर विश्वास रखते हैं, तो अपनी राह में किसी भी बाधा को न आने दें।"

—फिल बार्लो

डॉ. हिल के अनुसार—"व्यवस्थित चिंतन के लिए कोई निश्चित मोल नहीं लगाया जा सकता, परंतु किसी विचार में तब तक शक्ति नहीं आती, जब तक आप उसे अपने बुद्धिमत्तापूर्ण कर्म के साथ किसी निश्चित अंत तक नहीं ले जाते।" अगर सफलता के विज्ञान में सफलता की कोई कुंजी है, तो वह यही है कि विचार के बाद बुद्धिमत्तापूर्ण कर्म को सामने आना चाहिए। कर्म रहित विचार या विचार रहित कर्म मनुष्य को कभी सफलता की राह पर अग्रसर नहीं कर सकते। वांछित परिणाम पाने के लिए विचार के साथ कर्म का मेल करना ही होगा।

अगर सफलता के विज्ञान में सफलता की कोई कुंजी है, तो वह यही है कि विचार के बाद बुद्धिमत्तापूर्ण कर्म को सामने आना चाहिए। कर्म रहित विचार या विचार रहित कर्म मनुष्य को कभी सफलता की राह पर अग्रसर नहीं कर सकते। वांछित परिणाम पाने के लिए विचार के साथ कर्म का मेल करना ही होगा।

इस अवधारणा की शिक्षा देते हुए मैं अकसर एडगर ऐलन की कविता 'एल्डोराडो' का संदर्भ देता हूँ। पहले पढ़ने से इस कविता का संदेश पूरी तरह से समझ नहीं आता। एक योद्धा एक सुनहरी धरती एल्डोराडो की खोज में निकला है। आगे चलकर उसे लगने लगता है कि शायद वह सही रास्ते पर नहीं चल रहा।

क्या उसे सही जानकारी नहीं दी गई, क्या राजा ने सही रास्ता नहीं बताया या उसे ही अपने लिए रास्ता चुनना नहीं आ रहा? या शायद ये सारी बातें भी हो सकती हैं। पर यहाँ असली दोष योद्धा में ही है, जिसका भीतरी दिशासूचक यंत्र ध्रुव तारे के साथ सामंजस्य नहीं कर रहा था और वह अपने सटीक चिंतन का उपयोग नहीं कर सका। प्रारंभिक विचार और कर्म दोनों ही मौजूद थे, परंतु प्रधान निश्चित उद्देश्य के साथ कर्म का मेल नहीं हो सका। योद्धा के सामने आनेवाली परछाईं उसे और अधिक निर्देश देती है, पर वह उसे नहीं पहचान पाता। उसे लगने लगा है कि उसकी यात्रा की कोई मंजिल नहीं है। वह जानता ही नहीं था कि वह कहाँ जा रहा है और वहाँ कब पहुँचेगा?

हो सकता है कि आपकी दशा भी उस योद्धा जैसी ही हो। क्या आपने अपनी इच्छा पूरी करने से पहले सारा आकलन कर लिया है? क्या आप जानते हैं कि आप चाहते क्या हैं? क्या आपकी दिशा और योजना सुनिश्चित है और उचित सीमारेखा के साथ पूरी तरह व्यवस्थित है? क्या आप राह में आनेवाले मील के पत्थरों से अपनी सफलता को माप सकते हैं? क्या इस प्रगति के दौरान आप स्वयं को और अधिक खो रहे हैं? हिल के अध्याय में जीवन की बारह संपदाओं का उल्लेख मिलता है। अगर ये परम संपदाएँ हैं तो क्या आपकी योजना आपको इनकी ओर ले जाती है?

जैसा कि डॉ. हिल कहते हैं, ''केवल आशापूर्ण चाह अच्छी शुरुआत कर सकती है, पर अंत की ओर नहीं ले जाती।'' अपनी यात्रा आरंभ करने से पहले अपने झोले में नक्शा भी डाल लें। इस मामले में आपसे बेहतर परख कोई नहीं कर सकता।

संपदा का स्त्रोत

—नेपोलियन हिल

विचार ही संपदा का स्रोत है, भले ही वह भौतिक हो, आध्यात्मिक हो या फिर शारीरिक। कहने का तात्पर्य यह है कि इनके माध्यम से मनुष्य जीवन की बारह संपदाओं (सकारात्मक मानसिक रवैया, बेहतर स्वास्थ्य, मानवीय संबंधों में सामंजस्य, भय से मुक्ति, प्राप्ति की आशा, विश्वास की क्षमता, परस्पर सौभाग्य बाँटने की तत्परता, प्रेम का प्रतिदान, सभी विषयों के लिए आग्रही मन, आत्म-अनुशासन, लोगों को समझने की क्षमता, वित्तीय सुरक्षा) को प्राप्त कर सकता है।

जब तक आप विचार को व्यवस्थित रूप से किसी निश्चित उद्देश्य के लिए अमल में नहीं लाते, तब तक वह आपके लिए कुछ नहीं कर सकता। बिजली की तरह विचार भी कई बार आने के बाद झट से ओझल हो सकता है। इसे निर्देशित और नियंत्रित कर रचनात्मक उपयोग में लाना पड़ता है। बिजली से उद्योग-धंधे चलेंगे और अंधकार प्रकाश में बदल जाएगा या फिर यह प्राणघातक भी हो सकती है और यह सब इसके प्रयोग पर ही निर्भर करता है।

विचार के साथ भी तो कुछ ऐसा ही है, हालाँकि यह मनुष्य के मस्तिष्क के साथ काम करता है। मेडिकल इतिहास के पन्ने ऐसे लोगों के मामलों से भरे हैं, जिन्होंने विचारों को नकारात्मक रूप से लागू करने के कारण आत्महत्या कर ली। हर मनोविज्ञानी जानता है कि नकारात्मक सोच ही संसार में दुःख व कष्ट का मूल कारण है। संसार ने बिजली के नियमों और प्रयोग को धीरे-धीरे समझा, किंतु इसने इसको सँवारकर, इस्तेमाल में लाना बहुत पहले ही सीख लिया था।

मनुष्य आजीवन अपने लिए संपदा की तलाश में रहता है और यह नहीं जान पाता कि हर संपदा का स्रोत उसके वश में है, जो केवल इस इंतजार में है कि वह कब आकर उसे प्रयोग में लाएगा। अपनी ही सोच की ताकत को जाननेवाला हर इनसान जानता है कि इस शक्ति से कैसे हर समस्या का हल निकाला जा सकता है। कई लोग आजीवन अपनी इस ताकत को नहीं पहचान पाते, क्योंकि उन्हें मास्टर माइंड नियम को लागू ही नहीं करना आता।

सटीक रूप से चिंतन करनेवाला इनसान न केवल इस नियम को समझता है, बल्कि वह इसकी मदद से अपने मन की शक्ति को कई गुना करना भी जानता है। वह अपने आस-पास नाना प्रतिभाओं को एकत्र रखता है, जिनमें एक आध्यात्मिक सलाहकार, वित्तीय सलाहकार, स्वास्थ्य सलाहकार तथा निजी सलाहकार शामिल होता है। इससे परे आप दूसरे प्रकार के मास्टर माइंड से भी दोस्ती कायम कर सकते हैं, जिनमें तकनीकी, पेशेवर तथा अन्य प्रकार के सलाहकार शामिल हैं, जो कि आपके निश्चित प्रधान उद्देश्य की प्रकृति पर निर्भर करता है।

स्रोत : 'पी.एम.ए. साइंस ऑफ सक्सेस कोर्स,' पृष्ठ-316-317

□

: 26 :

''नेपोलियन हिल की शिक्षाएँ व लेखन अनमोल हैं। वे आज भी उतने ही प्रासंगिक हैं, जितने 1937 में थे, जब 'थिंक एंड ग्रो रिच' प्रकाशित हुई थी। मैं आपको उसे पढ़ने की अनुशंसा करता हूँ।''

—रिचर्ड बैंटा

'मेरे पास जो भी है, मैं उससे और बेहतर कैसे पा सकता हूँ?' इस प्रश्न को स्वयं से पूछने पर कुछ नई सकारात्मक दिशाएँ सामने आ सकती हैं। कई बार संपूर्णता की चाह हमें निराश भी कर देती है और जीवन के कई क्षेत्रों में हम असफलता की ओर चल देते हैं। यदि हम किसी संपूर्ण परिणाम की अपेक्षा करते हुए आरंभ ही नहीं करते, तो अपनी क्षमता के अनुसार कभी कुछ पा ही नहीं सकते। हमें जीवन द्वारा दी गई छोटी चीजों के प्रति भी बड़ा और आशाजनक रवैया रखते हुए संपूर्णता की बजाय सुधार पर अपना ध्यान केंद्रित करना चाहिए।

यदि हम किसी संपूर्ण परिणाम की अपेक्षा करते हुए आरंभ ही नहीं करते, तो अपनी क्षमता के अनुसार कभी कुछ पा ही नहीं सकते। हमें जीवन द्वारा दी गई छोटी चीजों के प्रति भी बड़ा और आशाजनक रवैया रखते हुए संपूर्णता की बजाय सुधार पर अपना ध्यान केंद्रित करना चाहिए।

उदाहरण के लिए, घर की सफाई करते समय आपने अकसर सुना होगा कि एक-एक कोने को चमका दिया जाए। कई बार कोने-कोने को चमकाने की बजाय केवल सफाई करना ही पर्याप्त होता है। हो सकता है कि आप घर में जो खाना तैयार करें, वह सेहत के लिहाज से बेहतर होता हो, पर अगर कभी स्टोर से भी लेना पड़ जाए, तो भी आप अपने लिए सेहतमंद चुनाव तो कर ही सकते

हैं। अगर आप बजट न होने के कारण अपने पालतू को किटी स्पा या पप्पी पैलेस नहीं ले जा पा रहे तो हर रोज घर में ही उनकी थोड़ी देख-रेख करना भी पर्याप्त होगा। ऑटोमोबाइल केयर करते समय अगर आपके पास कोई कचरा रखने का थैला होगा तो आप खराब चीजों को उसमें डालते जाएँगे और बहुत कचरा नहीं फैलेगा। ये सब सामान्य से उपाय हैं, जिन्हें आमतौर पर अपने जीवन में शामिल किया जा सकता है। परंतु क्या हम इन्हें अपने जीवन में लागू करते हैं? शायद नहीं, क्योंकि हममें से अनेक तो सफलता की ओर ले जानेवाले निरंतर प्रयासों को अनदेखा करते हुए 0 प्रतिशत या 100 प्रतिशत पर ही विचार करते रह जाते हैं। यही तो पथ की बाधा बन जाती है। ईंधन रहित गाड़ी की तरह हमारे जीवन में कोई उत्साह नहीं रहता; क्योंकि हमें हमारे किसी भी काम से सकारात्मक परिणाम की अपेक्षा नहीं रहती। हम स्वयं को लक्ष्य तक जाने के लिए कैसे प्रशिक्षित कर सकते हैं? इसके साथ ही हमें अपनी मंजिल पर भी पूरी नजर रखनी है। संभवत: इस प्रश्न का उत्तर जानने के लिए हमें उसी वाक्य की ओर जाना होगा, जिसे मैंने पाठ के आरंभ में कहा था, 'मेरे पास जो भी है, मैं उससे और बेहतर कैसे पा सकता हूँ?'

एटॉर्नी रिचर्ड बैंटा, आपके लिए इस प्रश्न का उत्तर देते हैं। उनका कहना है कि हमें अपने लिए हमेशा केवल बेहतर का ही चुनाव करना चाहिए। वे चाहते हैं कि अतीत की बंद गलियों में घूमने की बजाय भविष्य के खुले दरवाजों पर केंद्रित हों और अपने आरंभिक प्रयासों से मिले अनुभवों को आगे भी लागू किया जाए। पहले प्रयास की असफलता पर सिर धुनने की बजाय इस पहल को अपनाना कहीं अधिक बेहतर होगा। मेरा भी यही मानना है। या तो हम अपने अनुभवों से सीख लेते हैं या उनसे मात खा जाते हैं। अच्छी खबर यह है कि हम तय कर सकते हैं कि यह क्या होगा।

स्पष्ट शब्दों से आरंभ करते हैं। आपने आज से पहले कौन से काम किए थे? सोचें कि आप उनसे कैसा प्रभाव पा सकते हैं, हालाँकि उनकी संपूर्णता के विषय में चिंतित न हों। हो सकता है कि आपको बरतन ही अच्छी तरह साफ करने आते हों, उन्हें हवा लगकर सूखने देते हों। घास काटने के बाद उसकी छँटाई न करते हों। कपड़े धोकर, उन्हें प्रेस करने का काम बाद के लिए छोड़ देते हों। कहते हैं, 'काम की शुरुआत हो गई तो जान लें कि वह आधा हो गया।' यह सोचकर आलस्य में न बैठे रहें कि आपसे अभी पूरा काम नहीं होगा। काम को आरंभ करें और चरण-दर-चरण आगे बढ़ें। यह काम एक दिन, सप्ताह, माह या वर्ष में पूरा

नहीं होनेवाला। अगर आप प्रारंभ से सकारात्मक परिणाम की अपेक्षा लगाए बैठे रहे तो यह काम कभी पूरा नहीं हो सकेगा। अपने लिए उचित अवसर को जानें। आपके लिए यह उचित अवसर तभी सामने आएगा, जब आप सफलता के पथ पर अपना पहला कदम बढ़ा देंगे।

पराजय से मिले सबक

—नेपोलियन हिल

आपके जीवन का सबसे अहम क्षण वही होता है, जब आप यह जान लेते हैं कि आप पराजित हो चुके हैं। यह बहुत अहमियत रखता है, क्योंकि यह आपको आपकी भावी सफलता की संभावनाओं के बारे में बताने का उपयुक्त साधन बनता है।

यदि आप पराजय को पुनः प्रयास करने की प्रेरणा के रूप में लेते हैं, एक नए जोश और संकल्प के साथ सामने आते हैं, तो आपकी सफलता आपसे दूर नहीं रहेगी। यदि आप इसे अंतिम रूप में स्वीकारते हैं और इसे अपने आत्मविश्वास को कुचलने का पूरा अवसर देते हैं, तो हो सकता है कि आप अपनी भावी सफलता को पाने की आस ही त्याग दें।

आपकी हर पराजय जीवन में आपके लिए एक नए मोड़ की तरह सामने आती है, आपको इस अहम मोड़ के दौरान पूरे आत्मविश्वास के साथ अपना सामना करना होगा, अपनी भूल को स्वीकारना होगा और आगे बढ़ना होगा।

कई बार पराजय मनुष्य के अहंभाव को भी सहलाती है, किंतु अहं और आत्मनिर्भरता में अंतर होता है, जो आपके द्वारा अपने चरित्र के सच्चे विश्लेषण में छिपा है। जो व्यक्ति अपनी पराजय के समय हारकर बैठ जाता है, वह संकेत देता है कि उसने अपने अहंभाव को ही आत्मनिर्भरता मान लिया है।

यदि किसी व्यक्ति के भीतर सच्ची आत्मनिर्भरता होगी तो उसका चरित्र भी उत्तम

जिस व्यक्ति के पास एक निश्चित उद्देश्य, विश्वास और दृढ संकल्प होता है, वह अकसर जीवन के ऐसे तूफानों से मात नहीं खाता, हालात की आँधी उसके पैर उखाड़ सकती है, पर वह जल्दी ही सँभल भी जाता है। पराजय के प्रति उसका मानसिक रवैया ही उसे ठीक वहीं ला खड़ा करता है, जहाँ उसे होना चाहिए।

होगा। ये दोनों ही आपस में गहराई से संबंध रखते हैं। एक सुदृढ चरित्र पराजय से लड़े बिना हार नहीं मानता।

हर क्षेत्र में शिक्षा, कौशल और अनुभव को उपयोगी संपदा माना जा सकता है, परंतु वे ऐसे व्यक्ति के लिए किसी काम नहीं आते, जो किसी मरुस्थल के अरब की तरह पराजित होने पर अपना तंबू उखाड़कर चुपचाप चल देता है। जिस व्यक्ति के पास एक निश्चित उद्देश्य, विश्वास और दृढ संकल्प होता है, वह अकसर जीवन के ऐसे तूफानों से मात नहीं खाता, हालात की आँधी उसके पैर उखाड़ सकती है, पर वह जल्दी ही सँभल भी जाता है। पराजय के प्रति उसका मानसिक रवैया ही उसे ठीक वहीं ला खड़ा करता है, जहाँ उसे होना चाहिए। असफलता और कष्टों के चलते ही अनेक व्यक्ति ऐसे अवसरों का सामना कर पाते हैं, जिन्हें वे अनुकूल परिस्थितियों के चलते नहीं पहचान पाए थे।

अकसर असफलता और सफलता को अलग करनेवाले हालात इतने सूक्ष्म होते हैं कि उनके असली कारण को उपेक्षित कर दिया जाता है। प्राय: वे पूरी तरह से मानसिक रवैए में शामिल होते हैं, जिसके साथ कोई व्यक्ति अपनी अस्थायी पराजय का सामना करता है। सकारात्मक मानसिक रवैया रखनेवाला व्यक्ति कड़े संकल्प के साथ पराजय का सामना करता है और उसे असहाय स्वीकृति के साथ स्वीकार नहीं करता।

ऐसे लोगों के लिए जीवन में कुछ भी पाना कठिन नहीं होता, क्योंकि इनका सकारात्मक रवैया हर जगह इनका साथ देता है और इनके नियम ईश्वरीय और मानवीय नियमों के विरुद्ध नहीं होते। भले ही वह अनेक संकटों का सामना करेगा, परंतु वह पराजय के आगे घुटने नहीं टेकेगा। वह इसे अपने लिए मील के पत्थर में बदल देगा, जिस पर पैर रखते हुए उपलब्धियों के महान् शिखरों तक पहुँचा जा सकता है।

स्रोत : 'पी.एम.ए. साइंस ऑफ सक्सेस,' पृष्ठ-394, 395-96

□

: 27 :

"मैंने पाया कि जब हम अपने मन को शांत कर लेते हैं, तो हम अपने अवचेतन मन को बोलने का अवसर देते हैं, जो सहज ज्ञान के माध्यम से हमसे बात करता है।"

—रे स्टेनडल

यहाँ डॉ. नेपोलियन हिल द्वारा कही गई कुछ बातों को दिया जा रहा है, जिन्हें आप निजी उपयोग के लिए आत्म-परामर्शों में बदल सकते हैं। यदि आप इन्हें दिन में कई बार दोहराएँगे तो ये आपके मस्तिष्क में इस तरह घर कर जाएँगी, मानो किसी ने कोई पगडंडी बना दी हो। फिर जब कभी कठिन समय में आपको अपने भीतर से साहस और हिम्मत की आवश्यकता होगी, आप केवल इन सुझावों को 'री प्ले' कर देंगे। जब डब्ल्यू. क्लीमेंट बार-बार अपनी एक बात दोहराते थे, तो वे भी इस बारे में जानते थे, उनका कहना था, "मैं स्वयं को प्रसन्न, स्वस्थ और अद्‌भुत अनुभव करता हूँ।" और उनका लोकप्रिय वाक्य 'इसे अभी करो!' यह भी हमें सफलता की राह पर चलते हुए कर्म करने को प्रोत्साहित करता था। सच कहूँ तो स्टोन हमें लगातार आगे बढ़ने का फौजी संदेश देते थे।

अब भी संशय में हैं? एक सप्ताह के लिए उपयोग में लाएँ और देखें कि क्या आप अपने मन को सकारात्मक मानसिकता की ओर ले जा सकते हैं या नहीं। आपके पास ऐसा क्या है, जो खो जाएगा? इमर्सन कहते हैं कि आप काम करें

इमर्सन कहते हैं कि आप काम करें और ताकत आपके पास होगी। अगर आप सफलता के प्रति सचेत हैं, तो आप सफलता को अपनी ओर उसी तरह आकर्षित करेंगे, जिस तरह आप असफलता को आकर्षित करते हैं। ग्रहण करें, विश्वास करें और प्राप्त करें!

और ताकत आपके पास होगी। अगर आप सफलता के प्रति सचेत हैं, तो आप सफलता को अपनी ओर उसी तरह आकर्षित करेंगे, जिस तरह आप असफलता को आकर्षित करते हैं। ग्रहण करें, विश्वास करें और प्राप्त करें!

यहाँ मैंने अपने उदाहरण दिए हैं। आप इन्हें उपयोग में लाएँ या अपने लिए दूसरे उदाहरण चुन लें।

अपने मन को उन बातों पर केंद्रित रखें, जो आप चाहते हैं, जो आप नहीं चाहते, उनके बारे में बार-बार न सोचें।

मैं अपने को उन बातों पर केंद्रित रखता हूँ, जिन्हें मैं चाहता हूँ। उन बातों पर केंद्रित नहीं रखता, जिन्हें मैं नहीं चाहता।

अपने मन को एक निश्चित लक्ष्य पर केंद्रित और निरीक्षण करें कि कितनी जल्दी संसार एक ओर हटकर आपको आगे जाने का रास्ता दे देगा।

आप अपनी नियति के स्वयं रचयिता हैं। आप अपने ही परिवेश को प्रभावित, निर्देशित और नियंत्रित कर सकते हैं। आप अपने जीवन को वैसा बना सकते हैं, जैसा आप इसे बनाना चाहते हैं।

मेरे पास एक निश्चित लक्ष्य है और मेरे लिए सभी द्वार बिना किसी बाधा के खुले हैं।

जो व्यक्ति यह मानकर चलता है कि यह संभव है, उसके लिए सारे द्वार खुल जाते हैं।

मैं जानता हूँ कि सबकुछ संभव है।

किसी भी काम का नतीजा पाना है तो आपको काम करना ही होगा। सफलता तक जाने के लिए पहले योजना बनानी होगी और फिर उस पर अमल करना होगा।

मैं पहले सोचता हूँ और फिर काम करता हूँ।

अभी करो, इससे पहले कि कोई और इसे कर दे।

मैं इसे अभी करता हूँ!

आप अपनी नियति के स्वयं रचयिता हैं। आप अपने ही परिवेश को प्रभावित, निर्देशित और नियंत्रित कर सकते हैं। आप अपने जीवन को वैसा बना सकते हैं, जैसा आप इसे बनाना चाहते हैं।

मैं अपने विचारों और भावों को नियंत्रित करते हुए अपनी नियति को वश में रखता हूँ। मैं अपने पूरे सद्भाव के साथ काम करता हूँ।

अपने दुर्भाग्यों का रोना रोकर उन्हें कई गुना कर दें और शांत रहें, उन्हें अपने जीवन से निकाल दें।

मैं अपनी सफलता पर विचार करता हूँ।

आपकी अमीरी आपके विचारों से ही आरंभ होती है।

मेरे विचार ही मेरा खजाना हैं।

आप आज जो भी सोचते हैं, वही आपका आनेवाला कल हो जाता है।

मैं सकारात्मक रूप से सोचते हुए अपने लिए सकारात्मक परिणाम रचता हूँ।

आप आज जहाँ भी हैं, अपने विचारों और सोच के कारण हैं।

विचार ही मेरा जीवन रचते हैं।

आत्म-परामर्श और नियंत्रित ध्यान

—नेपोलियन हिल

आप अपने दैनिक परिवेश की प्रमुख परिस्थितियों से प्रभावित होते हैं और आप उनका एक हिस्सा हैं। यह सब जिस माध्यम से संभव होता है, उसे हम आत्म-परामर्श कहते हैं, यानी आप स्वयं को ही चेतन या अवचेतन रूप से सुझाव देते हैं।

इस तरह आपका हर विचार स्मृति में दर्ज होकर चरित्र का हिस्सा बनता चला जाता है, भले ही वह विचार सकारात्मक हो या नकारात्मक। यह हर उस शब्द को दर्ज करता है, जिसे आप सुनते हैं और उसे आपकी प्रतिक्रिया के अनुसार सकारात्मक या नकारात्मक अर्थ देता है।

> **हम जिन वस्तुओं पर विशेष तौर पर अपना ध्यान केंद्रित करते हैं, वे ही हमारे जीवन को प्रभावित करनेवाले कारक हो जाते हैं। अगर हम निर्धनता या निर्धनता के भौतिक लक्षणों की चर्चा करते हैं तो आत्म-परामर्श के माध्यम से वही विचार हमारा अवचेतन मन भी ग्रहण कर लेता है।**

आत्म-परामर्श या आपकी इंद्रियों के बोध से प्राप्त हर जानकारी या विचार प्रक्रिया को अपने पास दर्ज करता है और आप अपने भौतिक परिवेश से जो महसूस करते हैं, यह उसे भी दर्ज करता है।

हम जिन वस्तुओं पर विशेष तौर पर अपना ध्यान केंद्रित करते हैं, वे ही हमारे जीवन को प्रभावित करनेवाले कारक हो जाते हैं। अगर हम निर्धनता या निर्धनता के भौतिक लक्षणों की चर्चा करते हैं तो आत्म-परामर्श के माध्यम से

वही विचार हमारा अवचेतन मन भी ग्रहण कर लेता है।

यदि निर्धनता पर एकाग्र रहने की आदत जारी रहे, तो यह हमारे मन को इस तरह तैयार कर देगी कि हमें निर्धनता को एक ऐसी परिस्थिति के तौर पर स्वीकार करना होगा, जिसे अनदेखा नहीं किया जा सकता और हम धीरे-धीरे उसकी ओर उन्मुख हो जाएँगे। इस तरह लाखों लोग स्वयं को गरीबी की आड़ में घेरे रहते हैं। इस बात को हमेशा स्मरण रखें। हम जिसे अपनी ओर आकर्षित करेंगे, वही हमारी ओर दुगने वेग से आकर्षित होगा।

आत्म-परामर्श का यह नियम उस तरह कारगर है, जिस तरह हम प्राचुर्य व आर्थिक सुरक्षा पाने के लिए नियंत्रित ध्यान के नियम को प्रयोग में लाते हैं।

यह तो स्पष्ट है, जब आप स्वेच्छा से अपने ध्यान को सकारात्मक प्रकृति के उद्देश्य से जोड़ लेते हैं और अपने मन को विवश करते हैं कि वह अपनी दैनिक आदतों के माध्यम से अवचेतन को उद्देश्य की ओर प्रवृत्त करे तो आपके सामने सकारात्मक परिणाम ही आते हैं। जैसा कि हम बता चुके हैं कि अवचेतन मन दैनिक रूप से मिलनेवाले विचारों पर काम करता है, उसे इस बात से कोई अंतर नहीं पड़ता कि उनकी प्रकृति सकारात्मक है या नकारात्मक और वह उन विचारों को अपनी ओर से साकार रूप देने में कोई कसर नहीं छोड़ता।

स्रोत : 'पी.एम.ए. साइंस ऑफ सक्सेस,' पृष्ठ-345-46

□

: 28 :

"जब भी आप स्वयं को असहाय और निढाल महसूस करें तो स्वयं से पूछें कि ऐसा क्या है, जो मेरे जीवन को अर्थ देता है? वही उत्तर आपको बताएगा कि आपको अपने उत्साह को वापस पाने के लिए क्या करना होगा।"

—मार्क सैनबोर्न

क्या आपने कभी तसवीर ली है? क्या आप एक फोटोग्राफर हैं। मैं आपकी तसवीरों के बारे में निश्चित रूप से कह सकता हूँ कि आपने जिन तसवीरों को खींचते समय बेहतर फोकस किया होगा, वही आपकी बेहतरीन तसवीरों में से होंगी। जब आप लेंस को फाइन ट्यून करते हैं, तो आपका सब्जेक्ट पहले से भी स्पष्ट हो जाता है और आपके मस्तिष्क में उसकी एक तसवीर आ जाती है। जब आप अपने दिमाग में बसी उस छवि को फ्रेम में कैद करना चाहते हैं, तो आपकी तसवीर एक हकीकत बनकर सामने आ जाती है। हमारे अल्प और दीर्घकालीन लक्ष्य भी तसवीर खींचने की इस तकनीक से कुछ अलग नहीं हैं।

हम जितना अधिक फोकस करते हैं, उतने ही बेहतर नतीजे सामने आते हैं। आपको नियमित रूप से नियंत्रित ध्यान की आवश्यकता होगी, तभी फोकस किया जा सकता है अर्थात् किसी भी चीज पर केंद्रित हुआ जा सकता है। एक बार इस कौशल में निपुण होने के बाद हम जीवन में कभी भी किसी भी क्षेत्र में इसे अपना सकते हैं।

हम जितना अधिक फोकस करते हैं, उतने ही बेहतर नतीजे सामने आते हैं। आपको नियमित

रूप से नियंत्रित ध्यान की आवश्यकता होगी, तभी फोकस किया जा सकता है अर्थात् किसी भी चीज पर केंद्रित हुआ जा सकता है। एक बार इस कौशल में निपुण होने के बाद हम जीवन में कभी भी किसी भी क्षेत्र में इसे अपना सकते हैं। जब भी कोई काम कर रहे हों तो पूरा ध्यान उसी काम की ओर लगा होना चाहिए, फिर चाहे हम कोई पत्र लिख रहे हों या केक बेक कर रहे हों, गाड़ी चला रहे हों या कोई चित्र बना रहे हों या फिर किसी बाग में पानी दे रहे हों। अपने वांछित परिणाम का संज्ञानात्मक योग्यताओं से मेल भी फोकस में ही शामिल है।

आपको याद होगा, जब कक्षा में अध्यापक जोर से कहते थे, ''ध्यान दें!'' वह आपसे इसलिए कहा जाता था कि आप सारी बातों से हटकर अपने मन को कक्षा में दोहराए जा रहे पाठ पर पुनः केंद्रित कर सकें। कल्पनालोक में खोने के लिए भी एक निश्चित समय और स्थान होता है। जब आप कोई महत्त्वपूर्ण कार्य कर रहे हों तो उस समय ऐसा नहीं करना चाहिए। जब आप काम पर गौर करते हैं तो उस समय आप अपने चेतन मन को उसपर केंद्रित कर रहे हैं। यदि आप पूरा ध्यान नहीं देंगे तो आपकी स्थिति जहाज के उस कप्तान की सी होगी, जो अपनी घड़ी को दुरुस्त नहीं रख पाता और उसे तूफान के आने के उचित समय का पहले से अनुमान नहीं होता।

अपने आपको केंद्रित करने के लिए अभ्यास करें। अगर किसी काम को बेमन से कर रहे हैं तो स्वयं से कहें कि आप उस काम को पूरे पंद्रह, तीस या साठ मिनट का समय देंगे। इसे अपनी सुविधा के अनुसार तय करें और उस समय के दौरान कोई दूसरा काम न करें और न ही किसी काम के बारे में सोचें। जब आप इस तरह स्वयं को नियंत्रित करेंगे तो सकारात्मक परिणाम सामने आने लगेंगे। आप समझ जाएँगे कि लक्ष्यों पर केंद्रित होने से आप अपने जहाज के खुद मालिक बन सकते हैं और स्वयं को चुनी गई दिशा तक आसानी से ले जा सकते हैं।

केंद्रित हों! केंद्रित हों! केंद्रित हों और आपके जीवन की यात्रा ठीक उसी स्थान पर जाकर समाप्त होगी, जहाँ आप उसे ले जाना चाहते हैं। केवल आप ही अपने जीवन में यह परिवर्तन ला सकते हैं।

नियंत्रित ध्यान निपुणता की ओर ले जाता है

—नेपोलियन हिल

नियंत्रित ध्यान आपको किसी भी प्रकार के मानवीय प्रयास में सफलता दिलवा सकता है, क्योंकि यह मन की शक्तियों को किसी निश्चित उद्देश्य पर केंद्रित करने के योग्य बनाता है, ताकि यह अपने पथ पर अडिग रहे। इसे आप उच्चतम कोटि का आत्म-कौशल कह सकते हैं। यह एक जाना-माना तथ्य है कि जो व्यक्ति अपने मन को वश में रखना जानता है, वह अपनी राह में आनेवाली हर चीज को वश में रख सकता है।

जब हैरियट बीचर ने अपनी बात कही तो उनके मन में भी इसी तरह के नियंत्रण की छवि रही होगी—"जब आप कठिन हालात में हों और सबकुछ आपके खिलाफ लगने लगे और ऐसा लगे कि अब आप एक क्षण के लिए भी और नहीं सँभाल सकते, तब भी हिम्मत न हारें, क्योंकि यही वह समय और स्थान है, जहाँ से तूफान वापस लौट जाएगा।"

यदि आप वहाँ तक डटे रहे तो निश्चित रूप से उसके बाद का समय आपके लिए अनुकूल होगा। आपके मन की अवस्था का इस बात से गहरा लेन-देन है। प्लेटो ने इस अवस्था का वर्णन करते हुए कहा है, "अपने पर जीत पाना ही सबसे पहली और बेहतर विजय है; अपने आप से ही हार जाना संसार में सबसे लज्जाजनक और घृणित है।"

फ्रांसिस पार्कमैन ने भी अपने निम्नलिखित शब्दों के माध्यम से नियंत्रित ध्यान के महत्त्व के बारे में बताया है—"जो भी व्यक्ति इस छोटे से जीवन में कोई महान् काम करना चाहता हो, उसे अपने पर पूरी तरह से ध्यान केंद्रित करते हुए काम करना चाहिए। उसे उन निठल्लों की तरह केवल बैठे नहीं रहना चाहिए, जो केवल विस्मित भाव से इस संसार को तकने के लिए ही बने हैं।"

वाशिंगटन इरविंग अपने शब्दों के माध्यम से

वाशिंगटन इरविंग अपने शब्दों के माध्यम से मन की शक्ति के प्रति आदर-भाव प्रकट करते हुए कहते हैं, "महान् मस्तिष्कों के पास उद्देश्य होते हैं, जबकि बाकी लोगों के पास केवल लक्ष्य होते हैं। छोटे मन आसानी से दुर्भाग्य की चपेट में आ जाते हैं, किंतु वे आसानी से दुर्भाग्य के कष्टों को भी पार कर जाते हैं।"

मन की शक्ति के प्रति आदर-भाव प्रकट करते हुए कहते हैं, ''महान् मस्तिष्कों के पास उद्देश्य होते हैं, जबकि बाकी लोगों के पास केवल लक्ष्य होते हैं। छोटे मन आसानी से दुर्भाग्य की चपेट में आ जाते हैं, किंतु वे आसानी से दुर्भाग्य के कष्टों को भी पार कर जाते हैं।''

नियंत्रित ध्यान की शक्ति के माध्यम से सामने आनेवाली संभावनाएँ अनंत हैं, परंतु उनमें से कोई भी किसी प्रमुख निश्चित उद्देश्य पर केंद्रित होने से अधिक महत्त्वपूर्ण या महान् नहीं है। नियंत्रित ध्यान—इन दो शब्दों में ही एक विचित्र शक्ति छिपी है, जो आपको अपने पर लगी वर्जनाओं से छुटकारा दिलाती है, जिन्हें अधिकतर लोग अपने मन में पाले रखते हैं और आजीवन उनसे ही बँधे रह जाते हैं।

स्रोत : 'पी.एम.ए. साइंस ऑफ सक्सेस कोर्स,' पृष्ठ-334-35

□

: 29 :

''इस संसार में बुराई का अभाव नहीं है और यदि आपके पास कोई स्थिर नैतिक दिशासूचक नहीं है तो आप विनाशक प्रवृत्ति की ओर खिंचे चले जा सकते हैं, जो आपको नैतिकता से रहित खाई की ओर खींच ले जाएगी।''

—एलिजर ए. एलपरस्टेन

जब आप बच्चों को जीवन से जुड़े वरदानों के बारे में सिखा सकते हैं तो उन्हें यह क्यों सिखाया जाए कि जीवन उन्हें किन रूपों में दंडित कर सकता है? भय पर आधारित शिक्षा नकारात्मक होती है और विश्वास पर आधारित शिक्षा सकारात्मक होती है। सीधे शब्दों में कहें, इसका अर्थ होगा कि भले ही हम भयपूर्ण हों अथवा विश्वास से भरपूर, हम जो भी घटने की अपेक्षा करेंगे, हमारे साथ वही होगा। हमारी अपेक्षाएँ ही हमारा यथार्थ रचती हैं, हम जो सोचेंगे, वही पाएँगे। हम अपना चरित्र स्वयं चुनते हैं और हमारा चरित्र ही हमारी नियति रचता है। भले ही यह बात कहने में आसान हो, किंतु इसे समझना उतना ही कठिन है। इसे अपने भीतर उतारकर इस पर अमल करना सरल नहीं होता।

यदि हम जीवन में उत्तर ध्रुव, दक्षिण ध्रुव, अंदर-बाहर, हाँ-नहीं, सकारात्मक-नकारात्मक, भाव-ज्ञान, भय-विश्वास, स्त्री-पुरुष, दिन-रात आदि की विपरीतता पर विचार करें तो यह बात मन में आती है कि क्या एक को दूसरे से बेहतर दिखाने के लिए हमें दोनों की ही आवश्यकता नहीं होगी? इसका उत्तर 'हाँ' में दिया जा सकता है। अच्छाई को चुनते हुए बुराई को भी मान्यता देनी होगी। यदि मोमबत्ती जलानी है तो अंधकार का साक्षी बनना ही होगा। हास्य

को पाना है तो रुदन को जानना ही होगा। इसी तरह यदि हम सकारात्मक बनना चाहते हैं तो हमें प्रकट रूप में नकारात्मकता से मुँह मोड़ना होगा।

जब बच्चों को चुनाव करना सिखाया जाए तो उन्हें उस समय उनके चुनावों के परिणामों के बारे में भी बताया जाना चाहिए। अगर बच्चों को केवल यही कहना पर्याप्त होता, 'अच्छे बनो,' तब तो यह दुनिया जीने के लिए बहुत ही आसान होती। कई बार बच्चों और बड़ों को उनके बुरे बरताव और दोहराव से भरे बरताव के लिए पुरस्कृत किया जाता है, जिससे उन्हें लगने लगता है कि यही उचित रवैया है। अगर माता-पिता बच्चों के साथ ऐसा कर रहे हों तो उन्हें इस बारे में सचेत होना होगा। अच्छे चुनावों के लिए पुरस्कार दिए जाने चाहिए, ऐसे चुनावों को प्रोत्साहित नहीं किया जाना चाहिए, जिनमें बच्चा परिणामों से छेड़छाड़ कर सके।

नेपोलियन हिल ने कहा है, ब्रह्मांड को निष्क्रियता और रिक्तता से घृणा है। आपको जीवन के मिशन के प्रति सक्रिय रूप से आगे बढ़ना चाहिए, यही एक अच्छा अभ्यास होगा। बस अपनी चुनी गई दिशा में सकारात्मक कदम उठाते चलें, ताकि आप राह में आनेवाले उस रिक्त स्थान को भर सकें, ऐसा करने पर ही आप जीवन के पुरस्कार पा सकते हैं। क्या इतिहास के सभी महान् पुरुषों ने ऐसा ही नहीं किया? क्या यह सब एक जरूरत को जानने और उसे पाने जितना ही आसान हो सकता है? मेरा तो यही मानना है।

आपके लिए इस सप्ताह का गृहकार्य यही होगा कि आप जीवन के पुरस्कृत पक्ष की ओर चलें, किसी जरूरत को जानें और उसे पूरा करें। आप इसे अपने कुत्ते के पानी के बरतन से आरंभ कर सकते हैं और इसे किसी भी दिशा में ले जा सकते हैं, जैसे मेरी एक मित्र करने जा रही है। उसने अपनी एक मित्र के शोक समारोह में अपनी ओर से मित्र के साथ बिताए पलों को सबके साथ बाँटने का निर्णय लिया है। उसने आज से पहले कभी ऐसा नहीं किया, किंतु उसे लगता है कि इस तरह सबको एक ऐसे जीवन की सुंदरता को जानने का अवसर मिलेगा, जिसमें सुख और दुःख, दोनों से ही जुड़े पल शामिल होते हैं। आपने जो भी तय किया हो, जीवन की कठिनाइयों को अपनी राह में न आने दें। प्रयास यही हो कि जीवन के पुरस्कार आपको प्रदर्शन के नए स्तर तक ले जा सकें। आपको इसके लिए सतत ब्याज मिलेगा।

आप किसे चुनेंगे?

—नेपोलियन हिल

ऐसी दो चीजें हैं, जिन्हें प्रकृति प्रोत्साहित व दंडित करती है—

1. रिक्तता
2. निष्क्रियता

अपने शरीर के किसी भी अंग से काम लेना बंद करें और कुछ समय बाद उसकी गतिविधि अपने आप ही कम हो जाएगी। अपनी बाजू को शरीर के एक कोने से बाँध दें और उससे काम न लें। जब आप उसे कुछ समय बाद खोलेंगे तो वह बेजान सी हो जाएगी। यही नियम आपके मस्तिष्क के लिए भी काम करता है, जहाँ विचारों के स्पंदन व्यवस्थित और मुक्त होते हैं।

एक सकारात्मक मन किसी भी काम को करने के लिए उपाय खोज लेता है। एक नकारात्मक मन किसी काम को न कर पाने के उपाय ही तलाशता रह जाता है।

आप चाहें तो नियंत्रित चिंतन के साथ अपने मस्तिष्क से मनचाहा पा सकते हैं या फिर कुदरत को यह मौका दे सकते हैं कि वह आपके भीतर नकारात्मक हालातों की फसल बो दे, जिन्हें आप नहीं चाहते। इस परिस्थिति में आपके पास एक चुनाव है—चाहें तो अपने विचारों की शक्ति को वश में करें या फिर अनचाहे हालात की आँधियों में बह जाएँ। परंतु आप इन दोनों से ही निर्लिप्त होकर खाली नहीं बैठ सकते। किसी एक का चुनाव तो करना ही होगा।

> **प्रकृति आपके मन को यह चुनाव करने की आजादी देती है कि आप जिसे चाहते हैं, उसे अपने लिए चुन लें। वह आपको आजादी देती है कि आप अपने लक्ष्य तक जाने के लिए योजना तैयार करें। वह आपको अपनी ओर से आपके हर सकारात्मक प्रयास के लिए पुरस्कृत करती है। परंतु वह आलस्य और निष्क्रियता को दंडित और निरुत्साहित करती है।**

प्रकृति आपके मन को यह चुनाव करने की आजादी देती है कि आप जिसे चाहते हैं, उसे अपने लिए चुन लें। वह आपको आजादी देती है कि आप अपने लक्ष्य तक जाने के लिए योजना तैयार करें। वह आपको अपनी ओर से आपके हर सकारात्मक प्रयास के लिए पुरस्कृत करती है। परंतु वह आलस्य और निष्क्रियता

को दंडित और निरुत्साहित करती है।

इसी सत्य से यह कथन सामने आया है—सफलता और अधिक सफलता को, और असफलता और अधिक असफलता को अपनी ओर खींचती है—यह एक ऐसा सच है, जिसे आपने जीवन में कई बार देखा होगा, किंतु शायद आपने इसका विश्लेषण न किया हो कि ऐसा क्यों होता है।

यदि आप अपने मन को सकारात्मक मानसिक रवैए के साथ काम में लगाते हैं और यह मानकर चलते हैं कि सफलता पाना आपका अधिकार है तो आपका विश्वास ही आपको उस ओर ले जाएगा, जहाँ जाकर आपकी सफलता की परिभाषा साकार हो जाएगी। यदि आप नकारात्मक मानसिक रवैया अपनाते हुए अपने मन को भय और कुंठा के विचारों से भर देते हैं, तो आपका मन आपको इन अवांछित विचारों के कारण सामने आनेवाले दंड की ओर आकर्षित करेगा।

यदि आप अपने मन को वश में न करते हुए इसे अपने सामने आनेवाले हर तरह के प्रभाव के लिए मुक्त कर देते हैं तो आपको अपने मन को निर्देशित और नियंत्रित न करने पर मिलनेवाले दंड का भागी बनना ही होगा। तब आप इस नियति से बच नहीं सकते।

अब हम आपके सामने पुरस्कार और दंड से मोहरबंद लिफाफों को खोलने जा रहे हैं, ताकि आप जान सकें कि प्रकृति आपको आपके व्यवहार के अनुसार क्या प्रदान करती है—

पुरस्कार

(यह उन लोगों के लिए है, जो अपने मन को पूरी तरह से वश में रखते हुए वांछित लक्ष्यों की ओर ले जाते हैं।)

1. आप स्वयं को सफलता के उस छोर पर खड़ा पाते हैं, जो केवल उन्हीं परिस्थितियों को अपनी ओर आकर्षित करता है, जिनसे और अधिक सफलता मिल सकती है।
2. संपूर्ण शारीरिक व मानसिक स्वास्थ्य।
3. वित्तीय स्वतंत्रता।
4. स्नेह का प्रतिदान, जिसमें आप स्वयं को प्रकट कर सकते हैं।
5. मन की शांति।
6. विश्वास का ऐसा रूप, जिसमें भय के लिए स्थान नहीं रहता।

7. दीर्घकालीन मित्रता।
8. लंबी आयु और संतुलित जीवन।
9. अपने पर लगी पाबंदियों से आजादी।
10. स्वयं तथा दूसरों को समझने का विवेक।

दंड

(यह उनके द्वारा दिए जाते हैं, जो अपने मन को वश में करने की उपेक्षा करते हैं और उसे वांछित लक्ष्यों की ओर निर्देशित नहीं करते।)

1. आजीवन निर्धनता व कष्ट।
2. अनेक प्रकार के शारीरिक व मानसिक रोग।
3. अपने आपको ऐसी वर्जनाओं में बाँधना, जिनसे आजीवन उबरा न जा सके।
4. अपने सभी विनाशक रूपों के साथ भय का सामना।
5. जिस काम से आप आय अर्जित करते हों, उसे नापसंद करना।
6. अनेक शत्रु, थोड़े मित्र।
7. मानव जाति से जुड़ी हर प्रकार की चिंता।
8. जीवन में आनेवाले हर नकारात्मक प्रभाव का शिकार।
9. बहुत सरलता से दूसरों के प्रभाव और नियंत्रण में आना।
10. एक व्यर्थ जीवन, जो मानव जाति के कल्याण के लिए कुछ नहीं कर सकता।

इन दोनों सूचियों से हमने आपको पुरस्कार और दंड की जानकारी दी है। आप इनमें से किस सूची को अपने लिए चुनते हैं, यह जीवन में आपका अपना चुनाव होगा।

स्रोत : 'पी.एम.ए. साइंस ऑफ सक्सेस कोर्स,' पृष्ठ-221-23

□

: 30 :

''मैंने सुना है, पहले इसे कुछ इस तरह कहा जाता था, 'यदि नैतिक रूप से कहा जाए, अगर आपको कहने से पहले सोचना पड़ता है कि वह सही है या गलत, तो संभव है कि वह गलत ही होगा।'''

—ग्रेग रीड

क्या कोई निर्णय आपको सफल होंने से रोक रहा है ? क्या आप आगे बढ़ने का निर्णय लेते समय अकसर टाल-मटोल करने लगते हैं ? क्या आप किसी बात के पक्ष और विपक्ष में विचार ही करते रह जाते हैं ? यदि आप उत्तेजित, तनावग्रस्त, व्याकुल और केंद्रित हो पाने में अक्षम अनुभव कर रहे हैं, तो आपको इस बारे में नए सिरे से विचार करना होगा कि कोई निर्णय लेकर उसके नतीजे के साथ कैसे जीना चाहिए। अपने व्यक्तित्व से इस दोष को दूर करें और आप अपने ही भूतपूर्व स्व के एक सशक्त संस्करण के रूप में सामने आएँगे।

नेपोलियन हिल ने पाया कि निर्णय न ले पाने की अक्षमता का किसी की असफलता में बड़ा हाथ हो सकता है। उनका कहना है कि जब निर्णय लेने के सभी कारक सामने होने के बावजूद कोई तत्काल निर्णय नहीं ले पाता, तो निश्चित रूप से असफलता ही सामने आती है। आपने किसी भी निर्णय को लेने से पूर्व महत्त्वपूर्ण और गैर-महत्त्वपूर्ण की श्रेणी में विभाजित कर लिया है और जब इतना करने के बाद निर्णय लेने का समय आए तो इससे पीछे न हटें। यह कुछ ऐसा ही है, मानो आप कोई कार चला रहे हैं। यदि आपने दक्षिण की ओर जाना तय किया है और आप बारंबार गाड़ी को रिवर्स में डालते रहेंगे तो कहीं नहीं जा सकेंगे। ऐसे हालात में केवल यही होगा कि

आप जीवन रूपी पथ पर केवल इंच-दर-इंच ही आगे खिसक सकेंगे।

तय करें कि आप तत्काल निर्णय लेना सीखेंगे। एक उचित समय-सीमा निश्चित करें। अपने साक्ष्यों का आकलन करें। निर्णय लें। कहा गया है, निर्णय न लेने से कहीं बेहतर होगा कि आप गलत निर्णय ही लें। यह छोटा सा कारक ही सच है, क्योंकि आपने अपनी ओर से कुछ कदम तो उठाया। जब आप कोई निर्णय लेते हैं तो आप ब्रह्मांड की शक्तियों को अपने वश में कर लेते हैं। आप एक चुंबक की तरह संसाधनों को अपनी ओर आकर्षित करते हैं। मैं तो यह सोचता हूँ कि आप क्या निर्णय लेंगे? कुल मिलाकर तो आप स्वयं ही अपने निर्णयों के अधीन होते हैं। निर्णय ही परिणामों को सामने लाते हैं। कुछ अच्छे निर्णय लेने का निर्णय लें।

निर्णय लें। कहा गया है, निर्णय न लेने से कहीं बेहतर होगा कि आप गलत निर्णय ही लें। यह छोटा सा कारक ही सच है, क्योंकि आपने अपनी ओर से कुछ कदम तो उठाया। जब आप कोई निर्णय लेते हैं तो आप ब्रह्मांड की शक्तियों को अपने वश में कर लेते हैं। आप एक चुंबक की तरह संसाधनों को अपनी ओर आकर्षित करते हैं।

तत्काल निर्णय लेना

—नेपोलियन हिल

आप किसी भी स्थान पर लोगों का निरीक्षण करें, आप यही पाएँगे कि जो लोग आसानी से कुछ तय नहीं कर पाते, वे सफल या लोकप्रिय नहीं हो पाते। आप किसी ऐसे मित्र के व्यक्तित्व से कैसे प्रभावित हो सकते हैं, जो यह तय नहीं कर पाता कि उसे आपके साथ किसी गतिविधि में हिस्सा लेना चाहिए या नहीं? ऐसा व्यक्ति आपके लिए किसी काम का नहीं होता। आपने उसे अपने साथ गतिविधि का हिस्सा बनने का न्योता दिया है, किंतु वह अपने अनिर्णय के कारण आपको अप्रिय स्थिति में डाल देता है। आप अपने लिए किसी दूसरे साथी का चयन भी नहीं कर सकते और न ही अपनी योजनाओं की दिशा में आगे जा सकते हैं।

तत्काल निर्णय लेने की विशेषता को किसी के भी सुखद व्यक्तित्व

तत्काल निर्णय लेने की विशेषता को किसी के भी सुखद व्यक्तित्व का एक अहम अंश माना जा सकता है। यह सभी सफल व्यक्तियों का प्रमुख लक्षण रहा है। आप इसे आत्म-अनुशासन के माध्यम से विकसित कर सकते हैं। जब आप आत्मविश्वास से भरपूर रचनात्मक और प्रगतिशील रवैया रखते हैं तो आपके लिए एक सकारात्मक मानसिक रवैया बनाए रखना आसान हो जाता है।

का एक अहम अंश माना जा सकता है। यह सभी सफल व्यक्तियों का प्रमुख लक्षण रहा है। आप इसे आत्म-अनुशासन के माध्यम से विकसित कर सकते हैं। जब आप आत्मविश्वास से भरपूर रचनात्मक और प्रगतिशील रवैया रखते हैं तो आपके लिए एक सकारात्मक मानसिक रवैया बनाए रखना आसान हो जाता है।

हम एक ऐसे देश में रह रहे हैं, जहाँ विशाल स्तर पर निजी उपलब्धि पाई जा सकती है; क्योंकि चारों ओर अवसरों का अभाव नहीं है, परंतु अवसर किसी की प्रतीक्षा नहीं करते। व्यक्ति को स्वयं ही अवसरों की प्रतीक्षा करनी होती है, ताकि वे सामने आएँ, उन्हें तत्काल निर्णय के साथ अपना बनाया जा सके और सफलता के पथ पर आगे जाने का मार्ग मिल जाए।

स्रोत : पी.एम.ए. साइंस ऑफ सक्सेस कोर्स,' पृष्ठ-169-70

□

: 31 :

"जैसा कि हम सभी जानते हैं, कुछ चाहने और उसे पाने के लिए प्रस्तुत होने में अंतर है। अंतर? विश्वास। जब तक आप यह विश्वास नहीं रखते कि यह संभव हो सकता है, तब तक वह संभव नहीं होगा।"

—रिचर्ड क्रासने

कुछ भी अचानक नहीं घटता। आपको घटनाओं के घटने के लिए काम करना पड़ता है, जिसमें निजी सफलता भी शामिल है। सफलता आपके प्रत्यक्ष कर्म का परिणाम है, जिसे व्यक्ति उचित नियोजन और निरंतर धैर्य के साथ पाने का प्रयत्न करता है, वह अपने मन को सफलता के लिए नियोजित करता है और यह मानकर चलता है कि वह इसे पा लेगा।

—नेपोलियन हिल

सफलता पाने के लिए जादुई कुंजी
(हिल के नियमों का उपयोग करते हुए)

1. **सही बटन दबाएँ** (सकारात्मक मानसिक रवैया) किसी भी हालात में अपना उचित मानसिक रवैया बनाए रखें। स्टोन का चुनाव का नियम। जब तक आप अपने मन में बसी छवि को देखने के लिए सही बटन नहीं दबाते, वह आपको दिखाई नहीं दे सकती। अपने भीतर की उस छोटी रोशनी को बाहर आने दें।

2. **दरशाएँ**—भले ही आप प्रस्तुत न हों (थोड़ा अतिरक्त कर दिखाएँ—एक अनमोल नियम) कार्नेगी का चुनाव का नियम। वे कहते हैं कि इसके द्वारा ही उन्हें अपने व्यवसाय में सफलता मिली। अब्राहम लिंकन ने पत्र को भेजने से एक घंटा पूर्व उसपर गेट्सबर्ग का पता लिखा, किंतु एक-एक शब्द में उनका जीवन उपस्थित था। यह बात पहले भी कही गई है कि विजयश्री उनके हाथ ही आती है, जो कुछ कर दिखाना चाहते हैं। सबसे अहम बात—प्रतिदिन जीवन के लिए कुछ दरशाएँ।
3. **इसे न बाँटें**—अपनी समस्याओं के स्थान पर समाधानों को बाँटें (टीमवर्क और मास्टरमाइंड संधि) जब भी कोई नया विचार सामने आए तो उसका खुले दिल से स्वागत करें। आपकी उलझी समस्याओं को कोई नहीं सुनना चाहता। वे तभी आपके साथ जुड़ते हैं, जब वे देखते हैं कि आप अपने रचनात्मक उपायों की मदद से बड़ी समस्याओं का भी हल निकाल रहे हैं। 'मैं कर सकता हूँ', सदा इसी पर केंद्रित रहें।
4. **रचनात्मक चित्रण**—चिंतन करें, चिंता नहीं। रचनात्मक चित्रण पर ध्यान दें। अपनी इंद्रियों को शामिल करें और इस तरह आप अपनी स्मृतियों के द्वार भी खोल सकते हैं। थॉमस एडीसन को अपने बल्ब के आविष्कार को प्रमाणित करने में बीस मिनट भी नहीं लगे थे, किंतु उन्होंने उचित फिलामेंट के चुनाव में सारा जीवन लगा दिया था। अपने आस-पास के लोगों को प्रेरित करते रहें कि बहुत जल्दी सबकी भलाई के लिए कुछ आनेवाला है। वे भी पूरी वचनबद्धता के साथ आपका साथ देंगे। इस तरह वे आपको आपके लक्ष्य की प्राप्ति के लिए प्रेरित करेंगे।
5. **आनंदी बनें**—आनंद से अंधकार का वैसे ही नाश होता है, जैसे प्रकाश से अंधकार का नाश होता है। (अप्लाइड फेथ) याद रखें, भय विश्वास का विपरीत है। हँसें, मुसकराएँ और अपने भीतर से स्वयं को जीवंत और उज्ज्वल अनुभव करें।
6. **पूछें कि क्या मदद कर सकते हैं**—केवल देने के लिए दें, पाने के लिए नहीं। सभ्य बने रहें। इमर्सन का क्षतिपूर्ति नियम जानें। जो भी दिया जाता है, वही वापस आता है। आज किसी जरूरतमंद को जो चाहिए, उसे दें; चाहे वह एक मुसकान या प्रशंसात्मक वाक्य ही क्यों न हो, परंतु इसे मुक्त मन से और पूरी सावधानी के साथ दें। आपको वापस पाने की आस नहीं होनी चाहिए।

7. सपना न भूलें—(निश्चित प्रमुख उद्‌देश्य) जादू कहाँ है ? यह आपके भीतर है। संभवत: आप इस जगह ज्यादा झाँकना ही पसंद नहीं करते। डॉ. हिल का नियम निश्चित प्रमुख उद्‌देश्य। अपने सपनों को खोजें, इसे दुलारें, इसे साकार करने की योजना तैयार करें और फिर इसे संसार के सामने लाएँ, ताकि इसे योजना का अंग बनाया जा सके।

स्वयं को मस्तिष्क के दाईं ओर (पी.एम.ए.) स्थित करें। अपने भीतर सपने की आत्मा को अनुभव करें और आपकी सफलता उसी तरह पीछा करेगी, जैसे शीत ॠतु के बाद बसंत आता है। 'यदि शीत आएगा, तो क्या बसंत कहीं पीछे रह जाएगा ?' हम सभी बाहरी सृजन की अद्‌भुत प्रकृति को देखते हैं, तो इसे अपना छोटा,सा अद्‌भुत विस्मय जगत् क्यों नहीं बना सकते ?

जीनियस कैसे बनता है ?

—नेपोलियन हिल

ऐसी कोई भी योजना, इच्छा या उद्‌देश्य, जिसे विश्वास का आश्रय मिल जाता है, उसे अवचेतन मन ग्रहण करता है और उस पर तत्काल काररवाई करता है।

प्रमुख इच्छाओं से उत्तेजित मन अवचेतन से प्रत्यक्ष शक्ति ग्रहण करता है और जब इसे विश्वास की शक्ति से अनुप्राणित किया जाता है तो यह इतनी दृढ निष्ठा के साथ सामने आता है कि यह असफलता की किसी भी संभावना को नकार देता है। इससे किसी जीनियस का निर्माण होता है। जो भी व्यक्ति अपनी सामान्य मानसिक विशेषताओं को अपनाकर विकसित कर सकता है, वही जीनियस बन सकता है।

बहुत से लोगों के मन में यह धरणा रहती है कि संसार में कुछ अलग श्रेणी के लोग होते हैं, जो जीनियस कहलाते हैं। पिछले चालीस वर्षों के दौरान पता लगाया जा चुका है कि जीनियस के क्या लक्षण होते हैं और यह पता चल चुका है कि ऐसे लोगों के पास वास्तव में ऐसी कोई अतिरिक्त शक्ति नहीं होती, जो आपके पास न हो। वे लोग चेतन व अवचेतन रूप से कुछ निश्चित नियमों का पालन करते हैं, जो उनकी असामान्य शक्तियों के वाहक होते हैं। यहाँ एक जीनियस व्यक्ति के लक्षण दिए जा रहे हैं, जिन्हें राष्ट्र के उल्लेखनीय व्यक्तियों के जीवन के विस्तृत विश्लेषण के आधार पर प्रस्तुत किया गया है।

इस पूरे पाठ का पहला लक्षण है—उद्‌देश्य की निश्चितता। एक जीनियस

कल्पना शक्ति, मन की यह गतिविधि नए विचारों के सृजन को सफल करती है, कल्पना के बिना कुछ भी नया नहीं रचा जा सकता। इसे भी नियंत्रित व निर्देशित करना बहुत महत्त्व रखता है। जब इसे किसी खास लक्ष्य या मुद्दे से जोड़ दिया जाए तो यह और भी उत्पादक हो जाती है।

जानता है कि वह जीवन से क्या चाहता है। आज के जीनियस अपने समय और ऊर्जा को व्यर्थ किए बिना केवल अपने उद्देश्य की दिशा में गतिमान हैं।

दूसरा कारक है, व्यावहारिक विश्वास, यानी अप्लाइड फेथ। इस विश्वास को लक्ष्य प्राप्ति के लिए केंद्रित किया जाता है। उद्देश्य की निश्चितता ही वह आधार है, जिस पर विश्वास टिका है।

तीसरा कारक संक्रामक है; इसे आप उत्साह का नाम दे सकते हैं। आप जिस तरह बोलते हैं, चलते हैं या काम करते हैं; उस जीवंतता से आपका उत्साह छलकता है। यह आपकी प्रेरणा, शारीरिक चुंबकत्व तथा ऊर्जा का परिणाम है। यह आपकी आँखों का प्रकाश है, आपके सुर का ओज और हाथों का संबल है। यही आपकी इच्छाओं को ज्वलंत इच्छाओं में बदल सकता है। यह एक विशेषता है, जिसे सही समय पर नियंत्रित करते हुए उचित दिशा देना बहुत महत्त्व रखता है।

चौथा लक्षण है, कल्पना शक्ति, मन की यह गतिविधि नए विचारों के सृजन को सफल करती है, कल्पना के बिना कुछ भी नया नहीं रचा जा सकता। इसे भी नियंत्रित व निर्देशित करना बहुत महत्त्व रखता है। जब इसे किसी खास लक्ष्य या मुद्दे से जोड़ दिया जाए तो यह और भी उत्पादक हो जाती है।

पाँचवाँ लक्षण है, उद्देश्य। आप उन सभी बुनियादी उद्देश्यों से परिचित हैं, जिनके बारे में चर्चा की जा चुकी है। कोई भी व्यक्ति अकारण कुछ नहीं करता, हर काम के पीछे कोई-न-कोई कारण या उद्देश्य होता है।

छठा लक्षण है, निजी पहल और इसके साथ ही गहन कर्मशीलता। जब तक आप किसी के कहे बिना काम को करने की आदत नहीं डालते, तब तक आप जीनियस नहीं हो सकते। आपको स्वयं आगे आकर काम को सँभालना होगा। आपको यह भी देखना होगा—चीजें जिस रूप में हैं, उन्हें उसी रूप में देखा जाए और दूसरे, जो काम जिस तरह से किया जाना चाहिए, उसे उसी तरह किया जाना चाहिए।

सातवाँ लक्षण है, अपनी ओर से कुछ अतिरिक्त करने की आदत। जब तक

आप जीवन में प्रतिदिन किए जानेवाले कामों से थोड़ा अधिक और जितना भुगतान मिला हो, उससे थोड़ा अधिक काम करने की आदत नहीं डालते, तब तक आप जीनियस नहीं हो सकते।

आठवाँ लक्षण कहता है कि आपको अन्य बुद्धिमान व्यक्तियों से मैत्री बनाए रखनी होगी। आप किन लोगों से संबंध रखेंगे, यह आपके लक्ष्य पर निर्भर करता है। जीवन में आपको अपने लिए दर्जनों की बजाय केवल एक ही लक्ष्य चाहिए, किंतु यदि जीनियस बनना चाहते हैं तो दूसरों के मस्तिष्क की क्षमता का उपयोग भी करना होगा।

नवाँ और अंतिम लक्षण कहता है कि आपको सकारात्मक मानसिक रवैया अपनाना होगा। यही सबसे महत्त्वपूर्ण लक्षण है। जब तक आप अपनी सोच को सकारात्मक नहीं रखते, तब तक आप जीनियस नहीं कहला सकते। इस लक्षण के अभाव में अन्य लक्षण भी आपको जीनियस बनने में सहायक नहीं हो सकेंगे।

स्रोत : 'पी.एम.ए. साइंस ऑफ सक्सेस कोर्स,' पृष्ठ 29-30

□

: 32 :

"भले ही हम कहीं भी हों, कैसे भी हालात में क्यों न हों, हमारी ओर से दयालुता का बरताव बनाए रखना बहुत महत्त्व रखता है। आप कभी नहीं जान सकते कि इससे जीवन में कैसा प्रभाव पड़ सकता है और यह बाकी जीवन में आपको कहाँ तक ले जाएगा, आप इसे आजमाए बिना कुछ नहीं जान सकते।"

—किप डेविस

मदद करने की इच्छा रखना, उचित प्रकार की मदद देना, मदद पानेवाले पर भार न डालना, आपको भलाई का कोई भी काम करने से पहले इन तीनों बातों पर अच्छी तरह विचार कर लेना चाहिए। किसी को मदद देने से पहले आपको इस प्रक्रिया की प्रकृति को मदद पानेवाले के नजरिए से भी समझना होगा।

क्या कभी ऐसा हुआ कि आपने किसी के प्रति दयालुता दिखाई और आपको बातें सुननी पड़ीं? क्या आपके प्रयास विफल रहे या आपका नाजायज फायदा उठाया गया? क्या लोगों ने आपकी मदद नकार दी या इस तरह पेश आए, मानो उनका नौकर बनना ही आपकी किसमत में लिखा है? यदि ऐसा है तो आपको अपने लिए एक सीमारेखा पता होनी चाहिए, ताकि हर कोई आपको पायदान बनाकर न निकल जाए।

मदद करने की इच्छा रखना, उचित प्रकार की मदद देना, मदद पानेवाले पर भार न डालना, आपको भलाई का कोई भी काम करने से पहले इन तीनों बातों पर अच्छी तरह विचार कर लेना चाहिए। किसी को मदद देने से पहले आपको इस प्रक्रिया की प्रकृति को

मदद पानेवाले के नजरिए से भी समझना होगा। दूसरों और अपनों की भलाई के लिए आपको इसे जानना ही होगा।

1. आप मदद क्यों करना चाहते हैं?

इस प्रश्न का उत्तर देने के लिए यह निश्चित करें कि आपका उद्देश्य पूरी तरह से साफ है और इसमें कोई छिपी हुई मंशा नहीं है। कई बार लोग दूसरों की भलाई तो करना चाहते हैं, पर इसके पीछे उनके उद्देश्य छिपे होते हैं और इस तरह कर्म उत्पन्न होते हैं; जैसे अगर आप तत्काल लाभ पाने के लिए किसी को सहायता दे रहे हैं तो आपकी दयालुता घट जाएगी, क्योंकि मदद पानेवाले को उसका पूरा लाभ नहीं मिलेगा। पहले अगर आप यह देखते हैं, 'इससे मुझे क्या लाभ होगा?' और आप केवल देने के लिए नहीं, बल्कि कुछ पाने के लिए दे रहे हैं तो इससे कोई लाभ नहीं होनेवाला। आपको अपने हितों को पीछे करना होगा, अगर पूरी तरह से खत्म न भी कर सकें तो उन्हें दूसरे नंबर पर तो ला सकते हैं।

2. उचित प्रकार की मदद क्या है?

आपको सबकुछ अपने नजरिए से देखने से ही परेशानी हो सकती है। आपके लिए जो सही है, वही दूसरे के लिए पूरी तरह से गलत हो सकता है। मिसाल के लिए जब आप यह मान लेते हैं कि किसी को आपकी मदद चाहिए, तो पहले यह देखें कि क्या वाकई उन्हें आपकी मदद चाहिए। कई बार लोग कुछ कामों को अपने आप करना चाहते हैं, उन्हें सहायता की अपेक्षा ही नहीं होती। जैसे आप कार चलाने की मिसाल ही लें। हो सकता है कि आप किसी स्थान पर जल्दी जाना चाहें और आपके दोस्त के मन में यह बात हो सकती है कि वह धीरे-धीरे कार चलाते हुए आस-पास के दृश्यों का नजारा लेते हुए चले। उसे तेजी से चलती कार पसंद न हो। कौन सा तरीका बेहतर है? दोनों ही अच्छे हैं। अगर आप किसी दोस्त के लिए कार चला रहे हैं, तो आपको उनके बताए मार्ग से ही चलना चाहिए। इस तरह आप दोनों को इस स्थिति से लाभ होगा।

3. क्या आप मदद पानेवाले को बहुत भावुक कर रहे हैं?

हर किसी के भीतर लगी घड़ी अलग तरह की होती है। आपको जो सही और सटीक दिखता हो, वही दूसरे को अटपटा और विचित्र लग सकता है। सामनेवाले

की प्रतिक्रिया के हिसाब से अनुमान लगाएँ कि वह आपकी मदद को किस रूप में ले रहा है ? किसी व्यक्ति को केवल इसलिए उदारता न दिखाएँ कि इससे आपको भला लगता है। अगर सामनेवाला आपको संकेत दे रहा है कि बस आपकी ओर से बहुत हो गया, तो उसी समय कदम पीछे हटा लें। उस समय उनपर अपनी दयालुता थोपने की कोशिश न करें। तुम्हें जानना होगा कि अब सीमा पार हो चुकी है।

जब आप अपनी उदारता दिखाने से पहले इन छोटे-छोटे नियमों को ध्यान में रखेंगे, तो आप अपने हित की बजाय सही मायनों में उनके हितों की रक्षा कर सकेंगे। और यही दयालुता है। जैसा कि कहा गया है, 'दोस्त पाना चाहते हैं, तो दोस्त बनें।'

प्रभावी उत्प्रेरक

—नेपोलियन हिल

दूसरों की मित्रता प्रभावी उत्प्रेरक का काम कर सकती है। बहुत से लोग ऐसे होते हैं, जो दूसरों से बात करने के बाद अपनी समस्याओं को बेहतर तरीके से समझ सकते हैं। मित्रता नए विचारों, विविध दृष्टिकोणों, बौद्धिक व नैतिक समर्थन का माध्यम बन सकती है। हास्य के स्रोत के तौर पर यह आपके लिए तनाव भी दूर करती है। हँसने से आपके भीतर ऊर्जा और जीवंतता का प्रवाह पैदा होता है।

किसी भी बच्चे के चरित्र-निर्माण में उसका अपने माता-पिता से आत्मीय संबंध का गहरा नाता होता है। यह खेद की बात है कि माता-पिता अकसर ऐसे संबंध को विकसित करने के लिए पर्याप्त समय व ऊर्जा का निवेश नहीं कर पाते।

जंगली पशु-पक्षी प्रेमी और जंगली पशुओं और पक्षियों के बीच भी कई बार ऐसी मित्रता देखने को मिलती है। वे पहचान जाते हैं कि सामनेवाला व्यक्ति उनसे स्नेह रखता है और उनका संबंध और भी गहरा हो जाता है और वे अपनी इच्छा से उस व्यक्ति में विश्वास दिखाने लगते हैं।

मित्रता को आप केवल लोगों के सामाजिक नाते के रूप में नहीं ले सकते, यह उससे भी कहीं परे है। मित्रता इनसानों को एक-दूसरे के नजदीक लाती है। यह आपसी विश्वास, साहस, उत्साह, कल्पना, निजी पहल आदि को प्रोत्साहित करती है।

मास्टरमाइंड संबंध मन के लिए शक्तिशाली उत्प्रेरक बनते हैं। इस तरह के संबंध रखनेवाले लोग जीवन के अनेक क्षेत्रों में सफल होते पाए गए हैं। मास्टरमाइंड

नियम के अधीन बहुत से लोग अपनी बुद्धिमत्ता के साथ एक होते हैं और एक निश्चित उद्देश्य पाने के लिए अपनी शक्तियों पर केंद्रित होते हैं। यह ऐसे साधन भी देता है, जिनके माध्यम से इस दर्शन के अन्य सोलह नियम भी एक साथ व्यवस्थित और निर्देशित किए जा सकते हैं, ताकि एक सुनिश्चित लक्ष्य पाया जा सके।

मास्टरमाइंड नियम अनेक मस्तिष्कों का एक साथ लाने का माध्यम बनते हुए एक प्रभावी उत्प्रेरक की भूमिका निभाता है।

आपातकाल के दौरान सामूहिक रूप से कष्ट को वहन करने से मन को बहुत शांति का अनुभव होता है। इस तरह लोग अपने मन की शक्तियों को केंद्रित करते हैं और इसे अपने कष्ट के निवारण के लिए प्रयुक्त कर पाते हैं।

आत्म-परामर्श भी ऐसा ही एक माध्यम है, जिससे प्रत्येक व्यक्ति अपने मन को निरंतर उत्प्रेरित कर सकता है। दुर्भाग्यवश मन को हम अधिकतर नकारात्मक आत्म-परामर्शों में ही उलझाए रखते हैं। इनमें वे विचार और स्थितियाँ शामिल होते हैं, जो व्यक्ति अपने लिए नहीं पाना चाहता—भय, चिंताएँ, घृणा, ईर्ष्या, लोभ और अंधविश्वास।

आत्म-परामर्श भी ऐसा ही एक माध्यम है, जिससे प्रत्येक व्यक्ति अपने मन को निरंतर उत्प्रेरित कर सकता है। दुर्भाग्यवश मन को हम अधिकतर नकारात्मक आत्म-परामर्शों में ही उलझाए रखते हैं। इनमें वे विचार और स्थितियाँ शामिल होते हैं, जो व्यक्ति अपने लिए नहीं पाना चाहता—भय, चिंताएँ, घृणा, ईर्ष्या, लोभ और अंधविश्वास।

स्रोत : 'पी.एम.ए. साइंस ऑफ सक्सेस,' पृष्ठ-455 और 456

□

: 33 :

"हर दिन, हर समय, हमारे पास केवल एक ही चुनाव होता है और वह चुनाव है—क्या मेरे इस काम या कथन के पीछे प्रेम काम कर रहा है या यह मेरे भय की उपज है?"

—ब्राड जस्टिस

अभी वर्ष के प्रारंभ को बहुत देर नहीं हुई, आप आसानी से अपने लक्ष्यों का आकलन करके जान सकते हैं कि आपने क्या प्रगति की है? आज का दिन भी किसी नए काम के आरंभ के लिए उतना ही शुभ है, जितना नए साल का दिन था। आप अपने किसी ऐसे लक्ष्य को आगे लाने का प्रयास क्यों नहीं करते, जिसे अभी तक उद्‌देश्य की गहनता न मिलने के कारण ही आगे आने का अवसर नहीं मिला। बस आपकी ओर से जरा सी काररवाई आपको सफलता की ओर ले जा सकती है। यह एक खेल की तरह भी हो सकता है, जिसे आप अपने साथ खेल सकते हैं, मानो आप किसी गुल्लक में किसी खास अवकाश पर जाने के लिए पैसे जमा कर रहे हों या यह एक खाता खुलवाने जैसा भी हो सकता है, जिसमें आप अपने किसी सपने को पूरा करने के लिए पैसा जोड़ने जा रहे हों। छोटा हो या बड़ा, अगर आप आज से आरंभ करते हैं तो एक न एक दिन आपका लक्ष्य पूरा हो ही जाएगा। स्वयं को अपने भविष्य की ओर कदम बढ़ाने की चुनौती दें, ताकि आप अपने लक्ष्य को साकार होता हुआ देख सकें।

'अगर आप योजना में असफल रहे तो आपने असफल होने की योजना बना ली है।' योजना बनाना इतना कठिन नहीं होता, पर कई लोग यह काम इसलिए भी नहीं कर पाते; क्योंकि वे किसी चीज को लिखने से कतराते हैं। जब आप

किसी बात को लिख लेते हैं तो आपने उसे पूरा करने की दिशा में पहला कदम बढ़ा दिया है। इस तरह आप अपने अवचेतन मन को लिखकर पक्का यकीन दिला रहे हैं कि आपका लक्ष्य क्या है और आप अपने लिए क्या चाहते हैं? लक्ष्य नियोजन व मानसिक चित्रण के माध्यम से आप व्यवहार का एक ऐसा ढाँचा रच देते हैं, जिसे बार-बार दोहराने से आपका मस्तिष्क आपको एक निश्चित उद्‌देश्य तक ले जाता है। भले ही इसे सैकड़ों या हजारों बार क्यों न दोहराना पड़े, परंतु जब यह होता है तो ऐसा जान पड़ता है कि यह निरंतर चलनेवाली प्रक्रिया थी। आप जानते थे कि ऐसा होगा, परंतु उससे पहले आपको अपने अवेचतन मन में उस पौधे को अंकुरित करने और उसे फलने-फूलने देने का अवसर देना था, ताकि वह साकार रूप में सामने आ सके।

लक्ष्य नियोजन व मानसिक चित्रण के माध्यम से आप व्यवहार का एक ऐसा ढाँचा रच देते हैं, जिसे बार-बार दोहराने से आपका मस्तिष्क आपको एक निश्चित उद्‌देश्य तक ले जाता है। भले ही इसे सैकड़ों या हजारों बार क्यों न दोहराना पड़े, परंतु जब यह होता है तो ऐसा जान पड़ता है कि यह निरंतर चलनेवाली प्रक्रिया थी।

नेपोलियन हिल द्वारा उद्‌धृत कविता से एक विचार—

'चप्पू सँभालो, अपनी नाव धार में छोड़ो और अपनी नियति को स्वयं रचो।'

कविता में जॉन कैंडरिक बैंग्स भी यही आशय प्रकट करते हैं कि 'मैं अपना जहाज आने की प्रतीक्षा नहीं करूँगा। जो किसी अज्ञात सागर की ओर जा रहा है। मैं अपना बेड़ा खुद तैयार करूँगा और उसे समंदर में उतार दूँगा। मैं तब तक उसे चलाता रहूँगा, जब तक उस बंदरगाह तक नहीं पहुँच जाता, जहाँ बहुत से मालवाहक जहाज और दूसरे लोग प्रतीक्षारत हैं। मैं हर हाल में अपनी यात्रा पर जाने के लिए पूरे साहस के साथ तैयार हूँ।'

आपका स्वतंत्र फंड

—नेपोलियन हिल

एक नवयुवक गोल्डन रूल और एक्स्ट्रा माइल जानेवाले नियम को अपनाने के बावजूद अपने नियोजक से कोई प्रतिक्रिया नहीं ले पा रहा था। युवक को

अगर तुम्हारे पास वह प्रतिभा है, जो हमें लगता है कि तुम्हारे पास है, तो वह समय अनिवार्य तौर पर आएगा, जब तुम निश्चित रूप से मुझे आकर कहोगे कि तुम मुझसे अलग होना चाहते हो। मैं तुमसे कहना चाहता हूँ कि स्वयं को उन क्षणों के लिए तैयार करो, जब तुम्हारे भीतर यह भावना इतनी बलवती हो जाए कि उसके सामने सब फीका हो जाए और तुम अपना काम करना चाहो।

लगा कि उसे नियोजक से कहना चाहिए कि वह उसके स्थान पर किसी दूसरे को नियुक्त कर ले, परंतु वह अपने लिए थोड़ा पैसा जमा करने तक यह निर्णय नहीं ले सकता था। पूरे एक साल तक पति और पत्नी ने पैसा जमा किया। फिर उसने आत्म-अस्वीकृति से भरा एक वर्ष बिताने के बाद ठीक वही किया, जो उसे करना था।

उसने अपना काम खोला और अपने पिछले नियोजक का प्रतिद्वंद्वी बन गया। उसने बहुत अच्छा व्यवसाय किया। अब उसके संयंत्र में यह परंपरा है कि हर नए व्यक्ति को नौकरी पर आने से पहले उससे मिलने आना होगा। इस दौरान वह उसे अपने व्यवसाय के आरंभ के बारे में बताता है। वह नए कर्मचारी से कहता है, ''अगर तुम्हारे पास वह प्रतिभा है, जो हमें लगता है कि तुम्हारे पास है, तो वह समय अनिवार्य तौर पर आएगा, जब तुम निश्चित रूप से मुझे आकर कहोगे कि तुम मुझसे अलग होना चाहते हो। मैं तुमसे कहना चाहता हूँ कि स्वयं को उन क्षणों के लिए तैयार करो, जब तुम्हारे भीतर यह भावना इतनी बलवती हो जाए कि उसके सामने सब फीका हो जाए और तुम अपना काम करना चाहो। अपना एक खाता खोलो और उसमें नियमित रूप से एक राशि जमा करो। तुम इसे अपना स्वतंत्रता फंड कह सकते हो और इस तरह बचत भी एक आनंद हो जाएगी।''

आप सारे संसार में भी खोज लें तो ऐसे कर्मचारियों को नहीं ढूँढ़ सकेंगे, जो उसके यहाँ काम करते हैं, वे अपने बॉस के लिए मन में सच्चे आदर का भाव रखते हैं। उनके पास अपने स्वतंत्रता फंड हैं और उन्हें किसी भी समय नौकरी छोड़कर जाने की पूरी आजादी है। बॉस भी अपने कर्मचारियों के साथ पूरे सम्मान के साथ पेश आता है, इसलिए वह अपने उपयोगी कर्मचारियों को सँभालकर रखता है। वह उन्हें छोड़कर जाने का कोई बहाना नहीं देता।

यह कहानी हमें बताती है कि एक्स्ट्रा माइल जानेवाले नियम को थोड़ा अलग तरीके से अपनाकर भी लाभ पाया जा सकता है। इससे आपसी गर्व

और स्वतंत्रता का भाव पैदा होता है। प्रति व्यक्ति उत्पादन बढ़ता है, कंपनी के लाभ बढ़ते हैं, कर्मचारियों को अच्छे वेतन मिलते हैं और कंपनी के संगठन में अमरीकावाद के सिवा कोई 'वाद' अपनी घुसपैठ नहीं कर सकता।

स्रोत : 'पी.एम.ए. साइंस ऑफ सक्सेस,' पृष्ठ 153-54

□

: 34 :

''खेल अधिकारियों व निर्णायकों को अपने पेशे की प्रकृति के अनुसार डॉ. हिल का छात्र बनना चाहिए।''

—रिच विनोग्राद

एक देश के रूप में संयुक्त राज्य अमरीका असफलताओं और संकट को संपत्ति और अवसरों में बदलने की कला जानता है। किसी देश का भविष्य उसके पराजय के अनुभवों में नहीं, बल्कि असफलताओं पर जीत पाने में छिपा होता है। हर हार में भी एक सबक छिपा है। जब हम यह सीख लेते हैं कि किसी तूफान से कैसे निपटना है या इससे कैसे लाभ उठाना है, तब हमें एक देश के रूप में प्रगति करना आ जाता है।

अपनी कमियों के लिए भी यही सच होता है। हमारे हर संकट के पीछे कोई-न-कोई पाठ होता है। जब कुछ बुरा हो जाए तो बेहतर प्रतिक्रिया यही होती है कि आँखों में आँखें डालकर उसका सामना किया जाए। हमें दुश्मन को अच्छी तरह पहचान लेना चाहिए और जब हम एक बार उसे एक नाम और पहचान दे देते हैं तो हम देख सकते हैं कि स्थिति का समाधान कैसे निकाला जा सकता है।

संकट और पराजय का एक हिस्सा दुर्भाग्य के कारण में छिपा है। यदि हम कारण जानते हैं तो नतीजे का अनुमान लगा सकते हैं। भले ही ताजा हालात पिछला हस्तक्षेप लगे,

संकट और पराजय का एक हिस्सा दुर्भाग्य के कारण में छिपा है। यदि हम कारण जानते हैं तो नतीजे का अनुमान लगा सकते हैं। भले ही ताजा हालात पिछला हस्तक्षेप लगे, परंतु आगे की काररवाइयाँ नतीजों को नकारात्मक से सकारात्मक में बदल सकती हैं।

परंतु आगे की काररवाइयाँ नतीजों को नकारात्मक से सकारात्मक में बदल सकती हैं। यही वजह है कि हमें अपनी पराजय का आकलन करना चाहिए, ताकि हम नतीजों के ढाँचे में बदलाव ला सकें।

इतिहास साक्षी है कि ऐसे देश ही जीवित रह सके, जिन्होंने अपने चुनावों का परीक्षण किया। इस तरह भावी भूलों को टाला जा सकता है और अतीत कोई मृत्युदंड न बनकर एक सीख पानेवाला अनुभव हो सकता है। अपने में चल रहे विचारों को निर्देशित करते हुए आप तूफान को भी अपने पक्ष में कर सकते हैं और पूरा देश ऐसा कर सकता है। जैसे-जैसे हमारी सजगता बढ़ती है, हमारे प्रत्युत्तर में भी वृद्धि होती है। जो कुछ पहले एक आदत और हालात के बस में था, उसे आप सुनियोजित रूप से प्रस्तुत कर सकते हैं। जब कोई व्यक्ति थमकर कुछ सोचने का निर्णय लेता है, तो हो सकता है कि दूसरे भी ऐसा ही करें और इससे उच्चतर सजगता और चेतना का जन्म हो।

आरंभ करने के लिए अपने द्वारा किए जानेवाले चुनावों पर गौर करें। क्या आप अचानक उन्हें लेते हैं या पूरी तरह से सोचने-समझने के बाद ही अमल में लाते हैं। जब कोई चुनाव सोच-समझकर किया जाता है तो हम उसे अपनी नियति से भी जोड़ सकते हैं। यह कोई छोटी सजगता नहीं है। जब हम यह जान जाते हैं कि हम जो सोचते हैं, वही बनते हैं, तो इससे न केवल हमारा जीवन बदल जाता है, परंतु इस ग्रह पर रहनेवाले दूसरे लोगों का जीवन भी बदलता है। हम एक के बाद एक पराजय का अनुभव करने के बाद भी अपने लिए एक बेहतर भविष्य की कामना कर सकते हैं। पहले सोचें, फिर काम करें। आपके लिए यह सूत्र बहुत कारगर हो सकता है। इसे ही अभ्यास में लाने का प्रयत्न करें। आपके जीवन में उसी दिन से बदलाव आने लगेगा।

असफलता और संकट

—नेपोलियन हिल

असफलता और संकट बहुत से लोगों को अवसरों की ओर ले जाते हैं, जिन्हें वे संभवत: अनुकूल दशाओं में न पहचान पाते।

एक व्यक्ति अपनी पराजय के लिए क्या मानसिक रवैया रखता है, वही तय करता है कि वह संकट के बादलों पर सवार होकर पार हो जाएगा या उसे हालात

की वर्षा का सामना करना पड़ेगा।

दरअसल सफलता और असफलता को अलग करनेवाले हालात इतने सूक्ष्म हैं कि उनके असली कारण को उपेक्षित नहीं किया जा सकता। कोई व्यक्ति अस्थायी पराजय में कैसे पेश आता है, उससे ही अनुमान लगाया जा सकता है कि दूसरे संकटों के लिए भी उसका रवैया क्या होना चाहिए। सकारात्मक मानसिक रवैए का इनसान अपनी पराजय के आगे आसानी से झुकने को तैयार नहीं होता। नकारात्मक मानसिक रवैए का इनसान असहाय स्वीकृति के साथ हालात को अंगीकार कर लेता है।

सकारात्मक मानसिक रवैए के साथ व्यक्ति जो भी ठान लेता है, उसे आसानी से पा सकता है। केवल उसकी इच्छा ईश्वरीय नियमों के विरुद्ध नहीं होनी चाहिए। भले ही वह पराजय का सामना करे, पर वह उसे स्वीकार नहीं करेगा। वह उसे अपने लिए सफलता के पथ पर चलनेवाले पायदान में बदल देगा।

सकारात्मक मानसिक रवैए का यह विषय इतना महत्त्व रखता है कि इसे बारह संपदाओं में से पहले नियम के रूप में मान्यता दी गई है और साथ ही सुखद व्यक्तित्व के नियम में भी शामिल किया गया है। इस कोर्स के हर नियम में इसके बारे में चर्चा की जाती है।

एक सकारात्मक मानसिक रवैया उस कुंजी का अनिवार्य हिस्सा है, जो सारी निजी समस्याओं के द्वार खोलता है। यह इस चाबी की जादुई विशेषता है, जो सफलता को अपनी ओर उसी तरह आकर्षित करती है, जिस तरह चुंबक लोहे की कतरनों को अपनी ओर खींचती है।

सफलता का सारा सूत्र इसी रहस्य में छिपा है कि आप अपने सकारात्मक मानसिक रवैए के साथ अपनी पराजय के बावजूद उस पराजय को अपने लिए संपदा में कैसे बदल सकते हैं।

स्रोत : 'पी.एम.ए. साइंस ऑफ सक्सेस कोर्स,' पृष्ठ–395–96

□

: 35 :

"मैंने लक्ष्य को छोटा और सुनिश्चित बनाना सीखा। एक बार में एक कदम उठाएँ और इसे हौले से जमा लें।"

—हानसांग झांग

जैसा कि आप जानते होंगे, नेपोलियन हिल का दर्शन अंतरराष्ट्रीय स्तर पर विख्यात रहा है। जब भी मेरे तकनीकी सहायक गुआंग चेन काम पर आते हैं, तो यह बात मुझे याद आ जाती है। उनका जन्म चीन के शंघाई में हुआ, अब वे अपनी पत्नी जिंग के साथ इंडियाना के हेमंड में रहते हैं। उनकी पत्नी ने कॉलमेट यूनिवर्सिटी से स्नातक की पढ़ाई पूरी की है। एलेन गुआंग चेन तब से नेपोलियन हिल वर्ल्ड लर्निंग सेंटर के लिए काम कर रहे हैं, जब वे इंजीनियरिंग के स्नातक छात्र थे। इस बार कैंपस में सत्र के दौरान हमारे साथ सैकड़ों चीनी छात्र भी थे, जो अपनी डिग्री लेने के साथ-साथ हमारी अमरीकी संस्कृति के बारे में भी जानना चाहते हैं। इनमें से बहुत से छात्रों ने नेपोलियन हिल के दर्शन का अध्ययन किया है, क्योंकि उन्हें चीन में भी इनके बारे में बताया गया और जब उन्हें यहाँ इसे पढ़ने का अवसर मिला तो उनकी प्रसन्नता का ठिकाना नहीं रहा।

ऐसा ही एक छात्र है—हानसांग। वह हमारा उत्साही छात्र होने के अलावा और भी कई तरह के डिग्री कोर्स कर रहा है। वह आत्म-विकास के प्रेरक दर्शनों की अधिक-से-अधिक जानकारी पाना चाहता है। वह अपने रोजमर्रा के जीवन में डॉ. हिल के सिद्धांतों और नियमों को उतारने के लिए कड़ी मेहनत करता है। वह इन नियमों का सार पाने के बाद पूर्वी और पश्चिमी संस्कृति का मेल करने में सफल रहा। वह अपने लिए ऐसी संपदा एकत्र कर रहा है, जो आजीवन उसके काम आएगी। मैं डॉ. हिल और उसके व्यक्तिगत विचारों के मेल से निकली

इस वैश्विक अर्थव्यवस्था तथा संसार में अगर सभी थोड़ी सी सामान्य बुद्धि, सामान्य शिष्टाचार तथा सामान्य से स्पर्श का अभ्यास कर सकें तो एक असाधारण जीवन पाया जा सकता है। हानसांग और ऐलन ने अपनी सफलता के पथ पर चलने के नियम सीखे हैं।

सोच को देखकर दंग रह गई। वह एक शिक्षित और होनहार युवक है और इन नियमों को व्यावहारिक जीवन में उतारने का अभ्यास कर रहा है।

ये चीनी छात्र अपनी बोली में डॉ. हिल के नियमों को सीखते हुए एक ऐसे जीवन के लिए स्वयं को तैयार कर रहे हैं, जो अपने आप में संपूर्ण होगा। मैं चाहती हूँ कि बाकी सभी छात्रों को भी यह लाभ मिले। इससे कोई अंतर नहीं पड़ता कि डॉ. हिल की तकरीबन बातों को 'सामान्य बुद्धि' माना जाता है। अहम बात यही है कि हम इसे न केवल समझें, बल्कि अपने जीवन में भी उतारें। शायद यही वजह है कि एक देश की तुलना में दूसरा देश नेतृत्व हासिल करता है।

इस वैश्विक अर्थव्यवस्था तथा संसार में अगर सभी थोड़ी सी सामान्य बुद्धि, सामान्य शिष्टाचार तथा सामान्य से स्पर्श का अभ्यास कर सकें तो एक असाधारण जीवन पाया जा सकता है। हानसांग और ऐलन ने अपनी सफलता के पथ पर चलने के नियम सीखे हैं। दूसरे युवकों के लिए क्या कहा जा सकता है ? क्या अब समय नहीं आ गया कि उनके साथ बैठकर इनके बारे में चर्चा की जाए। शायद आप इसे अपने घर या स्थानीय समुदाय से आरंभ कर सकते हैं। अगर हर व्यक्ति एक व्यक्ति को इसे सिखा सके तो इसका विस्तार होगा और यह संसार एक बार में एक होनहार छात्र तक पहुँचते हुए रहने के लिए बेहतर स्थान बन जाएगा।

एक महत्त्वपूर्ण सावधानी

—नेपोलियन हिल

अपने जीवन में लक्ष्य को नियत रखें और उसके अनुसार ही अपनी योजना तैयार करें। अपने शुभचिंतकों के सिवा किसी दूसरे से इस बारे में बात न करें। जो लोग इसमें दिलचस्पी नहीं रखते, वे आपकी उत्साह और मनोबल को तोड़ सकते हैं। कहते हैं न, 'जिस भाप से सीटी बजती हो, वह कभी इंजन को आगे नहीं ले जा सकती।'

रसोई में उबलनेवाले पानी की केतली को गौर से देखें। अगर आप इसके ऊपर ढक्कन रख दें तो जमा होनेवाली भाप अपनी ताकत से ढक्कन को भी उड़ा देगी। आपको भी अपने उद्देश्य और योजना की भाप जमा करनी होगी और इसे फालतू बातों में व्यर्थ होने से बचाना होगा।

एक और कारण—आपको अपनी योजनाओं को छिपाकर रखना होगा, जो आपसे सहानुभूति नहीं रखते, उन्हें आपको पराजित करने का बहाना मिल जाएगा। वे लोग ईष्या, घृणा और नकारात्मक भावों का प्रसार करते हैं और आपके व आपके नियत उद्देश्य का उपहास करने में कोई कसर नहीं रखते। उन्हें अपना मजाक न उड़ाने दें। उनके नकारात्मक प्रभाव से अपना बचाव करें। कई बार आपके अपने ही परिवार के लोग भी आपके आत्म-विश्वास को तोड़ते हुए आपके आत्म-सुधार के उपायों को हतोत्साहित कर सकते हैं।

इस संसार में ऐसे भी लोग हैं, जिनके पास दूसरों के रास्ते में बाधा डालने के सिवा कोई काम नहीं है। अगर उन्हें आपका रास्ता पता चले तो वे आपके रास्ते में लेट जाएँगे, ताकि आप लड़खड़ा कर गिर जाएँ। अगर आप उन्हें ये सब नहीं बताएँगे तो वे आपका अहित नहीं कर सकते। अपने लक्ष्यों और योजनाओं के साथ दिन-रात मानसिक जुड़ाव महसूस करें। उनके साथ ही खाएँ, सोएँ और उन्हें अपने साथ बनाए रखें। यह न भूलें कि आपकी नींद में भी आपका अवचेतन मन लक्ष्य की प्राप्ति की दिशा में अपना काम करता रहता है। अपने मन को उन बातों पर केंद्रित करें, जिन्हें आप पाना चाहते हैं, उन बातों पर केंद्रित न करें, जिन्हें आप नहीं पाना चाहते।

अपने लक्ष्यों और योजनाओं के साथ दिन-रात मानसिक जुड़ाव महसूस करें। उनके साथ ही खाएँ, सोएँ और उन्हें अपने साथ बनाए रखें। यह न भूलें कि आपकी नींद में भी आपका अवचेतन मन लक्ष्य की प्राप्ति की दिशा में अपना काम करता रहता है। अपने मन को उन बातों पर केंद्रित करें, जिन्हें आप पाना चाहते हैं, उन बातों पर केंद्रित न करें, जिन्हें आप नहीं पाना चाहते।

स्रोत : 'पी.एम.ए. साइंस ऑफ सक्सेस कोर्स,' पृष्ठ-44-45

□

: 36 :

"अपने संगठन के भीतर काम करनेवालों की सेवा के साथ आरंभ करें और फिर अपने मिशन का एक हिस्सा मानते हुए वही सेवाभाव बाहरवालों के लिए रखें।"

—जॉन होप ब्रयांत

'कुछ पाने से पहले दें,' यह बात कई लोगों के भ्रम का कारण बन सकती है। मुझसे अकसर यह सवाल पूछा जाता है कि ऐसा कैसे संभव हो सकता है। लोग कहते हैं कि वे कुछ पाने से पहले कैसे दे सकते हैं, उनके पास दान करने के लिए कोई बचत नहीं है। उन्हें लगता है कि किसी को दान देने के लिए उन्हें पहले बचत करनी होगी, जो कि वे नहीं कर पाते। वे चाहते हैं कि जब उनके पास पर्याप्त मात्रा में धन हो जाए, तभी वे उसे दूसरों के साथ बाँटें। इस तरह संग्रह की प्रवृत्ति उपजती है, एक समृद्ध प्रवाह की माँग नहीं बनती, जिसमें सबको लाभ होता हो।

नेपोलियन हिल वर्ल्ड लर्निंग सेंटर को हाल ही में 'ऑरगेनो गोल्ड इंटरनेशनल' से दान-राशि मिली और इसके अलावा बहुत से लोगों ने भी दान-राशि देने का वचन दिया है। उन लोगों ने नेपोलियन हिल के इस नियम को अपने कॉरपोरेशन में लागू किया है। उनके लिए यह नियम अभी कारगर है, वे किसी खास पल की प्रतीक्षा में नहीं, वे अभी दान देना चाहते हैं। उन्हें अपने वित्तीय लक्ष्यों की प्राप्ति तक ठहरने का धैर्य नहीं है। इस नियम को व्यावहारिक रूप से लागू करना बहुत महत्त्व रखता है। ऑरगेना गोल्ड कॉरपोरेशन अपनी बचत से देने की बजाय दान देते हुए यह भी स्पष्ट कर रही है कि इस तरह की दानराशि देना उनकी कंपनी के मिशन का अहम हिस्सा है। वे देने के बारे में बाद में विचार नहीं करना चाहते। वे

जीवन में संतुलन से ही सफलता पाई जा सकती है। वित्तीय संपदा सफलता का एक पहलू भर है। मन की शांति, सकारात्मक मानसिक रवैया, अच्छी सेहत, मानवीय संबंधों में तालमेल आदि भी वित्तीय सुरक्षा से पहले महत्त्व रखते हैं।

इसे अपने बाकी कामों के साथ जारी रखना चाहते हैं। उनका मानना है कि इस तरह उनकी कंपनी में धन का प्रवाह बना रहेगा और अंत में सभी इस नियम से लाभान्वित होंगे। वे दानशीलता को केवल अतिरिक्त धन या बचत से नहीं जोड़ते।

हिल का मानना है कि उनके सफलता के दर्शन में यह अवधारणा बहुत महत्त्व रखती है। 'थिंक एंड ग्रो रिच' में उन्होंने कहा कि आपको पाने से पहले देना चाहिए और आप जिस अनुपात में पाना चाहते हैं, उसी अनुपात में देना चाहिए। आप इस सूची में कितने लोगों को शामिल कर सकते हैं ? अगर आप उनका नाम ले सकते हैं तो आपको उनकी सफलता की ऊँचाई भी देखनी चाहिए। याद रखें, जीवन में संतुलन से ही सफलता पाई जा सकती है। वित्तीय संपदा सफलता का एक पहलू भर है। मन की शांति, सकारात्मक मानसिक रवैया, अच्छी सेहत, मानवीय संबंधों में तालमेल आदि भी वित्तीय सुरक्षा से पहले महत्त्व रखते हैं।

हमें अपने विजन और नजरिए को साफ रखते हुए यह देखना चाहिए कि हम क्या योगदान देना चाहते हैं, कुछ पाने की अपेक्षा नहीं रखनी चाहिए।

अतिरिक्त सेवा देने का लाभ

—नेपोलियन हिल

हेनरी फोर्ड ने एक बार एक युवक के बारे में बताया था। वह उनके पास किसी पद के लिए आया था। जब उससे वेतन के बारे में पूछा गया तो वह कोई निश्चित उत्तर नहीं दे सका। उससे कहा गया कि वह काम पर आए और उसे माह के अंत में उसकी योग्यता के अनुसार वेतन मिल जाएगा। वह एकदम बोला, "पर मैं तो पहले ही उससे ज्यादा ले रहा हूँ!" इसमें कोई संदेह नहीं कि उसने उस समय सच ही कहा था।

आपको जो भी काम करने के लिए पैसा दिया जाए, उसे अवश्य करना चाहिए, पर इसके अलावा आपको उस भुगतान से अधिक काम और सेवा देनी चाहिए,

वेतन की माँग को अपनी वित्तीय जरूरतों से नहीं जोड़ना चाहिए। अगर आप खर्चीले हैं और अपने पैसे का उचित प्रबंधन करना नहीं जानते, तो आप अपने वेतन से गुजारा नहीं कर सकते। यह याद रखें कि नियोजक और कर्मचारी दोनों को ही अर्थशास्त्र की बुनियादी बातों को ध्यान में रखना चाहिए।

जो कि आपके आनेवाले समय में सद्भाव का संग्रह करेगा। आप बेहतर पद और भुगतान के अधिकारी होंगे। अगर आप अपनी ओर से यह अतिरिक्त प्रयास नहीं करते, तो जब भी आपका पद या वेतन बढ़ाने की बात होगी तो एक भी व्यक्ति का मत आपके पक्ष नहीं होगा। इस बारे में सोचें तो आपको पता चलेगा कि हमेशा थोड़ा सा अतिरिक्त कार्य और सेवा आपके लिए कितने लाभदायक हो सकते हैं।

वेतन की माँग को अपनी वित्तीय जरूरतों से नहीं जोड़ना चाहिए। अगर आप खर्चीले हैं और अपने पैसे का उचित प्रबंधन करना नहीं जानते, तो आप अपने वेतन से गुजारा नहीं कर सकते। यह याद रखें कि नियोजक और कर्मचारी दोनों को ही अर्थशास्त्र की बुनियादी बातों को ध्यान में रखना चाहिए। अगर आपको लगता है कि आपको अपनी मेहनत और हुनर के लिए पर्याप्त नहीं मिल रहा तो आपको अपने काम को बदलने के बारे में सोचना चाहिए। अगर आपको काम पसंद है तो अपनी ओर से अतिरिक्त काम और सेवा दें, ताकि आपकी अपनी बढ़ी हुई आय की अपेक्षा पूरी हो सके। एक बात तो तय है, अगर आप मिल रहे भुगतान से अधिक कभी कुछ नहीं करेंगे, तो आपको उससे ज्यादा कभी नहीं मिलेगा।

स्रोत : 'पी.एम.ए. साइंस ऑफ सक्सेस,' पृष्ठ–158–59

□

37

''किसी नई आदत या बदलाव की इच्छा जितनी बड़ी होगी, अवेचतन मन उतनी तेजी से उस वांछित व्यवहार को अवचेतन की आदत में बदल देगा।''

—फ्रेंसिस्को मेंडोजा

लूसिया में अलकॉट की कविता 'माई किंगडम' आपको अवश्य पढ़नी चाहिए। इस कविता में उन्होंने कहा है कि मैं एक छोटे से राज्य में रहती हूँ, जहाँ विचार और भावनाएँ रहते हैं और इन पर शासन करना बहुत कठिन है। मैं अपने लिए कोई ताज नहीं चाहती। मैं किसी दुनिया को नहीं जीतना चाहती। मुझे बस केवल अपने भीतर जीत हासिल करनी है।

यह कविता मुझे याद दिलाती है कि हमें दुनिया को बदलने से पहले अपने भीतर सबकुछ बदलना होगा और दूसरों पर शासन करने से पहले अपने पर शासन करने की योग्यता हासिल करनी होगी।

हममें से प्रत्येक अपने ही राज्य का राजा है। हमें अपनी वासनाओं, इच्छाओं और भय पर जीत हासिल करनी है। जब हम इसे हासिल कर लेते हैं, तो सही मायनों में कह सकते हैं कि हम ही इस जगत् को रचनेवाले हैं—हमारा छोटा सा निजी संसार, जिसमें आजीवन हम ही निवास करते हैं और यही हमारे रहने का सबसे महत्त्वपूर्ण स्थान भी है, क्योंकि अगर हम प्रसन्न, उत्पादक और अपने प्रति पोषक नहीं होंगे तो हम दूसरों के प्रति ऐसा भाव कैसे उत्पन्न कर सकते हैं।

अपने भीतर देखने से सफलता के दर्शन को और अच्छी तरह समझा जा सकता है। डॉ. हिल कहते हैं, ''एक दृढ संकल्प शक्ति के साथ आप अवांछित यादों के दरवाजे बंद कर सकते हैं और अपनी मनचाही दिशा में अवसरों के दरवाजे

एक दृढ संकल्प शक्ति के साथ आप अवांछित यादों के दरवाजे बंद कर सकते हैं और अपनी मनचाही दिशा में अवसरों के दरवाजे खोल सकते हैं। अगर पहला दरवाजा खोलने में कठिन लगे तो दूसरा दरवाजा खोलें और इसी कोशिश में कहीं-न-कहीं से भीतर जाने का मार्ग मिल जाएगा।

खोल सकते हैं। अगर पहला दरवाजा खोलने में कठिन लगे तो दूसरा दरवाजा खोलें और इसी कोशिश में कहीं-न-कहीं से भीतर जाने का मार्ग मिल जाएगा।'' वे आगे कहते हैं, ''उद्‌देश्य की निश्चितता उन सबका आरंभिक बिंदु है, जिन्हें मनुष्य प्राप्त कर सकता है। संकल्प-शक्ति और आत्म-अनुशासन मनुष्य को उसके उद्‌देश्य के पास ले जाकर ही दम लेते हैं। आपके पास एक चाबी है और आप उससे क्या करेंगे?''

डॉ. हिल हमें हमेशा याद दिलाते हैं कि जब हम उस राज को जानने के लिए तैयार होंगे तो मास्टर की अपने आप सामने आ जाएगी। क्या वह छिपी चाबी आत्म-अनुशासन जितनी सरल हो सकती है? क्या यह नियम हमारे लिए सफलता के दरवाजे खोल सकता है? किसी भी सफलता की कहानी से जुड़ा रिकॉर्ड देखें और देखें कि आप जिस व्यक्ति का अध्ययन कर रहे हैं, क्या उसने आत्म-अनुशासन का अभ्यास किया? आप जो भी पाएँगे, वह आपको आश्चर्यचकित करने के लिए काफी होगा। यह एक नियम ही आपके लिए सफलता का ताला खोलने की चाबी हो सकता है, पर ताला खोलने का काम तो आपको ही करना होगा।

चिंतन-प्रक्रिया के अनियंत्रित तत्त्व

—नेपोलियन हिल

चिंतन-प्रक्रिया के चार तत्त्व हैं, जिन्हें मनुष्य वश में नहीं कर सकता। आप उन्हें वश में नहीं कर सकते, स्वयं को उनके अनुसार समायोजित कर सकते हैं।

सबसे पहले अनंत बुद्धि। इसे ब्रह्मांडीय नियम में विस्तार से बताया जाएगा। आप अनंत बुद्धि को नियंत्रित नहीं कर सकते। उपलब्ध साक्ष्यों के अनुसार ये सारे विचार ऊर्जा का स्रोत हैं।

अवचेतन मन का यह हिस्सा किसी के भी वश में नहीं होता। यह मनुष्य के चेतन मन और अनंत बुद्धि के बीच का संपर्क है, इसे कोई अनुशासित नहीं कर

सकता। यह अपनी तरह से काम करता है। यह चेतन मन के प्रमुख विचारों पर काम करता है।

अवचेतन मन की एक विलक्षण विशेषता यह है कि यह चेतन मन से आदेश नहीं लेता। यह केवल भावों के आधार पर काम करता है। यह एक वजह है, जिसके कारण भावों पर अनुशासन करना बहुत महत्त्व रखता है।

अवचेतन मन की एक विलक्षण विशेषता यह है कि यह चेतन मन से आदेश नहीं लेता। यह केवल भावों के आधार पर काम करता है। यह एक वजह है, जिसके कारण भावों पर अनुशासन करना बहुत महत्त्व रखता है। अवचेतन मन नकारात्मक भावों को भी उसी तरह ग्रहण करेगा, जिस तरह वह सकारात्मक भावों को ग्रहण करता है। यह इनके बीच अंतर नहीं करना जानता। आप केवल आत्म-अनुशासन के माध्यम से अपने अवचेतन को प्रभावित कर सकते हैं कि वह आपके जीवन के प्रमुख निश्चित उद्देश्य को जाने।

मन का ऐसा तीसरा हिस्सा और है, जिसे वश में नहीं कर सकते, वह है छठी इंद्रिय या टेलीपैथी। इसे आप उन संदेशों कें आदान-प्रदान का स्थान मान सकते हैं, जो सामान्य इंद्रियों से परे स्पंदनों के साथ यात्रा करते हैं। अगर मन को मास्टर माइंड के मेल से उत्तेजित किया जाए तो एक हद तक इन्हें थोड़ा वश में कर सकते हैं।

चौथा विभाग वह है, जिसमें हमारी पाँचों इंद्रियों का बोध शामिल है, इसे भी वश में नहीं कर सकते। ये आपको धोखा दे सकते हैं। आप मोशन पिक्चर, जादू, काउवॉय के करिश्मे आदि में इसका कमाल देख सकते हैं, जहाँ हाथ का कमाल आँखों को भी छल सकता है। आपको निरंतर मन के इन विभागों का विश्लेषण करते रहना चाहिए। ये स्वैच्छिक आदतों से अनुशासित होते हैं।

स्रोत : 'पी.एम.ए. साइंस ऑफ सक्सेस,' पृष्ठ-289-90

□

: 38 :

''एक बार आइंस्टाइन ने कहा था, 'जब एक व्यक्ति पर्याप्त रूप से प्रेरित होगा, तो अनुशासन भी अपने आप ही अपना खयाल रख लेगा।'''

—जस्टिन सेविच

बेहतर होगा कि हम डॉ. हिल के दर्शन की पूरी तसवीर को एक साथ समझने का प्रयास करें, इस तरह हम स्वयं को यह याद दिला सकते हैं कि अपने जीवन में सफलता पाने के लिए हमें प्रत्येक नियम को जीवन में उतारना होगा। उद्‌देश्य की निश्चितता, व्यावहारिक विश्वास, अतिरिक्त प्रयास करना आदि को आप अनिवार्य मान सकते हैं, पर इनके साथ ही शेष तेरह नियमों को भी पूरी प्रभावोत्पादकता लाने के लिए उपयोग में लाया जाना चाहिए। वे आपके केक की सजावट से कहीं ज्यादा हैं। वे भी पहले चार नियमों की तरह प्रभावी हैं और कुल मिलाकर बहुत सार्थक सिद्ध होते हैं।

अपने जीवन में सफलता पाने के लिए हमें प्रत्येक नियम को जीवन में उतारना होगा। उद्‌देश्य की निश्चितता, व्यावहारिक विश्वास, अतिरिक्त प्रयास करना आदि को आप अनिवार्य मान सकते हैं, पर इनके साथ ही शेष तेरह नियमों को भी पूरी प्रभावोत्पादकता लाने के लिए उपयोग में लाया जाना चाहिए।

स्कूली दिनों में अकसर अनुभवजन्य शिक्षा की बात की जाती थी। जैसा कि आप पहले से जानते हैं, इस संसार में कुछ भी नया नहीं है। अनुभवजन्य शिक्षा को आप किसी चीज को लागू करने या व्यवहार में लाने से जोड़ सकते हैं। जब आप किसी भी काम

को अपने हाथों से करते हुए सीखते हैं तो आपके लिए मनचाहा नतीजा पाना सरल हो जाता है। हम सभी जानते हैं कि दोहराव ही कुंजी है। इससे आदत बनती है और आदत ही हमारा भाग्य बनाती है।

हमारे असली जीवन में समस्या यह आती है कि हम कुछ ऐसा कैसे कर सकते हैं, जो दार्शनिक और व्यावहारिक होने के साथ-साथ हमारे कामकाजी जीवन में भी उपयोगी हो सके। डॉ. हिल बताते हैं कि हमें अपने काम के परिणाम के साथ भावों को जोड़ देना चाहिए, पर जब तक हमें अपने भावों को ही परखना नहीं आता, तो वह भी हमारे लिए एक परेशानी बन सकता है।

मैंने अपने दल के साथ मिलकर इस विषय में एक शिक्षण माध्यम बनाया है, जिसमें हमने सफलता के नियमों को संगीत और छवियों के सहारे तीस मिनट के ध्यान ट्यूटोरियल में बदला है। डिजाइन सलाहकार क्रिस लेक ने कलाकार माइक टेलापेरी और कंसर्ट पियानो वादक एंटोनियो कैस्टिलियो डि ला गाला के साथ मिलकर डॉ. हिल के नियमों के वर्णन को पिरोया तो इसके जादुई नतीजे सामने आए।

मैं यह आश्वासन देती हूँ कि अगर आप शांत भाव से कंप्यूटर के आगे बैठकर, इस वीडियो को देखें व सुनें और इक्कीस दिनों तक रोज ऐसा करें, तो आप उससे भावनाओं के माध्यम से जुड़ सकेंगे। अपने मन को शांत और ध्यान की अवस्था में जाने दें, ताकि वह स्वयं को उस सूचना से जोड़ सके, पहले वह आपके चेतन मन का हिस्सा बनेगी और फिर स्वयं ही अवचेतन में प्रवेश पा लेगी। मैं इसे सुबह के समय या रात को सोते समय करने की सलाह दूँगी। इसे बिना किसी बाधा के एकांत में अनुभव करें। स्वयं को दृश्यों व संगीत का अंग बनने दें, ताकि आप इस वास्तविक जगत् में नियमों के साथ ताल-मेल बना सकें।

अगर आपको इसमें दिलचस्पी है तो आप जान लें कि कि मेडीटेशन ऑन प्रिंसीपल ऑफ सक्सेस से होनेवाली सारी आय नेपोलियन हिल वर्ल्ड लर्निंग सेंटर एजुकेशन प्रोग्राम को जाएगी। आप ऐलन चेन को संपर्क कर अपने ऑर्डर दे सकते हैं, वे हमारे मीडिया विशेषज्ञ हैं। उन्हें guangc@hotmail.com पर इ-मेल करें। वे आपको यह बताने में मदद करेंगे कि आपके लिए कौन सा फॉरमेट लेना उचित रहेगा। 19.95 डॉलर के साधारण से निवेश में आप अमूल्य लाभ पा सकते हैं।

अपनी प्रखर इच्छा को कैसे विकसित करें?

—नेपोलियन हिल

अवचेतन मन कुदरती मन का अपरिष्कृत भाग है, जो जन्म से ही हमें प्राप्त होता है। यह सोचने, समझने और तर्क देने का काम नहीं करता। यह मनुष्य जाति के बुनियादी भावों पर तत्काल अपनी प्रतिक्रिया देता है, जिनके बारे में पहले ही चर्चा की जा चुकी है।

अगर आपके चेतन मन में कोई भी सोया हुआ विचार, योजना या उद्देश्य है तो उसे विचारों के दोहराव से भावप्रवण करते हुए प्रखर इच्छा में बदला जा सकता है, तब अवचेतन उसे साकार करने के लिए स्वयं ही प्राकृतिक और तार्किक साधन जुटाने आरंभ कर देता है।

केवल यही एक महत्त्वपूर्ण चीज है, जिस पर आप अपने संपूर्ण मानसिक रवैए के साथ अपना नियंत्रण का अधिकार बनाए रख सकते हैं। इसका मतलब है कि आप इसे वश में करने का हक रखते हैं। आप इसे वश में नहीं करते। इस पाठ में आपको यही सिखाया जा रहा है कि आप एक आदत के तौर पर इस अधिकार का उपयोग कैसे कर सकते हैं।

आप मन के दो भागों—चेतन और अवचेतन के बारे में जानते हैं। चेतन मन में सारा तार्किक चिंतन होता है। यहीं आप तथ्यों पर सारा सोच-विचार करते हैं। यह सूचनाओं और तथ्यों का विश्लेषण कर सकता है, यह अवचेतन के भीतर जानेवाली सामग्री के लिए मार्गदर्शक का काम भी करता है। यह मन का वह हिस्सा है, जिससे आप अपने जीवन का लक्ष्य चुनेंगे, जो आपके अनुभव का नतीजा होगा। हो सकता है कि नवजात शिशु को ऐसी रिकॉर्डिंग पसंद आ सकती है, जिसमें पाँचों इंद्रियों के बोध को दरशाया गया हो, जैसे देखना, सुनना, महसूस करना, सूँघना और चखना। आप इसकी तुलना छिपी हुई मोशन फिल्म से भी कर सकते हैं, जो पाँचों इंद्रियों के माध्यम से सामने आनेवाली छवियों को स्वीकार करने के लिए तैयार है।

अवचेतन मन कुदरती मन का अपरिष्कृत भाग है, जो जन्म से ही हमें प्राप्त होता है। यह सोचने, समझने और तर्क देने का काम नहीं करता। यह मनुष्य जाति के बुनियादी भावों पर तत्काल अपनी प्रतिक्रिया देता है, जिनके बारे में पहले ही चर्चा की जा चुकी है। ये बुनियादी इच्छाएँ सभी मनुष्यों के लिए एक समान हैं।

ये सभी व्यक्तियों के लिए एक समान हैं। तभी तो हम इन्हें समझकर इनका लाभ उठा सकते हैं। हमारे आस-पास के लोगों के बीच अंतर इसलिए होता है, क्योंकि उन्होंने अलग-अलग तरह से अपने सजग मन को प्रशिक्षित कर रखा है। अवचेतन तौर पर इनके भीतर बहुत कम अंतर पाया जाता है।

अवचेतन मन की शक्ति को प्रकट करने के लिए हम आपको कुछ उदाहरण देना चाहेंगे, जिनसे आप परिचित हैं। इसकी तुलना एक गाड़ी और चेतन मन की तुलना एक चालक से हो सकती है। सारी शक्ति चालक नहीं, गाड़ी के भीतर है। चालक गाड़ी के भीतर शक्ति को जगाने और उसे चलाने का तरीका सीखता है। इसी तरह एक व्यक्ति भी सीख सकता है कि अपने अवचेतन मन की शक्ति को कैसे जाग्रत् किया जाए और उसे अपनी मनचाही दिशा में केंद्रित किया जाए। सजग मन एक शिल्पी है, अवचेतन मन में वह सारी सामग्री भरी है, जो किसी परियोजना के निर्माण के लिए काम आ सकती है। सजग मन ही योजना बनाकर यह तय करता है कि क्या किया जाना चाहिए। अवेचतन मन ऐसा करने की शक्ति विकसित करता है।

हममें से कोई भी अवेचतन मन के बारे में बहुत अधिक नहीं जानता। हालाँकि हम यह जानते हैं कि यह कैसे काम करता है। हम इतना जानते हैं कि हमारे मन में कुछ ऐसे लक्षण हैं, जो कैमरे की संवेदनशील फिल्म की तरह काम करते हैं। यह एक सशक्त भाव की मदद से सजग मन की ओर से मिली किसी भी छवि को ग्रहण कर सकता है। सजग मन मानसिक कैमरे के लिए लेंस का काम करता है। यह आपकी इच्छित वस्तु की प्रकाश किरणों को संग्रह कर केंद्रबिंदु तक लाता है। अगर आप कैमरे से अच्छी तसवीर पाना चाहते हैं तो आपको फोकस को शार्प करना होगा। इसके लिए उचित समय और एक्सपोजर भी बहुत महत्त्व रखते हैं।

स्रोत : 'पी.एम.ए. साइंस ऑफ सक्सेस,' पृष्ठ-26-28

□

: 39 :

"जब एक बार मैंने यह मान लिया कि मैं धनी हो सकता हूँ तो इस बारे में मेरी सोच ही बदल गई।"

—कोरेन मोटकेटिस

साक्षर होना बहुत अच्छी बात है। अगर आप साक्षर होंगे तो सरलता से पठनीय सामग्री से अपने काम की जानकारी निकाल सकते हैं। मैं पठन-पाठन और इससे मिलनेवाले सकारात्मक नतीजों में इतना विश्वास रखती थी कि मैं अपने शैक्षिक कॅरियर के आरंभिक दौर में ही रीडिंग स्पेशलिस्ट बन गई थी। मैं सबकुछ जानना चाहती थी, ताकि छात्रों को एक बेहतर पाठक बनने में सहायता कर सकूँ; साथ ही यह भी जान सकूँ कि किसी सटीक पाठ्य में से उपयुक्त जानकारी कैसे निकाली जा सकती है। मैंने 'कांटेंट एरिया रीडिंग' नामक विषय का अध्ययन किया, जिसने ऐसी तकनीकें विकसित कीं, जिनके माध्यम से पाठक किसी पुस्तक, पाठ, कविता, मार्गदर्शिका या पठनीय सामग्री से सार्थक जानकारी एकत्र कर सकता है। मैंने बहुत उपयोगी जानकारी पाई, जिसने मुझे हमेशा मनचाही जानकारी एकत्र करने में सहायता की और इससे भी अहम बात यह थी कि मैं अपने छात्रों को भी ऐसी ही सहायता देने में सफल रही।

एक और प्रकार की साक्षरता होती है, जिसे वित्तीय साक्षरता कहा जाता है। यह भी पहली साक्षरता जितना ही महत्त्व रखती है। इसके दौरान आपको अपने जीवकाल में संपदा व धन से जुड़ी सारी जानकारी का ज्ञान रखना होता है। बहुत से छात्र वित्तीय साक्षरता नहीं पाना चाहते, क्योंकि उनके मन में यह धारणा हो सकती है कि वे धनी बनने के लिए नहीं जनमे। जब धन को उचित रूप में नहीं समझा जाता तो उसका रूप ही अनुचित बनकर सामने आता है। एक बार एक व्यावसायिक व्यक्ति ने मुझसे कहा

कि वह 'थिंक एंड ग्रो रिच' नहीं पढ़ सका, क्योंकि उसके अनुसार पुस्तक का शीर्षक ही विचित्र था। जब मैंने उसे बताया कि वह शीर्षक मन में विचार पैदा करने के लिए बनाया गया था और डॉ. हिल वित्तीय संपदा से कहीं अधिक के बारे में बताना चाह रहे थे, तो उसने अपनी बात पर फिर से विचार करने का निर्णय लिया। उसने माना कि वह अपनी मान्यता के कारण ही उस पुस्तक को नहीं पढ़ सका, जो आगे जाकर उसका जीवन बदलनेवाली थी।

बाइबिल में लिखा है, 'धन के लिए प्रेम ही सारी बुराई की जड़ है।' प्रायः इस प्रेम शब्द को ही गलत अर्थों में ले लिया जाता है और लोग यह मान लेते हैं कि 'धन ही सारी बुराइयों की जड़ है।' धन को संचय करके नहीं रखा जाना चाहिए।

बाइबिल में लिखा है, 'धन के लिए प्रेम ही सारी बुराई की जड़ है।' प्रायः इस प्रेम शब्द को ही गलत अर्थों में ले लिया जाता है और लोग यह मान लेते हैं कि 'धन ही सारी बुराइयों की जड़ है।' धन को संचय करके नहीं रखा जाना चाहिए। अगर आप इसे पूरे विवेक के साथ व्यय करते हैं तो यह संसार में अनेक सकारात्मक बदलाव ला सकता है। वित्तीय तौर पर साक्षर होने का अर्थ होगा कि आप जानते हैं कि आपके जीवन में वित्त का क्या स्थान है और आप बेहतर तरीके से जानते हैं कि अपनी व दूसरों की भलाई के लिए इस संसाधन को कैसे उपयोग में लाया जाना चाहिए।

पहले तो हमें यह समझ लेना चाहिए कि सारा ज्ञान एक अमूल्य संसाधन हो सकता है, परंतु हमें उसे लागू करना आना चाहिए। अगर हमारा जीवन संतुलन से परे होगा तो हमारे लिए जीवन में थोड़ी शिक्षा पाने से इस संतुलन को साधना सरल हो सकता है। अगर आपको लगता है कि आप अपने लिए उपयोगी किसी क्षेत्र के बारे में पूरी जानकारी नहीं रखते तो सबसे पहले अपने सार्वजनिक पुस्तकालय में जाएँ। बुनियादी जानकारी पाने के बाद किसी मार्गदर्शक की खोज करें, जिसकी सलाह का पालन किया जा सके। इसके बाद आपने जो सीखा हो, उसे जीवन पर लागू करें। विचार और कारखाई मिलकर ही सफलता की ओर ले जाते हैं। जैसा नेपोलियन हिल फाउंडेशन के कार्यकारी निदेशक डॉन ग्रीन ने कहा है, "आप जो भी जानते हों, आपको उसे उपयोग में लाते हुए कुछ करना होगा।" केवल कुछ करने से ही आपके सामने परिणाम आ सकते हैं।

कुछ ऐसे टेस्ट जो आपको तथ्य और कथानक को छाँटने में सहायक हो सकते हैं।

सटीक चिंतक अखबार या पत्रिका में पढ़ी गई जानकारी में से अपने लिए

काम की जानकारी छाँट लेता है। वह रेडियो और टी.वी. से भी अपने काम की जानकारी निकालने में निपुण होता है। वह किसी भी वाक्य को केवल इसलिए तथ्य के रूप में नहीं स्वीकारता कि उसने उसे कहीं पढ़ा या देखा है। उसे यह भी पता होता है कि भले ही किसी कथन में थोड़ी सत्यता छिपी हो, किंतु एक विशिष्ट अर्थ देने के लिए वह किसी भी दूसरी तरह से पेश किया जा सकता है, उसे नया रंग दिया जा सकता है या उसे अलग तरह से सुधारकर पेश किया जा सकता है।

इस तरह सटीक चिंतक निम्नलिखित नियमों को आधार बनाकर कथन की सत्यता की परख करता है—

- क्या लेखक इस विषय में प्रामाणिक जानकारी रखता है?
- क्या लेखक के मन में पुस्तक लिखते हुए उपयुक्त सूचना देने के अतिरिक्त कोई और लक्ष्य भी था?
- क्या लेखक कोई पेशेवर है, जो सार्वजनिक मत को बदलने का काम करता है?
- क्या लेखक का उस विषय से कोई लाभ या हित जुड़ा है?
- क्या वह उस विषय में ठोस राय रखता है या उसके विचार कट्टरवादी हैं?
- क्या कोई ऐसे स्रोत हैं, जिनसे उसके कथन की प्रामाणिकता की जाँच हो सके?
- क्या वे कथन सामान्य बुद्धि और अनुभव से मेल खाते हैं?

एक विवेकी चिंतक दूसरों के वाक्यों को तथ्य मानने से पूर्व यह जानने की कोशिश करता है कि उस बात के पीछे क्या लक्ष्य हो सकता है, क्योंकि वह जानता है कि एक लक्ष्य के बिना न तो कोई कुछ भी कहता है और न ही करता है। वह उन सभी लोगों के कथनों की भी जाँच करता है, जो कुछ-कुछ उन्हीं लक्ष्यों को लेकर लिखे गए। वे उन उत्साही लेखकों के कथनों को भी इतनी आसानी से स्वीकार नहीं करता, जो अपनी कल्पना की उड़ान भरने में देर नहीं करते।

जो व्यक्ति आपको अपनी जीवनशैली बेचने का प्रयास कर रहा है, उसे सावधानी से देखें और जानें कि उसका तरीका आपके तरीके की तरह ही अच्छा है या नहीं?

स्रोत : 'पी.एम.ए. साइंस ऑफ सक्सेस कोर्स,' पृष्ठ 301-02

□

: 40 :

"भले ही यह सारा संसार धन के अनुसार नहीं चलता, किंतु यह निश्चित रूप से कुछ अनिवार्य टुकड़े देता है, जिससे हमारी नियति रची जाती है और सपने साकार होते हैं।"

—एलिजाबेथ डोनाटी

हर व्यक्ति किसी भी तरह की सौदेबाजी, बिक्री, बेहतर निवेश और धन का प्रबंधन करना पसंद करता है, जिससे उसकी आय में बढ़ोतरी होती है। पर अधिकतर लोग अल्पव्यय या किफायत का अभ्यास नहीं करते। कइयों को ऐसा लगता है, मानो कोई उनको उनके साधनों से भी कम पर जीने को कह रहा हो। क्या ऐसा इसलिए हो सकता है, क्योंकि हमें कभी इस बात से जुड़े सकारात्मक पक्ष का परिचय ही नहीं दिया गया। जिस तरह हमें खर्च करने में आनंद आता है, उसी तरह बचत करने में भी आना चाहिए। हम इसे अपनी ओर से आजमाकर क्यों नहीं देखते। इसे एक प्यारे से खेल की तरह लेकर देखें। मैंने तो इसे आजमाया है। जब भी मुझे किसी जगह सौदेबाजी करके कम दाम में चीज मिलती है तो मुझे उससे जो फायदा होता है, वह खुशी तो देती ही है, साथ ही उसे बैंक के बचत खाते में जमा भी करवाया जा सकता है।

मिसाल के लिए मैं मानती हूँ कि मैं एक किताबी कीड़ा हूँ, पर यह जरूरी नहीं कि मैं उन्हें मुँहमाँगे दामों पर भी ले लूँगी। मैं पुरानी किताबों की दुकानों, गुडविल, द साल्वेशन आर्मी, चर्च और गैराज सेल्स और पुस्तकालय की सेलों से किताबें खरीदती हूँ। कई बार दाम में बहुत अंतर नहीं होता और कई बार काफी बचत हो जाती है।

मैं आपको अपनी बहू की कहानी सुनाना चाहूँगी, जिसने अपनी सासू माँ से

किफायत का पाठ सीखा है। उसने एक पत्र के माध्यम से अपनी कहानी सबसे बाँटी।

लुपिटा लिखती है—

डियर जूडी,

मेरे पास आपके लिए एक कहानी है। मैं अपने ड्राइंग रूम में एक बड़ा दर्पण लगाना चाहती थी। मुझे सुनहरे और हलके भूरे रंग के फ्रेम में एक बड़ा दर्पण लेना था। खोजने पर भी नहीं मिल रहा था। मैंने अपनी ओर से थ्रिफ्रट स्टोर, बैड-बाथ और उसके अलावा और भी कई जगह देखा, वह नहीं मिला। जो मिले, वे मेरे बजट से बाहर थे।

कल रात मैं और टिम टहलने निकले तो अपने पड़ोस में ही बाहर कूड़े में ठीक वैसा ही एक बड़ा सा शीशा पड़ा दिखा, जैसा मैं चाहती थी। उसमें कुछ दिख नहीं रहा था, पर आकार वही था, जो मुझे चाहिए था। घर लाकर साफ-सफाई के बाद पता चला कि वह एक सुंदर दर्पण है और कमरे से मेल खाता है। मुझे तो हैरानी हो रही है कि इतना खोजने पर भी कहीं नहीं मिला और फिर मिला भी तो कहाँ! मैंने इसे किसी के घर के पुराने सामान में पाया। मैं जो दर्पण चाहती थी, वह निःशुल्क मुझ तक आ गया।

प्यार

आपकी लुपिटा

जब कोई कचरे में पड़ी चीज का सदुपयोग करता है तो मुझे अच्छा लगता है। किसी भी पुरानी चीज को रिसाइकिल करें, उसे नए तरीके से प्रयोग में लाएँ और आपकी बचत बैंक तक जा सकती है। यह न भूलें, आप जिस चीज को पूरी लगन और गहराई से खोजेंगे, वह आपको कहीं-न-कहीं मिल ही जाएगी।

किफायत

—नेपोलियन हिल

किफायत सफलता के लिए अनिवार्य गुणों में से है। नियत बचत की आदत से आपको किफायत की प्रेरणा मिलती है, फिर यह एक स्थायी आदत में बदल जाती है।

कोई इनसान जहाँ है और जिस दशा में है, वह उसकी आदतों का ही नतीजा

है। जो इनसान अपनी आय से अधिक व्यय करता है, वह कभी आजाद नहीं हो सकता। वह हमेशा दूसरों के अधीन रहता है और इसे आप अच्छी परिस्थिति नहीं कह सकते। ईश्वर ने मनुष्य को इसलिए नहीं रचा।

हमें अपने समय और स्रोतों का उसी तरह उचित प्रबंधन करना चाहिए, जिस तरह कोई कॉरपोरेशन अपनी धनराशि और कर्मचारियों का उचित निवेश करता है।

जो व्यक्ति ताकत के इस्तेमाल से जुड़े नैतिक पक्ष को नहीं समझता, उसके हाथों में जाकर ताकत एक खतरा बन सकती है। मनुष्यजाति के इतिहास ने इसे प्रमाणित कर दिया है।

अगर ऐसा करने से हमें झुँझलाहट या परेशानी होती है, तो हमें खुद को यह दिलासा देना चाहिए कि इस तरह हम कम-से-कम आत्म-अनुशासन की बेहतर आदत अपना सकते हैं। हमें जानना होगा कि इस तरह हम स्वयं को मानवीय आचरण के उस छोर तक ले जा रहे हैं, जहाँ जाकर वह स्वयं को वर्तमान में फैले कोलाहल और अस्त-व्यस्तता से बचा सकता है; क्योंकि वह ऐसी आदत को अपनाकर किसी का ऋणी नहीं होगा।

इस महान् नियम को सभी नियमों के अंत में दिया गया है, क्योंकि यह उन सभी के लिए अनुकूल बैठता है। यह हमें ताकत के इस्तेमाल के लिए नैतिक मार्गदर्शन देता है, जो आपको पहले सोलह नियमों के प्रयोग से मिलती है।

जो व्यक्ति ताकत के इस्तेमाल से जुड़े नैतिक पक्ष को नहीं समझता, उसके हाथों में जाकर ताकत एक खतरा बन सकती है। मनुष्यजाति के इतिहास ने इसे प्रमाणित कर दिया है।

स्रोत : 'पी.एम.ए. साइंस ऑफ सक्सेस कोर्स,' पृष्ठ-486

□

: 41 :

''नेपोलियन हिल फांउडेशन गैर-लाभकारी संस्था है, जो पुस्तकों और ऑडियो से हुई बिक्री को शैक्षिक उद्देश्यों के लिए व्यय करती है। यह छात्रवृत्ति, प्रोफेसरी तथा वाइस, वर्जीनिया और परड्यू विश्वविद्यालय में कोर्स आदि के लिए धनराशि प्रदान करती है। यह विभिन्न माध्यमों से किशोरों और वयस्कों को डॉ. हिल के सत्रह नियमों का परिचय भी देती है।''

—रॉबर्ट जॉनसन

पिछले सप्ताह मैं वर्जीनिया में वाइस की यात्रा पर थी, ताकि 26 अक्तूबर को मनाए जानेवाले नेपोलियन हिल दिवस में भाग ले सकूँ और इसके साथ ही उनका जन्मदिवस भी आ रहा था। मैं केंटुकी में एक बुकस्टोर पर रुकने की सोच रही थी। हम हर साल इस आयोजन के दौरान इस जगह पर आते हैं। जिस तरह बच्चे कैंडी स्टोर में जाते हैं, उसी तरह मैं अपने सहयोगियों के साथ जाती हूँ और हमें नहीं पता होता कि हमें यहाँ क्या मिल सकता है, क्योंकि इस स्टोर में नया और पुराना कई तरह का सामान मिलता है और कई बार तो बहुत ही सुंदर चीजें हाथ लग जाती हैं। कॉलेज पास होने के कारण कई बार खासा दिलचस्प सामान भी मिल जाता है। हम खरीदारी के लिए तैयार थे।

इस साल हमारे पास इस खजाने में हाथ मारने के लिए केवल एक घंटे का ही समय था, इसलिए भीतर जाते ही मेरे दो सहयोगी चीनो मार्टीनेज और ऐलन चेन झट से अपनी पसंद के कोनों की ओर लपके और उन्हें कैशियर की मेज के पास रखी किताब दिखाई नहीं दी। मैं वहीं थम गई, दरअसल मुझे जो दिखा, उसे देखने के बाद यों ही निकल जाना संभव नहीं था। मुझे एक जानी-पहचानी

किताब दिखी, जिसे मैंने पहले भी कई बार देख रखा था। यह डॉ. हिल की मशहूर किताब 'सफलता के नियम' थी। यह सफेद पेपरबैक संस्करण में मोटी पुस्तक थी। किसी ने उसे ऑर्डर किया था, परंतु वह हमारा प्रकाशन नहीं थी। मैंने मालिक के पास जाकर अपना परिचय दिया और उन्हें बताया कि उन्हें फाउंडेशन की ओर से छपनेवाली प्रामाणिक पुस्तकों को ही बेचना चाहिए, क्योंकि नकली पुस्तकों में किसी भी तरह के फेर-बदल की संभावना भी हो सकती है। उन्होंने बताया कि उन्हें इनका अंतर पता नहीं था। मैंने उन्हें बताया कि यह अंतर कैसे देखा जा सकता है और यह फाउंडेशन की लंबी आयु के लिए कितना महत्त्व रखता है। मुझे लगा कि डॉ. हिल ने जान-बूझकर यह सारा आयोजन किया, ताकि मैं याद से हमारे कानूनी सलाहकार रॉबर्ट जॉनसन को एक गेस्ट कॉलम लिखने के लिए कहूँ और वे उसमें लिखें कि फाउंडेशन से अधिकृत सामग्री की खरीद क्या मायने रखती है।

जब मैंने मालिक से इस बाबत बात कर ली तो एक महिला ने मेरे पास आकर कार्ड माँगा। दरसअल वह वहाँ किताबों की खरीद का काम देखती थी। उसे डॉ. हिल की किताबों के अधिकृत और अनधिकृत संस्करणों के बारे में जानकारी नहीं थी। उसने हमसे वादा किया कि अगली बार हमसे ही सामग्री मँगवाई जाएगी। मुझे लगा कि मैंने डॉ. हिल की इच्छा केंटुकी में पूरी कर दी, जहाँ उनके बेटे ने स्कूली शिक्षा पाई थी। इस तरह मैं उस जगह उनका संदेश सही रूप में पहुँचाने में सफल रही।

वाइस आकर मैंने बॉब जानसन से भेंट की और उन्हें कहा कि वे उसी दिन सप्ताह के लिए स्तंभ लिखें। आप www.naphill.org वेबसाइट पर इसे पढ़ सकते हैं। डॉ. हिल चाहते होंगे कि हमें और आपको, यानी पाठकों को अपने उस फाउंडेशन के बारे में याद दिला दें, जिसकी स्थापना उन्होंने अपने काम की विरासत को बनाए रखने के लिए अपनी पत्नी एनी लो हिल के साथ मिलकर की थी। जब भी किसी लेखक को पढ़ना हो तो उसकी रचना को मूल रूप में ही पढ़ना चाहिए। इस तरह पाठक को यह सोचने की शक्ति मिलती है कि वह क्या सोचना और विश्वास करना चाहता

जो अपने हाथ में कलम और कागज रखकर पढ़ता है, क्योंकि जैसा नेपोलियन हिल ने भी कहा है, आपका अवचेतन उस समय आपके लिए लाभदायक सोच पैदा कर सकता है। उसे लिखें, उस पर अमल करें और फिर किसी दूसरे की बजाय अपने सपने को साकार करें।

है। इसके बाद अगर पाठक अधिक जानकारी पाना चाहता है, तो वह उस काम से जुड़े गौण लेखन को पढ़ सकता है। आप अपनी सोच से तो अमीर हो सकते हैं, पर अगर आपके मन में कोई दूसरा सोच को स्थापित कर रहा है तो उससे आपका कोई भला नहीं होगा। इसे अकसर ब्रेन वाशिंग कहते हैं। आपको स्पंज नहीं, एक चुंबक बनना होगा, जो अपने हाथ में कलम और कागज रखकर पढ़ता है, क्योंकि जैसा नेपोलियन हिल ने भी कहा है, आपका अवचेतन उस समय आपके लिए लाभदायक सोच पैदा कर सकता है। उसे लिखें, उस पर अमल करें और फिर किसी दूसरे की बजाय अपने सपने को साकार करें।

आप इसे कर सकते हैं। मैं जानती हूँ कि आप ऐसा कर सकते हैं।

सफलता से जुड़े विचार

—नेपोलियन हिल

उद्देश्य की निश्चितता : सफल इनसान अपनी ही पहल से आगे बढ़ते हैं, पर उन्हें इतना पता होता है कि वे जा कहाँ रहे हैं।

मास्टरमाइंड मैत्री : कोई भी व्यक्ति दूसरों को साथ लिये बिना अपने लिए स्थायी सफलता नहीं पा सकता।

व्यावहारिक विश्वास : अगर आप किसी काम को करने में विश्वास रखते हैं तो आप इसे कर भी सकते हैं।

गोइंग एक्स्ट्रा माइल : सबसे ज्यादा कामयाब लोग वही हैं, जो ज्यादा-से-ज्यादा लोगों की मदद करते हैं।

सुखद व्यक्तित्व : आपका व्यक्तित्व खुशनुमा होना चाहिए। जो आपको और दूसरों को खुशी दे सके।

निजी पहल : आज का नियोजक बीते कल का कर्मचारी है, जिसने दूसरे मील के आखिर में अपने लिए आनेवाले अवसर की प्रतीक्षा की और उसे पहचाना।

सकारात्मक मानसिक रवैया : अपने मन को उन कामों में व्यस्त रखें, जो आप चाहते

अपने मन को उन कामों में व्यस्त रखें, जो आप चाहते हों, जो नहीं चाहते, उसके लिए न सोचें। आप जो भी अपने दिल में धारण करते हैं, वही आपको मिलता है, इसलिए बहुत सोच-समझकर ही सोचें।

हों, जो नहीं चाहते, उसके लिए न सोचें। आप जो भी अपने दिल में धारण करते हैं, वही आपको मिलता है, इसलिए बहुत सोच-समझकर ही सोचें।

उत्साह : पूरी ललक और उत्साह से काम करें और अपने उत्साह को मंद न होने दें।

आत्म-अनुशासन : अपने विचारों, भावों तथा नियति को अपने वश में रखें।

सटीक चिंतन : भले ही कोई अपनी अज्ञानता या कमअक्ली के कारण मानने से मना कर दे, पर सच हमेशा सच ही रहेगा।

नियंत्रित ध्यान : अपने मन को बस में रखें। हमें पता होना चाहिए कि अपना ध्यान कहाँ लगाना है।

समूह भावना : हम अपने देने के अनुपात में दूसरों से भी उतना ही सहयोग अर्जित कर सकते हैं। यह एक बहुमूल्य संपदा है।

संकट व पराजय : याद रखें, यह न भूलें कि हर निराशा, संकट और पराजय अपने साथ समान लाभ का बीज भी लाती है।

रचनात्मक चित्रण : कल्पना आत्मा की कार्यशाला है, जहाँ व्यक्तिगत उपलब्धि की सभी योजनाएँ आकार पाती हैं।

अच्छे स्वास्थ्य की देख-रेख : अगर आपको लगता है कि आप रोगी हैं, तो आप रोगी हैं।

समय और धन का बजट : आप मुझे यह बता दें कि आप अपना अतिरिक्त समय और धन कहाँ व्यय करते हैं, मैं बता दूँगा कि आज से दस साल बाद आप कहाँ होंगे और क्या होंगे?

ब्रह्मांडीय नियम : आप जो भी हैं, जहाँ भी हैं, वह अपने विचारों और कर्मों की स्थापित आदतों के कारण ही हैं।

स्रोत : 'पी.एम.ए. साइंस ऑफ सक्सेस कोर्स,' नेपोलियन हिल

□

: 42 :

''यदि हम स्वयं को अपने काम से परिभाषित करते हैं तो जब हम वे काम करना बंद कर देंगे तो स्वयं को कैसे परिभाषित करेंगे ?''

—डॉ. जे.बी. हिल

26 अक्तूबर को डॉ. नेपोलियन हिल का जन्मदिवस होता है। उनका जन्म इस दिन 1883 में हुआ और वे 8 नवंबर, 1970 को स्वर्ग सिधार गए। इस तरह 2009 में वे अपना 126वाँ जन्मदिवस मना रहे होते। क्या वे इस बारे में कल्पना तक कर सकते थे कि वर्जीनिया कॉलेज के विश्वविद्यालय में उनके पोते डॉ. जे.बी. हिल छात्रों के दो दलों को संबोधित कर रहे होंगे। नेपोलियन हिल अच्छी तरह जानते थे कि हमारा सारा जीवन ब्रह्मांडीय नियम के हाथ में होता है। यदि उनसे पूछा जाता कि उनके पोते का भाषण देना संयोग है ? तो उनका उत्तर 'न' में ही होता, क्योंकि उनका मानना था कि अनंत बुद्धिमत्ता पहले से ही अच्छी तरह जानती है कि हमें जीवन में कब और कहाँ, कैसी भूमिका निभानी है।

जे.बी. आत्म-विश्लेषक, प्रतिभाशाली और विद्वान् है, परंतु वे उन बहुप्रतिभाशाली लोगों में से हैं, जो आजीवन कुछ-न-कुछ सीखने में विश्वास रखते हैं। वे एक अच्छे श्रोता भी हैं। वे सदा सोच-समझकर, नपे-तुले शब्दों में अपनी बात कहते हैं। कुल मिलाकर शेक्सपीयर के शब्दों में वे एक रिनेसाँ-मैन हैं।

डॉ. जे.बी. हिल न केवल शारीरिक तौर पर बल्कि बौद्धिक रूप से भी अपने दादा से मेल खाते हैं। उनके पास भी वही मानसिक दक्षता है, जिसने उनके दादा को आत्म-विकास के इस क्षेत्र में विलक्षण बना दिया। जे.बी. आत्म-विश्लेषक, प्रतिभाशाली और विद्वान् है,

परंतु वे उन बहुप्रतिभाशाली लोगों में से हैं, जो आजीवन कुछ-न-कुछ सीखने में विश्वास रखते हैं। वे एक अच्छे श्रोता भी हैं। वे सदा सोच-समझकर, नपे-तुले शब्दों में अपनी बात कहते हैं। कुल मिलाकर शेक्सपीयर के शब्दों में वे एक रिनेसाँ-मैन हैं।

वे नौसेना से जुड़े रहे, परंतु वे सेना की इस पंक्ति का मूर्तिमान रूप हैं, 'आप जो भी कर सकते हैं, वही बनें।' जब वे नौसेना अकादमी में पढ़ाने के बाद सेवानिवृत्त हुए तो वे एमडी बने और आज एक फिजीशियन के रूप में अभ्यास कर रहे हैं।

तो वास्तविक जे.बी. हिल कौन हैं ? वे अगले कुछ सप्ताहों के दौरान आप सबको प्रत्यक्ष संबोधित करेंगे। वे एक ऐसे व्यक्ति हैं, जिनसे मिलकर मुझे बेहद प्रसन्नता हुई, उनकी संगति के कारण ही मैं एक बेहतर इनसान की तरह सामने आ सकी। मेरे लिए वे एक सच्चे प्रामाणिक व्यक्ति के प्रतीक हैं। वे अपने व्यक्तित्व के कारण नहीं, आपको प्रेरित करने की योग्यता के कारण ही इतने सराहे जाते हैं। कह सकते हैं कि वे सही मायनों में अपने दादाजी की विरासत को सँभाल रहे हैं, उनका अनुकरण कर रहे हैं।

विजयी या शिकार, आप स्वयं तय करें ?

—नेपोलियन हिल

ईश्वर का हर काम रहस्यमयी रूप में होता है। विलियम कॉपर ने 1772 में 'हिज वंडर्स टू परफॉर्म' लिखी थी। यदि हम इस अनंत योजना पर नजर डालें तो यह जान सकते हैं कि हमारे सामाजिक, राजनीतिक और आर्थिक संगठनों में यह उथल-पुथल इसलिए ही रची जाती है, ताकि मनुष्यों की अवांछित आदतों को बदल सकें। हो सकता है कि मानव जाति की कुल प्रगति और विकास के लिए ही यह सब किया जाता हो।

हो सकता है कि महान् उपलब्धियाँ रखनेवाले मनुष्य इस योजना का एक हिस्सा बनकर काम कर रहे हों और वे अपनी धारणा से भी परे किसी और महान् उद्देश्य की पूर्ति कर रहे हों। थॉमस ए. एडीसन को ही लें। उन्होंने सोचा होगा कि वे पैसा कमाने के लिए खोज कर रहे हैं, पर कुदरत ने कुछ और ही सोच रखा था। वे तो उन्हें मनुष्य जाति के कल्याण के लिए उपयोग में ला रही थी।

सामाजिक आनुवंशिकी में बहुत से प्रभाव शामिल हैं, जब से आप चेतना में आए, तब से समाज के संपर्क से जो भी प्रभाव मिले, उन्हें इसमें शामिल किया जा सकता है। आपके माता-पिता का प्रभाव, आपकी शिक्षा, धार्मिक व राजनीतिक विचार आदि को शामिल किया जा सकता है। यह आपकी सामाजिक विरासत है।

अंततः वे हम सबके जीवन में एक तरह का सुधार लाने में सफल रहे।

हर इनसान के मन में दो तरह के बल काम करते हैं, जो उन्हें वही बनाते हैं, जो वे हैं। सामाजिक आनुवंशिकी तथा भौतिक आनुवंशिकी।

भौतिक आनुवंशिकी प्रकृति का नियम है, जिसके अनुसार आपको सदियों पुराने वंशजों की ओर से चारित्रिक गुण, लक्षण तथा भौतिक पहलू सौंपे जाते हैं। आप न चाहकर भी अपने ही पूर्वजों की उपज हैं।

सामाजिक आनुवंशिकी में बहुत से प्रभाव शामिल हैं, जब से आप चेतना में आए, तब से समाज के संपर्क से जो भी प्रभाव मिले, उन्हें इसमें शामिल किया जा सकता है। आपके माता-पिता का प्रभाव, आपकी शिक्षा, धार्मिक व राजनीतिक विचार आदि को शामिल किया जा सकता है। यह आपकी सामाजिक विरासत है। बहुत कम लोग ही इससे परे जाकर अपने लिए कुछ नया कर पाते हैं। बहुत कम लोगों में इतना साहस होता है कि वे सामाजिक आनुवंशिकी से परे हटकर व्यक्तिगत रूप से सामने आ सकें। जब ऐसा होता है तो दुनिया को एडीसन, फोर्ड, इंगरसोल या जोन सॉक जैसे व्यक्तित्व मिलते हैं। परंतु अधिकतर लोग तो सामाजिक आनुवंशिकी का शिकार ही होकर रह जाते हैं।

जब आप यह तय कर लेते हैं कि किसी भी प्रभाव में आए बिना अपनी सोच के हिसाब से चलेंगे तो वह आपके जीवन में महानतम क्षण होता है। भौतिक और सामाजिक आनुवंशिकी ब्रह्मांडीय नियमों के अधीन हैं। अवचेतन को लागू करने पर इसलिए जोर दिया जाता है, क्योंकि वे सजग भाव से इस बारे में कभी जान ही नहीं पाते। उन्हें पता ही नहीं चलता कि ऐसा क्या है, जो उन्हें सफलता के मार्ग पर अग्रसर होने से रोक रहा है।

स्रोत : 'पी.एम.ए. साइंस ऑफ सक्सेस कोर्स,' पृष्ठ 504-505

स्व-परिभाषा

—डॉ. जेम्स बी. हिल

चार साल पहले मैं वहीं था, जहाँ आज आप बैठे हैं और मैं जिम एमोस को सुन रहा था। श्री एमोस वही हैं, जिन्होंने मेल बॉक्सिस इंक से नाम कमाया है। उन्होंने अपनी कंपनी यू.पी.एस. को लगभग 800 मिलियन डॉलर में बेच दिया। वे पचपन वर्ष के थे और बहुत कामयाब थे।

पर उस दिन उन्होंने यह नहीं बताया कि उन्होंने यह सफलता कैसे अर्जित की। उन्होंने स्व-परिभाषा की बात की। उन्होंने कहा कि वह दिन भी आएगा, जब हम इस बात से अपनी सफलता को मापेंगे कि क्या हम जान सके, हम कौन हैं?

आप स्वयं को कैसे परिभाषित करते हैं?

एक क्षण के लिए सोचें, आप कौन हैं?

क्या आप नेपोलियन हिल के विद्वान् हैं? एक उच्च स्तरीय छात्र हैं? क्या आप एक सफल व्यवसायी हैं? एक सुपर खिलाड़ी हैं? एक प्रोफेसर हैं? एक नोबल विद्वान् हैं?

क्या हम सब यह सब नहीं चाहते?

यदि हम स्वयं को अपने काम से परिभाषित करते हैं तो जब हम ये काम नहीं करेंगे, तो हमारी क्या परिभाषा बचेगी? मुझे सारा जीवन नौसेना से जुड़ने पर गर्व रहा, यही प्रसन्नता डॉक्टरी करने पर मिल रही है। पर क्या यह मेरा असली रूप है? मुझे जाननेवाले लोग मेरे अलग-अलग रूपों को जानते हैं।

उनकी बात सुनकर मुझे भी लगा कि मैं भी आजीवन स्वयं को इसी पैमाने पर तौलता रहा कि मैं क्या काम करता हूँ और इससे भी बदतर बात यह रही कि मैं दूसरों को भी उनके काम के अनुसार ही तौल रहा था।

मैं उनके प्रश्न से जूझते हुए बुरी तरह से काँप उठा। मैं उनके प्रश्न का उत्तर नहीं दे सका। मैं चिंतित हो उठा।

मैं कौन हूँ?

मेरा सपना

उस रात मैंने सपना देखा कि मैं स्वर्ग के द्वार पर पीटर के सामने खड़ा अपना फैसला होने की प्रतीक्षा कर रहा हूँ।

जब मेरी बारी आई तो मैं पीटर की ओर बढ़ा, जो मेरा बही-खाता देख रहा था। वह बोला, ''कौन हो तुम? तुम्हें यहाँ पैर रखने का अधिकार किसने दिया?''

मैंने कहा, ''मैं कोई बुरा आदमी नहीं, मैं एक डॉक्टर हूँ। एक नेक इनसान हूँ, मैं लोगों की मदद करता हूँ।''

पीटर ने खटाक से किताब बंद की और मुझसे कहा, ''मैंने तो नहीं पूछा कि तुम क्या करते थे?

''वैसे भी तुम लोगों की भलाई के लिए डॉक्टर नहीं बने। तुम डॉक्टर इसलिए बने, ताकि अपने परिवार को प्रसन्न रख सको या शायद तुम अपनी भूतपूर्व प्रेमिका को जलाना चाहते थे। (मैंने कहा न कि वह अच्छे मूड में नहीं था, वह सुबह से लोगों को नर्क में भेज रहा था।)

''मैं फिर से पूछता हूँ, कौन हो तुम?''

मैं जवाब नहीं दे सका। मेरे पास कोई उत्तर था ही नहीं।

पीटर ने कहा कि वह समझ गया, मैं अपना उत्तर नहीं जानता और उसने मुझे एक साल के लिए दोबारा वापस भेज दिया। उसका कहना था कि मुझे अपना उत्तर लेकर वापस आना होगा।

जब मैं इस अनूठे और कभी न भूलनेवाले सपने के बाद उठा तो बुरी तरह से दहला हुआ था।

अगले साल तक मैं पीटर के प्रश्न के बारे में गहराई से विचार करता रहा। मैं मानता कि उसकी दी हुई समय-सीमा समाप्त होनेवाली है और अब भी निष्कर्ष इतना ही है, मैं उसके प्रश्न का उत्तर नहीं जानता।

मुझे उसके प्रश्न का उत्तर नहीं पता।

□

: 43 :

''जिस तरह किसी व्यक्ति को उसकी असफलताओं से नहीं तौलना चाहिए, उसी तरह उसे उसकी सफलता और उपलब्धि से भी परिभाषित करना उचित नहीं होगा।''

—डॉ. जे.बी. हिल

'कर सकता हूँ' यह रवैया हमें सफलता की ओर ले जाता है। अगर हम प्रयास न करें तो कभी सफल हो ही नहीं सकते। जो लोग प्रयास करने से भी डरते हों, उन्हें अपने भीतर आत्म-विश्वास को विकसित करना चाहिए। जब आप अपने पर भरोसा और अपनी योग्यता में विश्वास नहीं रखते, आप अपनी बुनियादी अपेक्षाओं को भी पूरा नहीं कर सकते, उनसे पार पाना तो बहुत दूर की बात रही।

नेपोलियन हिल का आत्म-विश्वासवाला सूत्र वास्तव में पढ़ने योग्य है। इसे पढ़ना और दिखाया जाना चाहिए और पूरी तरह से स्मरण कर लेना चाहिए। एक छोटे से निबंध में बहुत से आत्म-परामर्श सहेजे गए हैं और वे समय-समय पर अपनी सार्थकता सिद्ध करते आए हैं। भले ही आप इन्हें मन में पढ़ें, दोहराएँ या जोर से बोलें—आप अपने अवचेतन मन को संपूर्ण सफलता तक जाने के लिए तैयार कर रहे हैं। यह विचित्र विधि सदैव सकारात्मक नतीजे का आश्वासन देती है, परंतु यह आश्वासन नहीं देती कि किस समय और स्थान पर यह संभव हो सकेगा। यह सफलता की प्राप्ति के लिए आपको तैयार करती है और सजगता का ऐसा स्तर रचती है, जिसे आपने अन्यथा उपेक्षित कर दिया होता। उदाहरण के लिए, मान लेते हैं कि आप आय उत्पन्न करने के अवसरों की तलाश में हैं। अपने आत्मविश्वास में वृद्धि किए बिना आप किसी ऐसी

सजग मन एक वास्तुकार है और अवचेतन मन की तुलना एक गोदाम से की जा सकती है, जहाँ हर प्रकार की निर्माण सामग्री भरी पड़ी है। चेतन मन योजना बनाकर तय करता है कि उसे क्या करना होगा। अवचेतन मन ऐसा करने की शक्ति उत्पन्न करता है।

योजना को पहचान नहीं दे सकते, जो शायद आपको इसी उद्देश्य के लिए दी जा रही हो। परंतु इस फॉर्मूले को अपनाने के बाद जब भी आपके सामने कोई अवसर आएगा तो आपका चेतन मन उसके प्रति सजग हो जाएगा, क्योंकि अवचेतन को पहले से ही उस अवसर की तलाश के लिए तैयार किया जा चुका है।

डॉ. हिल चेतन और अवचेतन मन की परिभाषा देते हुए कहते हैं, ''सजग मन एक वास्तुकार है और अवचेतन मन की तुलना एक गोदाम से की जा सकती है, जहाँ हर प्रकार की निर्माण सामग्री भरी पड़ी है। चेतन मन योजना बनाकर तय करता है कि उसे क्या करना होगा। अवचेतन मन ऐसा करने की शक्ति उत्पन्न करता है।

चेतन और अवचेतन मन इस तरह आपस में मिलकर काम करते हैं। परंतु अपने लक्ष्यों और सपनों को पूरा करने के लिए आपको अपने जीवन के लक्ष्य को पहचानकर उसे मन-ही-मन प्रोत्साहित करना होगा, नतीजों का मानसिक चित्रण करना होगा, अपनी इंद्रियों को उस ओर प्रवृत्त करते हुए, स्वयं को सफलता के लिए प्रस्तुत करना होगा। इसके लिए आपको आत्मविश्वास और दृढ संकल्प शक्ति की आवश्यकता होगी। आपको अपनी योजना पर काम करने के लिए एक योजना बनानी होगी। यह योजना एक नक्शा है। वास्तविक जीवन में आप इसी का पालन करते हुए एक-एक कदम चलकर अपनी मंजिल तक जा सकते हैं। आपने सुना होगा कि सफलता अपने कदमों के निशान छोड़ती है? यह सच है। जब आप किसी के अच्छे या बुरे कामों का पालन करते हैं तो आप उसी मंजिल पर पहुँचते हैं, जहाँ आप पहुँचे थे। इस विषय में विचार करें, 'क्या आप एक सितारे पर झूलना चाहेंगे, चंद्रमा की किरणों को एक बोतल में भरकर लाना चाहेंगे, जो हैं, वही बने रहना चाहेंगे या एक सुअर बनना पसंद करेंगे?' आप पहले ही सफलता से जुड़े सारे नियम जानते हैं और आपको केवल उन्हें अपने जीवन में उतारने के लिए समय देना है। अतः समझदारी से चुनाव करें।

आत्म-विश्वास का फॉर्मूला

—नेपोलियन हिल

मैं जानता हूँ कि मेरे पास अपने जीवन में चुने गए निश्चित उद्‌देश्य को पाने की योग्यता है; इसलिए मैं अपने उद्‌देश्य के प्रति एक निरंतर काररवाई करता हूँ और वचन देता हूँ कि इसकी निरंतरता बनाए रखूँगा।

मुझे एहसास हो चुका है कि जो विचार मेरे मन में लगातार डेरा डाले रखते हैं, वही कुछ समय बाद मूर्त रूप में मेरे सामने आते हैं, इसलिए मैं प्रतिदिन अपने विचारों पर आधे घंटे के लिए ध्यान केंद्रित करूँगा, ताकि अपनी सोच में उस व्यक्ति को शामिल कर सकूँ, जैसा मैं बनना चाहता हूँ। इस तरह मेरे मन में एक स्पष्ट मानसिक छवि बन जाएगी।

मैं जानता हूँ कि आत्मसुझाव के नियम से मैं अपने मन में किसी इच्छा को आरोपित कर सकता हूँ और वह स्वयं उसे भौतिक रूप से प्रकट करने के साधन उपस्थित करना आरंभ कर देगा। मैं रोज प्रतिदिन दस मिनट का समय अपने आत्म-विश्वास के विकास के लिए भी दूँगा।

मैं जानता हूँ कि आत्मसुझाव के नियम से मैं अपने मन में किसी इच्छा को आरोपित कर सकता हूँ और वह स्वयं उसे भौतिक रूप से प्रकट करने के साधन उपस्थित करना आरंभ कर देगा। मैं रोज प्रतिदिन दस मिनट का समय अपने आत्म-विश्वास के विकास के लिए भी दूँगा।

मैंने अपने जीवन के निश्चित उद्‌देश्य को स्पष्ट रूप से लिखा है और मैं तब तक अपनी ओर से प्रयत्न करना नहीं छोड़ूँगा, जब तक मैं इसे पाने योग्य आत्म-विश्वास अर्जित नहीं कर लेता।

मुझे पूरा एहसास है कि सच और न्याय के आधार पर ही कोई संपदा टिक सकती है। मैं अपनी ओर से ऐसा कोई काम नहीं करता, जो किसी दूसरे के हित में न हो। मैं अपने लिए हितकारी बलों को अपनी ओर आकर्षित करने में सफल रहूँगा और साथ ही दूसरे व्यक्तियों का योगदान भी पा लूँगा। मैं दूसरों की सेवा करूँगा और वे भी मेरी सहायता करने के लिए प्रस्तुत होंगे। मैं सारी मानवता के प्रति अपने मन में प्रेम उत्पन्न करते हुए घृणा, ईर्ष्या, जलन, स्वार्थ आदि को समाप्त कर दूँगा; क्योंकि मैं जानता हूँ कि दूसरों के प्रति नकारात्मक रवैया मेरे लिए कभी

सफलता का वाहक नहीं हो सकता। मैं चाहता हूँ कि दूसरे मुझमें विश्वास रखें, क्योंकि मैं भी उनपर और अपने पर विश्वास रखूँगा। मैं इसी सूत्र को अपने हस्ताक्षरों सहित लिख रखूँगा और पूरे विश्वास के साथ दिन में एक बार दोहराऊँगा, ताकि ये मेरी सोच और कर्म को प्रभावित कर सकें और मैं एक आत्मनिर्भर व सफल व्यक्ति बन सकूँ।

इस सूत्र के साथ कुदरत का ऐसा नियम बँधा है, जिसकी आज तक कोई व्याख्या नहीं कर सका। इसे किस नाम से पुकारा जाए, इस बात से कोई अंतर नहीं पड़ता। महत्त्वपूर्ण तथ्य यही है—यदि रचनात्मक रूप से प्रयोग में लाया जाए तो यह मनुष्य जाति की गरिमा और सफलता के लिए काम आता है। वहीं दूसरी ओर विनाशक प्रवृत्ति के साथ उपयोग में लाया जाए तो सबकुछ नष्ट होने में देर नहीं लगेगी। इसी तथ्य में एक सत्य छिपा है, जो लोग पराजित होने के बाद गरीबी, कष्ट और संकट में अपना जीवन बिताते हैं, वे आत्मसुझाव के नियम को अपने लिए नकारात्मक रूप से प्रयोग में लाते हैं। वे यह भूल जाते हैं कि उनके विचार ही मूर्त रूप लेकर सामने आते हैं।

स्रोत : 'थिंक एंड ग्रो रिच, नेपोलियन हिल, कलक्टर्स एडीशन,' पृष्ठ–86–87

स्व–परिभाषा भाग–2

—डॉ. जेम्स बी. हिल

यह उचित नहीं कि आप किसी व्यक्ति को उसकी सफलता या असफलता के पैमाने पर तौलें।

अब इसका अर्थ यह नहीं कि मुझे पीटर के लिए उत्तर नहीं मिल सका। उत्तर तो मेरे पास है, बस यही तय नहीं कर पा रहा कि वह उचित है या नहीं।

क्या मैं एक अच्छा इनसान, अच्छा पिता और एक अच्छा अमरीकी हूँ? क्या मैं अपनी प्रतिभा और हुनर के माध्यम से दूसरों की मदद करता हूँ?

यही वे बातें हैं, जिनकी मदद से हमें जाननेवाले हमें परखते हैं और हमें भी स्वयं को इससे ही परखना चाहिए।

जब मैं दोबारा सेंट पीटर के सामने ज़ाऊँगा और मुझसे पूछा जाएगा कि मैं कौन हूँ तो मैं बेहिचक जवाब दे सकूँगा कि मैं एक अच्छा डैडी हूँ।

मुझे उम्मीद है कि मैं एक अच्छा डैडी ही हूँ और शायद मेरे सपने में उसने मेरे कर्मों की किताब की जाँच भी नहीं की थी।

सपनों को विदा देना कहीं आसान है

आज मैं आपसे जो दूसरी बात करना चाहता हूँ, वह यह है कि आपको सफलता पाने के लिए अपने सपनों का बलिदान करना होगा। कुछ साल पहले मैं बहुत से पढ़े-लिखे दिलचस्प स्त्री-पुरुषों के साथ डिनर ले रहा था।

मेरी मेज पर सभी नेपोलियन हिल और उनके दर्शन से परिचित थे। जाने-पहचाने मतों के बीच चर्चा होने लगी। नेपोलियन हिल के नियमों के बारे में बात हो रही थी। हम सभी बहुत सारे बिंदुओं पर सहमत भी थे। अचानक मेरे मन में आया कि क्या इन लोगों में से किसी ने कभी वास्तव में नेपोलियन हिल को अपने मार्गदर्शक के तौर पर प्रयुक्त किया है? इसलिए मैंने उनसे पूछा।

सन्नाटा पसर गया, मैंने उनका अपमान किया था। सभी मुझे घूरने लगे।

आखिर में एक आदमी ने गला खँखारा और कहा, "हम्म, यह सच है। इसके बिना तो सफलता पाना लगभग असंभव था।"

मैंने सबसे क्षमा चाही और उन्हें आश्वस्त किया कि मेरी ऐसी मंशा नहीं थी और फिर अपनी बात को आगे बढ़ाया, "आप सबने सफलता तो पा ली, परंतु क्या आप अपने सपनों को भी पा सके?"

एक बार फिर से सन्नाटा छा गया। इस बार वे मन-ही-मन विश्लेषण कर रहे थे।

किसी ने जवाब नहीं दिया और मुझे मेरा उत्तर मिल गया।

वे सभी सफल तो थे, परंतु फिर भी वे अपने सपनों और को नहीं पा सके, लक्ष्य तो पूरे हुए, सपने कहीं अधूरे छूट गए।

अगले सप्ताह इस बात को एक दूसरी कहानी के साथ बताऊँगा।

परिचय : डॉ. जे.बी. हिल

जब डॉ. हिल की आयु बारह साल की थी तो उनके दादा ने उन्हें दस डॉलर, थोड़ी सलाह और 'थिंक एंड ग्रो रिच' की हस्ताक्षरित प्रति दी, जो कि नेपोलियन हिल की प्रभावशाली पुस्तकों में से थी। उन्होंने कहा कि उन्होंने पैसे खर्च दिए, सलाह को अनसुना किया और किताब कहीं खो गई। हालाँकि उन्होंने माना कि दादाजी की वह किताब ही उनका जीवन बदलने में सफल रही।

नेपोलियन हिल का जन्म 26 अक्तूबर, 1883 को पाउंड नदी के किनारे बने एक कमरेवाले छोटे से घर में हुआ। वे ऐसे ग्रामीण और निर्धन परिवेश में पलने के

बावजूद प्रेजीडेंट के सलाहकार पद पर पहुँचे और बेस्ट सेलिंग लेखक कहलाए। बीसवीं सदी के आरंभ में हिल ने देश के सबसे सफल व्यावसायिक नेताओं के साक्षात्कार लिये, जिनमें एंड्रयू कारनेगी और हेनरी फोर्ड भी शामिल थे। हिल ने सफलता के नियम नामक पुस्तक को आठ भागों में तैयार किया, यह निजी उपलब्धि के दर्शन का संग्रह था। फिर उन्होंने अपने अध्ययन को 'थिंक एंड ग्रो रिच' में संक्षिप्त रूप में प्रस्तुत किया। इसे महत्त्वपूर्ण प्रेरक पुस्तकों की शृंखला में सबसे ऊपर माना जाता है।

डॉ. हिल का जन्म डब्ल्यू.वी.ए.के. मार्गनटाउन में हुआ, वे नेपोलियन हिल के सबसे छोटे पुत्र डेविड हिल तथा फ्लोरेंस हॉरनॉर के पुत्र थे। वे सन् 1966 में हाई स्कूल से स्नातक हुए और 1969 तक का समय मर्चेंट मैरींस में बिताया। 1973 तक वे बार-बार पदोन्नति पाते हुए स्टाफ सार्जेंट के पद तक आ गए और उन्हें वेंडरबिट विश्वविद्यालय से जुड़ने का अवसर मिला। वहाँ उन्होंने मेकैनिकल इंजीनियरिंग की डिग्री के लिए तीन वर्ष का समय लगाया। स्नातक की पदवी मिलने के बाद उन्हें सेकेंड लेफ्टिनेंट का पद दिया गया। उन्होंने नौसेना में फील्ड आर्टीलरी अधिकारी का पद सँभाला। फिर उन्होंने नौसेना के स्नातकोत्तर स्कूल से गणित में स्नातकोत्तर उपाधि ली।

उन्होंने एक अधिकारी के रूप में दो बार कमान सँभाली, दक्षिण-पूर्व एशिया में, सैन्य सलाहकार दल का नेतृत्व किया, सोवियत जनरल स्टाफ को संबोधित किया, दो नौसेना कॉर्प जनरल के सहायक पद पर रहे, यू.एस. नौसेना अकादमी में गणित पढ़ाया और बटालियन व रेजीमेंटल स्तर पर भी अनेक महत्त्वपूर्ण पदों को सुशोभित किया। वे स्कूबा, माउंटेन, कोल्ड वेदर तथा जंगल युद्धकला में सर्टिफिकेट ले चुके थे और वे आर्मी कमांड तथा जनरल स्टाफ कॉलेज से स्नातक थे।

1995 में वे छब्बीस वर्षों की नौकरी के बाद सेवानिवृत्त हुए और चिकित्सा क्षेत्र में अध्ययन करने लगे। उन्होंने 53 वर्ष की आयु में मेडिकल स्कूल से स्नातक की शिक्षा पाई और परिवार चिकित्सा में तीन वर्ष की रेजीडेंसी आरंभ की। अब वे परिवार चिकित्सा में बोर्ड की मान्यता प्राप्त कर चुके हैं और उन्हें घावों की देख-रेख तथा हाइपबेरिक दवाओं के क्षेत्र में भी मान्यता प्राप्त है।

□

: 44 :

"एक दिन अपने जीवन पर विचार करते हुए आप पाएँगे कि आप अपना पैमाना नहीं पा सकते, क्योंकि आपने स्वयं को सपनों के विरुद्ध मापने का पैमाना खो दिया।"

—डॉ. जे.बी. हिल

आज के अंतिम सत्र में डॉ. जे.बी. हिल ने इस विषय पर चर्चा की कि हमेशा विलंबित सपनों को एक अच्छी योजना नहीं माना जा सकता। जब आप अपने लक्ष्यों को छोटा करने लगते हैं तो यह कुछ ऐसा ही है, मानो आप कोई घटिया गुणवत्ता की वस्तु खरीद रहे हों। यह वस्तु उतने समय तक नहीं चलेगी, जितना उसे चलना चाहिए और उसके स्थान पर जल्दी ही दूसरी वस्तु लेनी होगी।

जीवन का वास्तविक लक्ष्य आपके जीवन के प्रामाणिक मिशन पर निर्भर करता है। और जब आप उस लक्ष्य को पा लेते हैं, तो उसे पूरा करने में आपका पूरा जीवन लग जाता है।

जीवन का वास्तविक लक्ष्य आपके जीवन के प्रामाणिक मिशन पर निर्भर करता है। और जब आप उस लक्ष्य को पा लेते हैं, तो उसे पूरा करने में आपका पूरा जीवन लग जाता है। मैंने एक बार कहीं पढ़ा था, अगर आप अपना प्रामाणिक लक्ष्य पा लेते हैं तो यह आपके व्यक्तित्व और आध्यात्मिक स्व की उपज होता है। निजी रूप से मुझे यह बात अच्छी लगती है; क्योंकि इन दोनों के मेल से ही आप जान सकते हैं कि आप कौन हैं और नतीजन आप ही इस संपूर्ण ब्रह्मांड में एकमात्र ऐसे व्यक्ति बन जाते हैं, जो संसार को अपना अनूठा उपहार दे सकता है। इस प्रकार प्रत्येक व्यक्ति के पास संसार को देने के लिए एक अनूठा उपहार होता है और

इसे विलंबित नहीं किया जाना चाहिए, क्योंकि अगर आप इसके आस-पास नहीं होंगे तो यह निर्जी उपहार हमेशा के लिए कहीं खो जाएगा।

लांगस्टन ह्यूज ने इस विषय पर एक कविता लिखी थी। मैं चाहूँगी कि आप भी उसे अवश्य पढ़ें—

एक विलंबित स्वप्न

एक विलंबित स्वप्न का क्या होता है ?
क्या यह सूख जाता है
जैसे सूरज की धूप में किशमिश ?
क्या यह किसी घाव की तरह पकने के बाद
बहने लगता है ?
क्या यह सड़े मांस की सी गंध देता है ?
या फिर चाशनी पर जमी चीनी और
दरदरी परत जैसा दिखता है ?
हो सकता है कि यह किसी भारी बोझ की तरह
नीचे की ओर लटक जाता हो।
या यह यों ही फट जाता है ?

इस कविता को पढ़ने से एहसास होता है कि सपने को अपने से दूर ले जाने के सारे परिणाम अच्छे नहीं होते। जैसे कि डॉ. जे.बी. हिल स्कॉट को चेताते हैं, कई बार सपनों को अपनी कैद में वापस लेना बहुत मुश्किल होता है। जब सबकुछ कठिन लग रहा हो तो उस समय हिम्मत बनाए रखना ही सबसे बेहतर विकल्प होता है। हम सबने भी तो सुना है कि सबसे कठिन ही बेहतर परिणाम भी देता है। अगर हम अपने आपको अनुशासन में नहीं ला सकते तो अपने सपने को कैसे वश में कर सकते हैं ? मेरा मानना है कि इस प्रसंग में नेपोलियन हिल भी सहमत होंगे कि यहाँ 'असंभव' शब्द लागू होता है। अपने साथ थोड़ा सा कठोर रवैया अपनाएँ और फिर सबकुछ पाने का आनंद लें। हम सबके पास एक ऐसा खजाना है, जो सामने आना चाहता है। उस उपहार को पाने से न चूकें।

आत्म-अनुशासन

—नेपोलियन हिल

आपके विचारों के कौशल के साथ ही आत्म-अनुशासन आरंभ होता है। अगर आप अपनी सोच को वश में नहीं कर सकते तो आप अपने कर्मों को भी वश में नहीं कर सकते। आत्म-अनुशासन को अपनाने के बाद आप पहले कुछ सोचते हैं और फिर उसपर अमल करते हैं। तकरीबन सभी लोग स्वचालित तौर पर इसका विपरीत ही करते हैं। लोग अकसर काम करने के बाद उसके नतीजे के बारे में सोचते हैं। जब तक वे अपने मन को वश में करके पहले विचार नहीं करेंगे, वे इसी तरह काम करते रहेंगे।

आपके विचारों के कौशल के साथ ही आत्म-अनुशासन आरंभ होता है। अगर आप अपनी सोच को वश में नहीं कर सकते तो आप अपने कर्मों को भी वश में नहीं कर सकते।

भावों को वश में रखना

आत्म-अनुशासन के माध्यम से आप चौदह प्रमुख भावों को अपने वश में रख सकते हैं। इनमें से सात सकारात्मक तथा सात नकारात्मक हैं—

सकारात्मक भाव	**नकारात्मक भाव**
प्रेम	भय
सेक्स	ईर्ष्या
आशा	घृणा
विश्वास	प्रतिशोध
उत्साह	लोभ
निष्ठा	क्रोध
इच्छा	अंधविश्वास

मन के ये भाव मन की अवस्थाएँ हैं। इन्हें आप नियंत्रित और निर्देशित कर सकते हैं। आप उसी समय देख सकते हैं कि अगर सात नकारात्मक भावों को वश में न किया जाए तो वे आपके लिए कितने खतरनाक हो सकते हैं। सात सकारात्मक भाव भी उचित रूप से निर्देशित और व्यवस्थित न हों और आपके सजग नियंत्रण

से बाहर हों तो वे आपके लिए हानिकारक हो सकते हैं। इन चौदह भावों की कुल प्रकृति विस्फोटक होती है। इनका नियमित निर्देशन आपको उपलब्धि की ऊँचाइयों तक ले जा सकता है, पर अगर आपने इन्हें इनके तरीके से चलने की अनुमति प्रदान की तो ये आपको असफलता की चट्टान पर ले जाकर पटक सकते हैं। आपको यह एहसास होना चाहिए कि आपकी शिक्षा, आपका अनुभव, आपकी समझदारी और आपका सद्भाव इन संभावनाओं को सुधार नहीं सकता, इनमें बदलाव नहीं ला सकता।

स्रोत : 'पी.एम.एम. साइंस ऑफ सक्सेस कोर्स,' पृष्ठ–268–69

स्व-परिभाषा भाग-3

—डॉ. जेम्स बी. हिल

"जब आप स्वयं को कुछ होने की प्रतीक्षा करते पाएँ तो जान लें कि आपने अपने सपनों को भुला दिया है।"

मेरे एक निकटतम मित्र के पुत्र स्कॉट ने नौसेना अकादमी में आठ माह की पढ़ाई के बाद त्याग-पत्र दे दिया।

एक शाम डिनर के समय उसने बताया कि वह जॉर्जिया टैंक में शामिल होने जा रहा था। तब उसने मुझे यह बताकर हैरान कर दिया कि वह अगले साल नौसेना अकादमी में लौट सकता है, पर उसे इस साल को फिर से पूरा करना होगा।

स्कॉट ने मेरी राय जाननी चाही। मैंने उसके पिता से बात करने की अनुमति लेने के बाद उससे बात की। मैं देख सकता था कि वह जॉर्जिया से अच्छी डिग्री लेकर निकल रहा है। उसे अच्छी नौकरी मिल रही है, वह एक सुंदर लड़की से शादी कर रहा है, उसकी संतान बहुत समझदार है और वह सुख-सुविधा से भरा जीवन जी रहा है। इसे किसी भी लिहाज से एक सफलता कहा जा सकता है।

इसके बाद मैंने कहा, "स्कॉट! जब तुम नौसेना अकादमी में गए थे, उस समय हमारी क्या बातचीत हुई थी, क्या तुम्हें याद है? मतलब एक अकादमी स्नातक होने का क्या मतलब होगा?

"तुमने मुझे बताया था कि एफ-18 फाइटर प्लेन उड़ाओगे और हो सकता है कि चाँद तक जाने का अवसर भी मिल जाए। तुम सोचते थे कि जापान के सागर

में डुबकी लगाने या समुद्री बेड़ों का भार सँभालने का अवसर कैसा होता होगा।

"स्कॉट, अगर तुम अकादमी वापस नहीं गए तो इनमें से कोई भी सपना पूरा नहीं हो सकेगा। तुम्हारे लिए ये सब भूले हुए सपने ही बनकर रह जाएँगे। मुझे लगता है कि आनेवाले समय में तुम्हें इस बात का अफसोस हो सकता है कि तुम अकादमी में वापस क्यों नहीं गए।

"एक दिन अपने जीवन पर विचार करते हुए आप पाएँगे कि आप अपना पैमाना नहीं पा सकते, क्योंकि आपने स्वयं को सपनों के विरुद्ध मापने का पैमाना खो दिया।"

खोए हुए सपने

मेरा मानना है कि ऐसा कई कामयाब लोगों के साथ होता है। हम अच्छी नौकरियों के लिए अपने सपनों का समझौता कर लेते हैं और सफलता से मिलनेवाली सुरक्षा के मोह में पड़ जाते हैं।

मैंने पहले जिन लोगों के बारे में बात की, उनके साथ यही हुआ। वे कामयाब थे और उन्होंने डॉ. हिल के दर्शन को अपने जीवन में उतारा। पर वे कहीं-न-कहीं अपने सपनों को पाने से चूक गए और कामयाबी की चकाचौंध में खो गए।

एक दिन वे सफल और सार्थक जीवन की ओर देखेंगे और मन-ही-मन उसके लिए शोक प्रकट करेंगे, जिसे वे नहीं पा सके।

एक समाधान

अधिकतर लोगों के साथ ऐसा क्यों होता है, दरअसल इसके पीछे भी एक कारण है—वे अपना केंद्र खो देते हैं।

नेपोलियन हिल बताते हैं कि किस तरह अवेचतन मन की शक्ति के प्रयोग से अपने केंद्र को बनाए रखा जा सकता है। उनका कहना है कि हमें इस बारे में सोचते हुए अपने लक्ष्यों को एक कागज पर लिख लेना चाहिए और दिन में दो बार उसपर विचार करना चाहिए।

धर्मशास्त्रियों का भी यही मत है। वे हमारे विश्वास तथा आस्था को सबल बनाने के लिए

धर्मशास्त्रियों का भी यही मत है। वे हमारे विश्वास तथा आस्था को सबल बनाने के लिए परामर्श देते हैं कि हमें प्रतिदिन प्रार्थना करनी चाहिए, ताकि हम यह मूल्यांकन कर सकें कि आध्यात्मिक पथ पर हम कहाँ तक पहुँचे।

परामर्श देते हैं कि हमें प्रतिदिन प्रार्थना करनी चाहिए, ताकि हम यह मूल्यांकन कर सकें कि आध्यात्मिक पथ पर हम कहाँ तक पहुँचे। क्या हमने आज कोई पाप किया, यदि किया तो क्या उसकी पूर्ति के लिए कुछ अच्छा किया?

पर आप इसे जैसे भी करें, अपने सपनों को हमेशा याद रखें।

जब आप स्वयं को कुछ घटने की प्रतीक्षा करते पाएँगे तो जान लेंगे कि आपने अपने सपनों को भुला दिया है।

उस समय में आपको अपने सपनों को याद करना होगा; साथ ही यह भी याद करना होगा कि केवल आप ही हैं, जो उस सपने को साकार कर सकते हैं।

समापन

जब आप सफलता के बाद सफलता हासिल करते चलें, तो यह याद रखें—उस सफलता से स्वयं को परिभाषित न करें और अपने सपनों को कभी न भुलाएँ!

□

: 45 :

''जब हम अपने रोजमर्रा के जीवन में आभार प्रकट करने के अभ्यास को अपनाते हैं तो हमारे जीवन में आभार का एक चक्र आरंभ हो जाता है, जो हमारे जीवन में एक ऐसी शक्ति बनकर उदय होगा, जो हमारे सपनों की यात्रा के साथ-साथ असंख्य सार्थक अनुभवों को अपनी ओर आकर्षित करेगा।''

—रेवन ब्लेयर डेविस

हाल ही में मैं यूरोप में अवकाश मनाने गई और वहाँ मुझे 'वरी बीड्स' दिखाई दिए। मैंने उन्हें कुछ साल पहले खरीदा था। मुझे उनके प्रयोग से तनाव और चिंता दूर करने का वह अनुष्ठान भी बहुत दिलचस्प लगा था। इस बार जब उन्हें देखा तो मैंने सोचा कि इन मोतियों को 'आभार मोतियों' का नाम क्यों नहीं दिया जा सकता? अपनी चिंता और समस्याओं पर केंद्रित होने से कहीं बेहतर होगा कि हम जीवन की ओर से मिले उपहारों और वरदानों पर केंद्रित हों। जमायका यात्रा के दौरान एक जुमला सुनने को मिला, 'कोई परेशानी नहीं, केवल हल'। इस तरह मुझे याद आ गया कि हम जो सोचते हैं, सही मायनों में वही बनते हैं। हम अपने मन को सकारात्मक या नकारात्मक बना सकते हैं और यह चुनाव सदा हमारा ही होता है। अगर हम कहते हैं कि हमें कोई समस्या है, तो हमें समस्या होगी। अगर हम समस्या को उसके हल के साथ पहचान जाते हैं तो झट से हमारा केंद्र नकारात्मकता से हट जाता है। 'कोई परेशानी नहीं' यह मंत्र आपको बड़ी आसानी से नकारात्मक मानसिक प्रवृत्ति से बाहर ला सकता है, क्योंकि आपने हल को पहचान दी है, आपने समस्या को नहीं पहचाना। अपनी समस्याओं को एक हल

या हालात के रूप में परिभाषित करें और फिर देखेंगे कि आपकी चिंता घट रही है। बस आपको जीवन के लिए सकारात्मक नजरिया अपनाते हुए अपनी सोच में बदलाव लाना होगा।

अगर आप 'धन्यवाद ज्ञापन' की प्रक्रिया अपनाना चाहते हैं तो उन सभी छोटी-बड़ी चीजों की सूची तैयार करें, जिनके लिए आप धन्यवाद देना चाहते हैं। अपना आभार प्रकट करना चाहते हैं।

यहाँ आपको एक आरंभ के लिए नमूना दिया जा रहा है।

मैं आभार प्रकट करता हूँ—

1. जब मैं घर जाता हूँ तो मेरी पालतू बिल्ली प्यार से मेरा स्वागत करती है।
2. मौसम में और उसके बिना रसभरी का मीठा स्वाद।
3. बिजली से चलनेवाले मेरे कंबल की गरमाहट का सुख।
4. मिडवेस्ट के पतझड़ में जलते पत्तों की गंध।
5. किसी सुदूर या पास रहनेवाले दोस्त के हाथों लिखा नोट।
6. घर से दूर यात्रा के बाद वापसी में मेरा बिस्तर।
7. फ्लोरिडा में बहन से मिलने जाना और उनके नजरिए से शहर घूमना।
8. अवकाश के दिनों में देवदार से उठती भीनी गंध।
9. सुबह के समय रसोई में जलती मोमबत्ती और मेरा वहाँ बैठकर डायरी लिखना।
10. किसी स्टोर से अपना मनपसंद उपन्यास मिल जाना।
11. परिवार, मित्रों और अंतरराष्ट्रीय दोस्तों की ओर से इ-मेल मिलना।
12. अनपेक्षित रूप से मेल के माध्यम से मिला कोई उपहार।

चलिए, अब तो आपको बात समझ आ गई होगी। अब अपनी चिंताओं की गिनती करने या रात को भेड़ें गिनने से बेहतर होगा कि आप अपनी मनपसंद चीजों की गिनती करें। जीवन में मनपसंद चीजों की सूची बनाने के बाद आपका मूड अपने आप ही बन जाएगा। आपको केवल ब्रह्मांड की ओर से मिले इन वरदानों के प्रति अपनी प्रशंसा और आभार प्रकट करना है। जरा गौर से देखें, आप जान लेंगे कि अभी तक आप किसकी उपेक्षा करते आ रहे हैं।

जीवन में मनपसंद चीजों की सूची बनाने के बाद आपका मूड अपने आप ही बन जाएगा। आपको केवल ब्रह्मांड की ओर से मिले इन वरदानों के प्रति अपनी प्रशंसा और आभार प्रकट करना है।

अपने आप से पूछें कि आप जिसे देख, सुन, सूँघ या छू सकते हैं, उसमें से आपको सबसे आनंददायक क्या लगता है। ऐसा दिखावा करें कि आपके पास कोई इंद्रिय नहीं है। अगर आपके पास सुनने की शक्ति न रहे तो जीवन में क्या बचेगा? इस तरह सोचने से आपको यह एहसास होने लगेगा कि आपके पास पहले से ही संसार के कितने सुंदर वरदान मौजूद हैं, जिनकी ओर आप कभी ध्यान नहीं देते। वर्ष में केवल एक दिन 'थैंक्स गिविंग डे' मनाना ही पर्याप्त नहीं होगा। हमें प्रतिदिन इसी आभार भाव के साथ अपने बिस्तर से उठना चाहिए और ब्रह्मांड से जो भी मिला हो, उसके प्रति आभार प्रकट करना चाहिए। अगर आप इसका अभ्यास करेंगे तो पाएँगे कि यह संसार वास्तव में आपके नए नजरिए से रंगीन हो उठा है। इसके साथ ही आप जीवन काल में मिले हर उपहार के लिए आभार देने के अभ्यास के साथ-साथ आभार ज्ञापन करने की कला में भी निपुण हो जाएँगे। हैप्पी थैंक्स गिविंग!

अपने वरदानों को बाँटने की तत्परता

—नेपोलियन हिल

जिसने भी बाँटने की कला नहीं सीखी, उसने अभी सच्ची प्रसन्नता पाने का पाठ नहीं पढ़ा। प्रसन्नता तभी मिलती है, जब आप अपनी हर चीज दूसरों के साथ बाँटते हैं। यह बात कभी भूलनी नहीं चाहिए कि आप अपनी हर संपदा को उचित स्थान और पात्र के साथ बाँटकर कई गुना कर सकते हैं। यह बात भी भूलनी नहीं चाहिए कि आप अपने वरदानों को दूसरों के साथ बाँटते हुए जिस तरह दूसरों को अपनी सेवाएँ देते हैं, उसके अनुसार ही उनके हृदय में स्थान पाते हैं।

जिस संपदा को आपस में बाँटा नहीं जाता, भले ही वह मूर्त हो अथवा अमूर्त, वह कुम्हलाए पौधे पर लगे गुलाब की तरह ही मुरझा जाती है। यह प्रकृति का पहला नियम है कि निष्क्रियता

जिसने भी बाँटने की कला नहीं सीखी, उसने अभी सच्ची प्रसन्नता पाने का पाठ नहीं पढ़ा। प्रसन्नता तभी मिलती है, जब आप अपनी हर चीज दूसरों के साथ बाँटते हैं। यह बात कभी भूलनी नहीं चाहिए कि आप अपनी हर संपदा को उचित स्थान और पात्र के साथ बाँटकर कई गुना कर सकते हैं।

और अनुपयोग से क्षय और मृत्यु होती है। जिस तरह यह नियम जीवित शरीर की हर कोशिका पर लागू होता है, उसी तरह यह नियम सभी भौतिक सामग्रियों पर भी लागू होता है।

स्रोत : 'द मास्टर-की टू रिचिस, फॉसेट क्रेस्ट बुक, 1965,' पृष्ठ-22

संपदा का पंथ

—नेपोलियन हिल

मैं प्रतिदिन धन्यवाद देता हूँ और यह धन्यवाद केवल मेरी संपदा के लिए नहीं होता, मैं उस विवेक के लिए भी आभार प्रकट करता हूँ, जिससे मैंने अपनी संपदा की प्रचुरता को पहचाना, अपनाया और पूरे विवेक के साथ उसका सदुपयोग किया। मेरा कोई शत्रु नहीं, क्योंकि मैं कभी किसी को हानि नहीं पहुँचाता, मैं अपने संपर्क में आनेवाले प्रत्येक व्यक्ति का भला करना चाहता हूँ, उन्हें संपदा को बनाए रखने के उपाय बताना चाहता हूँ। मेरे पास मेरी आवश्यकता से अधिक भौतिक संपदा है; क्योंकि मैं लोभ से मुक्त हूँ और केवल उन्हीं भौतिक साधनों की अपेक्षा रखता हूँ, जिन्हें मैं इस जीवन में भोग सकता हूँ।

स्रोत : 'पी.एम.ए. साइंस ऑफ सक्सेस कोर्स,' पृष्ठ-25

□

: 46 :

"लोग दूसरों को अपनी सेवाएँ देना चाहते हैं। लोग एक-दूसरे की सहायता करना चाहते हैं, अपने समुदाय को वापस देना चाहते हैं, डॉ. नेपोलियन हिल के नियमों की खोज में दूसरों की मदद करना चाहते हैं, दूसरों की मदद करना चाहते हैं कि वे अपने लिए कुछ अतिरिक्त आय के साथ परिवार की सहायता कर सकें, उन समूहों और दलों की मदद करना चाहते हैं, जो दूसरों के लिए कुछ करना चाह रहे हों और दूसरों को बेहतर महसूस करने में मदद करना चाहते हैं।"

—शान मोरंड

कई बार समाचार बहुत ही निराशाजनक होते हैं। प्रतिदिन हमें मानवता के प्रति असंवेदनशीलता से जुड़ी घटनाएँ देखने को मिलती हैं। नफरत, सत्ता का दुरुपयोग, आपसी भरोसे की कमी, हत्या और मारकाट ही शाम के समाचारों का विषय होता है। ऐसी बातें देख और सुनकर व्यक्ति को ऐसा ही लगने लगता है कि यह संसार अब रहने के लिए सुरक्षित और सकारात्मक स्थान नहीं रहा। परंतु फिर भी एक औसत व्यक्ति संसार में इतनी अराजकता के बावजूद अपनी ओर से एक सकारात्मक बदलाव लाने की इच्छा रखता है।

अपने बाहरी और भीतरी जगत् में शांति और

अपने बाहरी और भीतरी जगत् में शांति और सामंजस्य लाने के लिए हमें सबसे पहले अपने आपको शांतिपूर्ण बनाना होगा। हम शांतिपूर्ण सोच और फिर उसपर काररवाई के साथ यह शुरुआत कर सकते हैं। हालाँकि ऐसा करना उतना सहज नहीं होता, जितना कि दिखाई देता है।

सामंजस्य लाने के लिए हमें सबसे पहले अपने आपको शांतिपूर्ण बनाना होगा। हम शांतिपूर्ण सोच और फिर उसपर काररवाई के साथ यह शुरुआत कर सकते हैं। हालाँकि ऐसा करना उतना सहज नहीं होता, जितना कि दिखाई देता है। इसके लिए एक कीमत चुकानी होती है और वह कीमत है, आत्म-अनुशासन। पहले हमें स्वयं को इस तरह प्रशिक्षित करना होगा कि हम संसार में शांति के रखवाले नागरिक बन सकें और फिर इस बरताव को सबके सामने एक नमूने के तौर पर पेश करना होगा। आप सहज भाव से प्रतिक्रियावादी तो बन सकते हैं, किंतु शांतिपूर्ण और सकारात्मक बनने के लिए अधिक आत्म-नियंत्रण की आवश्यकता होगी। अपने उत्तर पर विचार करना और कुछ बोलना एकदम प्रतिक्रिया देने से कहीं अधिक कठिन होता है, पर इन दोनों के परिणाम भी उसी मात्रा में अलग होते हैं।

क्या अब समय नहीं आ गया कि हमें बुराई की बजाय अच्छाई से जुड़े काम करते हुए संसार के हालात को सँभालना चाहिए? भले ही बुराई एक खबर बने, परंतु अच्छाई अंतिम सफलता की ओर ले जानेवाला सच्चा पथ है। इसके लिए जो कीमत अदा करनी होगी, उसमें प्रत्येक वैश्विक नागरिक की ओर से एक वचनबद्धता शामिल है और इसी में हमारी महान् शक्ति निहित है—हमारे पास अच्छे और बुरे को चुनने की शक्ति है। अब्राहम लिंकन ने कहा कि वे सदा एक साधारण से दर्शन के साथ जीए। जब उन्होंने किसी का भला किया तो उन्होंने बहुत अच्छा महसूस किया। और जब उन्होंने इसके विपरीत किया तो उन्हें अपने कामों के बारे में बेहतर महसूस नहीं हुआ। क्या यह हम सबके लिए भी उतना ही सच नहीं है? तो हम ऐसे में बुराई को त्यागकर अच्छाई को क्यों नहीं अपनाते? शायद हम निजी लाभ की सोच से नहीं उठ पाते, शायद हम पुरस्कार पाने की अपेक्षा रखते हैं? शायद यह कोई लोकप्रिय चुनाव नहीं होता? शायद हम इससे बेहतर कुछ नहीं जानते?

हम आगे कैसे बढ़ते हैं? हम एक बार में एक सकारात्मक कदम उठाते हुए आगे बढ़ते हैं। अपने आप से यह सादा सा सवाल पूछें, 'इस संसार को एक बेहतर जगह बनाने के लिए मुझे क्या करना चाहिए?' इसके बाद उस भीतर से आ रहे स्थिर और सूक्ष्म स्वर को सुनें, जो आपको दिशा-निर्देश देगी। मैं शर्त लगाता हूँ कि यह आपको किसी के दुर्भाग्य का अनुचित लाभ उठाने को नहीं कहेगी या किसी के सुधार को अनदेखा करते हुए उसके आत्मविश्वास को तोड़ने का परामर्श नहीं देगी। बदलाव आने में समय लगता है। यह रातोरात संभव नहीं होता। परंतु यदि हमें सकारात्मक दिशा में आगे जाना हो तो हमें इस पहचान के साथ ही आगे बढ़ना

होगा कि एक सकारात्मक और एक नकारात्मक चुनाव होता है। अगर हम अपने लिए अपने जीवन में सुधार चाहते हैं, तो इस संसार में तब तक सुधार नहीं दिखेगा, जब तक उस सुधार को हम अपने पर लागू नहीं करते। जब आप संसार के साथ ऐसा भाव बनाते हैं तो आपसी तालमेल पैदा होता है। आज कुछ ऐसा करें, जिससे आपसी नफरत की बजाय सद्भाव की बढ़ोतरी हो। अपने लिए किसी सम्मान या पुरस्कार की अपेक्षा न रखें—यह अपने आप उचित समय पर प्रकट होगा और ऐसे समय में सामने आएगा, जब आपको सपने में भी इसका खयाल नहीं होगा।

उत्साह ही आपकी आध्यात्मिक विशेषताओं तक जाने का द्वार है। इससे न केवल आपके बोले गए शब्दों की दृढता झलकती है, बल्कि सामनेवाली आत्मा भी आंतरिक रूप से इनसे प्रभावित होती है।

उत्साह ही आपकी आध्यात्मिक विशेषताओं तक जाने का द्वार है। इससे न केवल आपके बोले गए शब्दों की दृढता झलकती है, बल्कि सामनेवाली आत्मा भी आंतरिक रूप से इनसे प्रभावित होती है।

उत्साह ही नए विचारों का निर्माता है

इसमें कोई आश्चर्य नहीं, राल्फ वाल्डो इमर्सन लिखते हैं, 'उत्साह के अभाव में कोई भी महान् कार्य नहीं किया गया, उन्होंने अपनी आत्मा में उत्साह की छूत को अनुभव किया और पाया कि उनकी गुप्त और सुप्त शक्तियाँ उजागर हुईं, और उनके नाम को सदा के लिए इतिहास के पन्नों पर अमर कर दिया।

हेलन कीलर ने भी उत्साह के अनुभव को इसी रूप में पाया, जिसने उन्हें अपनी मूक, बधिरता व नेत्रहीनता से संघर्ष करने की शक्ति प्रदान की। बिजली का बल्ब बनाने में एडीसन को दस हजार बार नाकामयाबी मिली और अंतत: वे सफल रहे। एडीसन की उपलब्धियों का अध्ययन करनेवाले मनोविज्ञानियों का मानना है कि उनकी अद्भुत शारीरिक सहनशीलता उनके अथक उत्साह भाव से प्रेरित थी, जो वे अपने उद्देश्य के लिए रखते थे।

इसी अथक और असीम उत्साह के बल पर ही जॉर्ज वाशिंगटन अमरीका की आजादी पाने के लिए संघर्षरत रहे और उस स्वतंत्रता को पाकर ही दम लिया।

यह उत्साह की ही शक्ति थी, जिसने अमरीका के लोगों को जगाया, उन्हें अपनी आजादी के लिए खतरा बनकर आए हालात से निपटने के लिए प्रस्तुत किया।

आशा, उत्साह और विश्वास अपने निकटतम विश्वास के कारण ही करीबी शब्द कहलाते हैं, जब इन्हें उद्‌देश्य के निश्चित भाव से जोड़ दिया जाता है तो वे आपको असीम मानसिक क्षमता प्रदान करते हैं। ये चार कारक आपको प्रबल इच्छा की ओर ले जाते हैं।

दूसरे विश्व युद्ध के साथ ही उनकी आजादी के लिए संकट पैदा हो गया था। उन्होंने अपनी पूरी दक्षता और निपुणता के साथ संकट का सामना किया और अपनी उपलब्धि से इस जगत् को आश्चर्य में डाल दिया।

उत्साह ही वह शक्ति है, जिसने अब्राहम लिंकन को गृहयुद्ध के समय साहस दिया और उन्हें इस योग्य बनाया कि वे देश को आत्म-विनाश की ओर जाने से बचा सके।

आप पूछ सकते हैं, 'यह शक्ति कैसे पाई जा सकती है?'

यह प्रक्रिया बहुत ही सरल और सबके अंदर है, क्योंकि सर्जक चाहता है कि ऐसा ही हो।

आप किसी निश्चित उद्‌देश्य को पाने के लिए पूरी आशा के साथ आरंभ करते हैं।

आशा ही विश्वास की जननी है। और यह आशा ही विश्वास, नियंत्रित ध्यान और उद्‌देश्य की निश्चितता के साथ मिलकर आगे बढ़ती है। जब तक मन की साधारण इच्छा भी प्रबल इच्छा में बदल न जाए, तब तक इस सिलसिले को जारी रखना चाहिए।

आशा, उत्साह और विश्वास अपने निकटतम विश्वास के कारण ही करीबी शब्द कहलाते हैं, जब इन्हें उद्‌देश्य के निश्चित भाव से जोड़ दिया जाता है तो वे आपको असीम मानसिक क्षमता प्रदान करते हैं। ये चार कारक आपको प्रबल इच्छा की ओर ले जाते हैं।

आशा अकेले बहुत अधिक महत्त्व नहीं रखती। यह एक इच्छा से अधिक नहीं, इसे आपको अपने उद्‌देश्य की निश्चितता, उत्साह और विश्वास भी सौंपना होगा। यह तभी कारगर होगी।

व्यवस्थित करने की प्रक्रिया आत्म-अनुशासन से आरंभ होती है। इसी नियम के माध्यम से उत्साह को व्यवस्थित, नियंत्रित और एक निश्चित उद्‌देश्य के लिए निर्देशित किया जा सकता है। इस दर्शन के अन्य नियम भी हैं, जो उत्साह से संबंध रखते हैं, हो सकता है कि इसे व्यवस्थित और नियंत्रित करने के लिए इनकी आवश्यकता हो—

- उद्देश्य की निश्चितता
- मास्टर माइंड
- सुखद व्यक्तित्व
- निजी पहल
- पराजय से सीख पाने की आदत
- अतिरिक्त प्रयास करने की आदत
- विश्वास
- रचनात्मक नजरिया
- एकाग्रता
- स्वास्थ्य की आदत
- सटीक चिंतन

इन बारह नियमों में निपुणता और इन्हें लागू करने से आप अपने लिए नियंत्रित उत्साह की अवस्था को पा सकते हैं। जिस भी व्यक्ति ने इस दर्शन को अपनाया, उसका यही अनुभव रहा, अब यह आपका होगा।

जो व्यक्ति महान् उपलब्धियों को हासिल करते हैं, वे ही महान् इच्छाएँ भी रखते हैं। अगर आप इन निर्देशों का पालन करेंगे तो आप अपनी इच्छाओं को पूरा कर सकते हैं। याद रखें, जीवन में जो कुछ भी पाने योग्य हो, वह परिश्रम करने योग्य भी है। हमें हर चीज के लिए एक कीमत चुकानी होती है। आपको पूरी सतर्कता और असीम धैर्य के साथ इस दर्शन का लाभ पाने की कीमत चुकानी होगी और इसे अपनी रोजमर्रा की आदत में शामिल करना होगा। केवल ज्ञान या जानकारी ही पर्याप्त नहीं। इसे लागू भी किया जाना चाहिए।

उत्साह मानसिक व शारीरिक ऊर्जा का मेल है, जो रोगी शरीर में नहीं पाया जा सकता। यह अच्छे स्वास्थ्य के साथ ही पूरा लाभ दे सकता है। सेहत के प्रति जागरूकता के विकास और रख-रखाव से ही अच्छे स्वास्थ्य की शुरुआत होती है, जैसे धन की चेतना से आर्थिक सफलता का आरंभ होता है।

स्रोत : 'पी.एम.ए. साइंस ऑफ सक्सेस कोर्स,' पृष्ठ-261, 263

□

: 47 :

"धनी व्यक्ति ऐसे खतरे मोल लेने को तैयार हैं, जिन्हें निर्धन नहीं लेना चाहते। निर्धन स्वयं को सुरक्षित रखना चाहते हैं और सबकुछ पाना चाहते हैं। ऐसा संभव नहीं होता। अगर आप जीवन में कुछ बड़ा पाना चाहते हैं तो आपको बड़े खतरे मोल लेने ही होंगे। पुरस्कार आपके द्वारा उठाए गए खतरों के अनुपात में ही होते हैं।"

—मैडलिन के

क्या आपने कभी 'ग्रुप थिंक' के बारे में सोचा है ? कहा जाता है, ऐसा तब संभव होता है, जब एक व्यापक सोच किसी देश, संस्कृति, संगठन, परिवार या अन्य किसी समूह के लिए प्रधान विचार बन जाती है। एक क्षण के लिए यह विचार करें कि आप छोटे या बड़े स्तर पर 'ग्रुप थिंक' से जुड़े हैं और इसके साथ ही यह भी सोचें कि कहीं ऐसा करने से आप अपना स्वतंत्र निर्णय लेने का अधिकार खो तो नहीं देते। हो सकता है कि कभी-कभी किसी विचार के साथ प्रवाहित होना बहुत सरल और लाभदायक लगे, परंतु कई बार यही प्रवृत्ति आपके लिए एक कैद भी बन जाती है और आपके रोजमर्रा के जीवन को बंदी बना लेती है।

उदाहरण के लिए अगर कोई अपने परिवार की सोच के अनुसार यह सोचता है कि वह जीवन में कभी धन नहीं पा सकता, क्योंकि उसके परिवार में भी किसी के पास धन नहीं है तो यह ग्रुप थिंक है। ग्रुप थिंक को आप किसी कुकी कटर की तरह भी मान सकते हैं। मान लेते हैं कि आपने मेज पर आटा फैला दिया है, जब आप किसी कुकी कटर से उसे काटते हैं तो वह कटिंग उसी नमूने की आएगी, जो आपके कटर में होगी। अगर वह पेड़ के आकार में होगा तो सारी कुकीज पेड़ के

आकार की ही तैयार होंगी। अगर आप एंजिल, स्टार या बेल जैसी आकृतियों के कटर प्रयोग में लाते हैं तो अपनी रचनात्मकता के बल पर कई नमूनों की कुकीज आपके सामने होंगी। इस तरह कुल मिलाकर यह चुनाव आपका अपना ही होता है।

इसी तरह आप धन और संपदा पाने के लिए चुने गए रास्ते पर चलकर सफल हो सकते हैं या फिर अपने लिए कुछ नया भी आजमा सकते हैं। यह नयापन आपके लिए नई शिक्षा, प्रशिक्षण, यात्रा, निवेश, कोई सोच-समझकर लिया गया जोखिम या किसी रचनात्मक उपाय पर अमल करना हो सकता है। बस आपको एक अच्छी योजना तैयार करनी होगी और उसे ठोस कदमों के साथ आगे ले जाना होगा। अगर किसी कारण से वह योजना सफल न हो सके तो अपने लक्ष्य को बदलने की बजाय योजना को फिर से लागू करने पर विचार किया जाना चाहिए।

आप धन और संपदा पाने के लिए चुने गए रास्ते पर चलकर सफल हो सकते हैं या फिर अपने लिए कुछ नया भी आजमा सकते हैं। यह नयापन आपके लिए नई शिक्षा, प्रशिक्षण, यात्रा, निवेश, कोई सोच-समझकर लिया गया जोखिम या किसी रचनात्मक उपाय पर अमल करना हो सकता है। बस आपको एक अच्छी योजना तैयार करनी होगी और उसे ठोस कदमों के साथ आगे ले जाना होगा।

क्या आपसे किसी ने कहा था कि उसे पूरा नहीं किया जा सकता? आपने ऐसा सुनकर इसके औचित्य के बारे में सवाल किया या स्वयं भी उनके दल में शामिल हो गए? आज से ही अपने मन में बसी ऐसी धारणाओं पर सवालिया निशान लगाएँ। ये धारणाएँ आपके लिए सुविधाजनक दायरे का काम करती हैं। सुविधाजनक दायरे नरम और मुलायम हाउसकोट या लंबी जैकेटों की तरह हो सकते हैं। आपको यह पहचानना होगा कि आपने क्या पहन रखा है। अपने विचारों को निर्देशित करें, भावों को वश में करें और अपनी नियति को रचें।

धन से ही धन उत्पन्न होता है

—नेपोलियन हिल

धन से ही धन उपजता है। किसी एक व्यक्ति के हाथ में गया धन उतना धन उत्पन्न नहीं कर पाता, जितना बाजार में लगा हुआ धन बढ़ता है, यह काफी

हर प्रकार की संपदा को बाँटने में ही किसी भी व्यक्ति की प्रसन्नता और शांति छिपी होती है। व्यावसायिक संबंधों को क्रेता और विक्रेता के प्रेम संबंधों की तरह वर्णित नहीं किया जा सकता, हालाँकि जब उनके बीच सेवा भावना भी आ जाती है तो यह दोनों ही पक्षों के लिए और भी लाभदायक हो जाता है।

हद तक उन व्यक्तियों पर भी निर्भर करता है, जो धन को प्रसारित कर रहे हैं। देखना यह होता है कि वे उसे बढ़ाने में दिलचस्पी रखते भी हैं या नहीं?

हर प्रकार की संपदा को बाँटने में ही किसी भी व्यक्ति की प्रसन्नता और शांति छिपी होती है। व्यावसायिक संबंधों को क्रेता और विक्रेता के प्रेम संबंधों की तरह वर्णित नहीं किया जा सकता, हालाँकि जब उनके बीच सेवा भावना भी आ जाती है तो यह दोनों ही पक्षों के लिए और भी लाभदायक हो जाता है। हेनरी फोर्ड ने कहा था, ''हमारी असेंबली लाइन से निकलनेवाले हर ऑटोमोबाइल में हर बार मेरा भी थोड़ा सा अंश होता है, हम जो भी वाहन बेचते हैं, मैं उसे लाभदायक सौदे की नजर से नहीं देखता। मैं यह देखता हूँ कि वह क्रेता के लिए कितना उपयोगी होगा।'' थॉमस एडीसन ने कहा था, ''मैंने आज तक कोई भी ऐसा आविष्कार नहीं किया, जिसका संबंध दूसरों की सेवा के उद्‌देश्य से न जुड़ा हो।''

अब यह सोच नई नहीं रही कि एक व्यवसाय को अपने ग्राहक को उसके उत्पाद की कीमत से अधिक देना चाहिए और इतिहास ने इसे प्रमाणित कर दिया है कि इससे व्यवसाय अच्छा और ग्राहक बनाए जा सकते हैं। एक व्यावसायिक नियोजक और कर्मचारी के आपसी बेहतर संबंध इतिहास जितने पुराने नहीं हैं। जब हम उन संगठनों की बात करते हैं, जो हजारों की संख्या में भरती करते हैं तो उनके बारे में यह सोचना स्वाभाविक ही है कि वे हमारे साथ पिछली कुछ पीढ़ियों से ही हैं। वे मालिक के लिए धनार्जन का बढ़िया साधन रहे हैं और दुर्भाग्यवश इन प्रक्रियाओं में बहुत से मजदूरों के साथ बुरा व्यवहार किया जाता रहा है।

पिछले वर्षों में हमारे उद्योग जगत् में ऐसे लोग भी रहे, जो कभी भी अपनी संपदा उन लोगों के साथ नहीं बाँटना चाहते थे, जिन्होंने उसे बनाने में मदद की थी। वे न्यूयॉर्क, न्यूपोर्ट या पाम बीच पर अपने धन के दिखावे से बाज नहीं आते थे, किंतु इस विचार से कतरा जाते कि लोगों को बेहतर भुगतान मिलने

चाहिए, ताकि वे और जरूरत के सामान के साथ अपनी जीवनशैली को और अधिक सुविधाजनक तथा अनुकूल बना सकें।

वर्तमान में धनिकों का अभाव नहीं है। पिछले दशक में पाँच हजार से अधिक करोड़पतियों ने अपनी टैक्स रिटर्न के दौरान स्वयं को करोड़पति घोषित किया है। आजकल के ये धनिक अपने लिए ऐसी पहचान नहीं चाहते, जैसे पहले के लोग चाहते थे। मैं जिन धनिकों के नाम लूँगा, पाठक उनमें से गिनती के लोगों को भी नहीं जानते होंगे।

आजकल के धनिक अपने लिए कोई ऐसा वर्ग नहीं बनाना चाहते, जिसे निर्धन न पा सकते हों। ऑर्थर डीको के शब्द दोहराना चाहूँगा, जिन्होंने मोबाइल घरों की खरीद-बिक्री में बहुत पैसा कमाया है—''चालीस-पचास साल की तुलना में आज आगे जाना इतना कठिन नहीं रहा। जनसंख्या की बढ़ोतरी के साथ-साथ निजी आय भी बढ़ी है। यह देश अवसरों से भरपूर है।''

अगर संपदा पहले की तरह कुछ लोगों तक सीमित रहती और इसका बेहतर वितरण न हुआ होता तो इतने अवसर सामने नहीं आ सकते थे। नियोजकों ने श्रमिकों के महत्त्व को पहचाना और उसे मोल दिया है। एक पूँजीवादी समाज ने बार-बार यह प्रमाणित किया है कि यह अधिक-से-अधिक संपदा अर्जित करने व उसका प्रसार करने का उपाय है।

स्रोत : 'ग्रो रिच! विद पीस ऑफ माइंड,' 1967, फॉसैट क्रैस्ट, पृष्ठ-80-81

□

: 48 :

"भले ही आपके पास दुनिया का सारा तकनीकी ज्ञान क्यों न हो, परंतु यदि आप सुशिक्षित ग्राहकों को अपने साथ नहीं जोड़ सकते और उन्हें अपने साथ काम करने के लिए प्रभावित नहीं कर सकते तो आपके व्यवसाय का भी वही परिणाम होगा, जो 90 प्रतिशत व्यवसायों का होता है।"

—जिम रोरबाक

ऐसी क्या विशेष बात है, जिसके कारण एक व्यक्ति तो सफल हो जाता है और दूसरा सफल होते-होते रह जाता है। डॉक्टर हिल ने ऐसे पाँच सौ व्यक्तियों का विश्लेषण किया, जो वित्तीय सफलता पाने में कामयाब रहे, उन्होंने पाया कि इन लोगों ने पहल और दृढता के गुणों को अपनाया और अपना लक्ष्य पाने में सफल रहे। यह भी एक रोचक तथ्य है, अधिकतर लोगों का यह मानना है कि सफलता का संबंध कड़े परिश्रम से होता है। अवचेतन मन की विशिष्ट शक्ति की झूठी मान्यता के कारण वे सोचते हैं कि सफलता केवल गहन मानसिक रूप से चित्रित सोच भर है, केवल एक विचार! डॉ. हिल कहते हैं—"विचार वस्तुएँ हैं," परंतु इसके साथ ही वे यह भी कहते हैं कि इन विचारों के साथ काररवाई का होना भी आवश्यक है। समस्या यही है कि सफलता पाने के आकांक्षी यह नहीं जानते कि उन्हें इसे पाने के लिए क्या करना चाहिए। जब किसी व्यक्ति के भीतर आंतरिक सफलता दिशासूचक ही नहीं होगा, तो उसे अपने लिए दिशा-निर्देश कैसे मिल सकता है? आपको पहल और दृढता की प्रवृत्ति को अपनाना होगा। कुछ कर दिखाने की धुन के अभाव में आप कुछ नहीं पा सकते। परंतु जब कोई व्यक्ति प्रतिदिन ठोस काररवाई

अगर आपके लिए कोई चुनाव या योजना तैयार करना कठिन हो रहा है तो आप पहले से मौजूद योजना को ही काम में क्यों नहीं लाते? कई बार आप दूसरों की तैयार की गई योजनाओं को भी अमल में लाते हैं।

करने की आदत अपना लेता है और प्रतिदिन उससे जुड़े कार्य करने की इच्छा प्रकट करता है तो यह आदत उसे अपने आप ही उसके द्वारा चुने गए क्षेत्र में एक-एक कदम आगे चलने को विवश कर देती है।

एक पल के लिए सोचें, जो लोग जीवन में एक बेहतर कल पाने का सपना देखते हैं, वे इसे पाने के लिए क्या करते हैं। क्या वे अपने विचार या सेवाओं को दूसरों के सामने लाने का उपाय करते हैं या वे प्रतीक्षा करते हैं कि अवसर स्वयं उनके द्वार खटखटाएँगे? जब आप अपने प्रमुख लक्ष्यों को किसी कागज पर लिखने का प्रारंभिक चरण पूरा कर लेते हैं और अपने काम को पूरा करने के लिए डेडलाइन बना लेते हैं। आप सपने से निकलकर उसे यथार्थ में बदलने की ओर कदम बढ़ा रहे हैं। इसके बाद आप अपने लक्ष्य की ओर सोच-समझकर योजना के अनुसार चलना आरंभ करते हैं। इससे कोई अंतर नहीं पड़ता कि यह क्या है। यही पर्याप्त है कि यह लक्ष्य आपसे जुड़ा है और इससे दूसरों को हानि नहीं हो रही। इस तरह आपके सामने चुनावों की लंबी शृंखला आ जाती है, जिसमें से आप कोई भी चुनाव कर सकते हैं।

अगर आपके लिए कोई चुनाव या योजना तैयार करना कठिन हो रहा है तो आप पहले से मौजूद योजना को ही काम में क्यों नहीं लाते? कई बार आप दूसरों की तैयार की गई योजनाओं को भी अमल में लाते हैं। किसी हाई स्कूल का डिप्लोमा, कॉलेज की डिग्री, शादी का अनुबंध या किसी धार्मिक अनुष्ठान के अनुसार लिये गए संकल्प आदि वे योजनाएँ ही तो हैं, जिन्हें लोग अपने निश्चित उद्देश्यों और लक्ष्यों की पूर्ति के लिए अपनाते हैं, जिन्हें दूसरों द्वारा तैयार किया गया होता है। पहले अभ्यास करें। अगर आप स्वयं को औसत व्यक्ति मानते हैं, जिसने अभी जीवन में कोई बड़ी उपलब्धि नहीं पाई तो आपको सीधे और छोटे कदमों से आरंभ करना होगा। इसके बाद आपको बड़े कामों की ओर आना चाहिए। सच तो यही है कि जब तक आप उचित अभ्यास नहीं करते, तब तक किसी बड़े काम को अचानक पूरा नहीं किया जा सकता।

आप जीवन में जिन योजनाओं पर काम कर चुके हैं, उनपर नए सिरे से विचार करें। यह देखें कि पहल और दृढता की प्रवृत्ति उन्हें पूरा करने में

कैसे सहायक रही। जब आप एक बार नक्शे को समझ लेंगे तो आपके लिए वास्तविक लक्ष्य तक जाना कठिन नहीं रहेगा। आप निजी पहल और दृढता के गुण के साथ जीवन में अपने लिए कुछ भी प्राप्त कर सकते हैं। इसी सामग्री से तो सपने बनते हैं, तो आप इन्हें अपने लिए प्रयोग में क्यों नहीं लाते? आप सफलता से तभी दो-चार हो सकते हैं, जब आप अपने निश्चित लक्ष्यों की प्राप्ति के लिए निजी पहल और दृढता के साथ आगे बढ़ते हैं।

सफलता की राह

—नेपोलियन हिल

आज से आपको ऐसे व्यक्ति की तरह अवसरों से लाभ उठाना सीखना है, जो सदा किसी भी काम की पहल करता हो, क्योंकि यह सफलता की राह पर सबसे बड़ा साइनबोर्ड है।

इस बोर्ड के साथ आपकी पहल कोई बहुत बड़ा कदम नहीं है। इसका पालन करना बहुत सरल है। अगले दस दिन तक अपने काम से संबंधित क्षेत्र में प्रतिदिन कम-से-कम एक काम ऐसा करें, जिसे आपको करने को नहीं कहा गया। अपने काम के बारे में किसी से न कहें, अपने विवेक का प्रयोग करते हुए इस सलाह का पालन करें। अगर आपका काम ऐसी प्रकृति का है, जिसमें आप दूसरे की इच्छा के बिना अतिरिक्त कार्य नहीं कर सकते तो अपने काम करने की गति में अंतर लाएँ और पहले जितने समय में उस काम को करते थे, उससे कम समय में बेहतर काम करके दिखाएँ। दस दिन तक ऐसा करें और आप अपने नियोजक की नजरों में आ जाएँगे। आप यह भी देखेंगे कि दस दिन के अंदर आपको हर काम में पहल करना आ जाएगा; क्योंकि पहल आपको जिम्मेवारी का एहसास करती है, आपके वेतन में वृद्धि करती है और आपको वहाँ तक ले जाने में सहायक होती है, जीवन में जहाँ तक आप जाना चाहते थे।

स्रोत : 'नेपोलियन हिल मैगजीन,' नवंबर, पृष्ठ-30

□

: 49 :

"मैं नेपोलियन के मित्रों—कारनेगी, एडीसन, मॉर्गन और श्वाब आदि सबसे मिला। मैं उन सबको जानता था। और पता है, वे भी मुझे जानते थे। उन्हें मुझ पर विश्वास था, क्योंकि वे सभी स्वप्नदर्शी थे। वे सभी जानते थे कि मेरे पर किया गया विश्वास, उनके आजीवन सेवा-प्रशिक्षण का ही एक अंग था। जब कभी उनके भीतर मेरे द्वारा लाल वैगन या एक जोड़ी नए जूते पाने की प्रबल इच्छा रही होगी, उसी ने बाद में और महत्त्वपूर्ण इच्छाओं को जन्म दिया।

—सांता क्लॉज

आज क्रिसमस का दिन है और असली जादू हम सबके भीतर बसा है। वही क्रिसमस का जादू है। हमारे विचार ही जीवन में हमारे लिए जादुई नतीजे पैदा करते हैं। कई बार हम यही भूल जाते हैं कि हमारा स्रोत हमारे भीतर छिपा है। बाहरी कोई भी वस्तु या भाव हमें अधिक समय तक प्रसन्न नहीं रख सकता। जब आप सही मायनों में अपने हृदय से मिले उपहार को जान लेते हैं, वही आपके लिए सच्ची प्रसन्नता होती है। अगर आप इस वर्ष की सूची में अपने इन उपहारों को भुला बैठे हैं तो अब भी अपने प्रियजन को ये तो उपहार सौंपने के लिए देर नहीं हुई। आपको दिल के तार जोड़ने आना चाहिए। ये तो सबसे सुंदर तार और रिबन हैं।

हमारे विचार ही जीवन में हमारे लिए जादुई नतीजे पैदा करते हैं। कई बार हम यही भूल जाते हैं कि हमारा स्रोत हमारे भीतर छिपा है। बाहरी कोई भी वस्तु या भाव हमें अधिक समय तक प्रसन्न नहीं रख सकता।

यहाँ डॉ. नेपोलियन द्वारा दिए गए खूबसूरत 52 प्रेरक वाक्य प्रस्तुत किए जा रहे हैं, जो आपकी स्टॉकिंग को पूरे वर्ष भरपूर रखेंगे। आप इन्हें अपनी दिनचर्या में शामिल कर सकते हैं, अपने दोस्तों को सुना सकते हैं या ब्रह्मांड के प्रति आभार प्रकट करते समय भी इनका प्रयोग कर सकते हैं। इन्हें मुक्त भाव से दूसरों तक पहुँचाएँ भी। मुझे पूरा विश्वास है कि आनेवाले अनेक क्रिसमस तक ये दिल के तारों को सतत जोड़े रखने में सफल होंगे।

नेपोलियन हिल
(सकारात्मक मानसिक रवैए से जुड़े 52 प्रेरक वाक्य)

- एक अच्छा अध्यापक सदा एक अच्छा छात्र भी होता है।
- एक सकारात्मक मन किसी काम को करने के उपाय खोज सकता है। एक नकारात्मक मन यही उपाय खोजता रहता है कि कोई काम कैसे नहीं हो सकता।
- सभी बड़ी वस्तुएँ एक ही प्रकृतिवाली छोटी वस्तुओं के मेल से बनती हैं।
- जब तक आप जीवन को अपने लिए प्रेरक बल बनाए रखेंगे, यह आपके लिए काम करेगा।
- अपने पीछे भय के दरवाजे बंद कर दें और देखें, कितनी जल्दी आपके सामने सफलता का दरवाजा खुल जाएगा।
- अपनी इच्छापूर्ति के लिए योजना बनाकर आरंभ कर दें, भले ही आप उस योजना पर अमल करने के लिए पूरी तरह से तैयार न हों।
- शिष्टाचार शिक्षा पर नहीं, बल्कि सामान्य बुद्धि पर आधारित होता है।
- ठोस कदम उठाए बिना लिये गए निर्णय व्यर्थ हो जाते हैं।
- काम को अभी करें, इससे पहले कि कोई आपको करने के लिए कहे, स्वयं करें।
- जो भी चाहते हैं, उससे कम के लिए कभी हामी न भरें।
- अपने दुर्भाग्य के लिए तारों को दोष न दें। अपनी ओर देखें और बेहतर नतीजे पाएँ।
- जीवन में लक्ष्यरहित होना ही असफलता का पहला कारण है।
- महान् उपलब्धि संघर्ष से ही उपजती है।
- केवल कुछ पाने से नहीं, कुछ करने से ही प्रसन्नता हाथ आती है।

- जब आप दूसरों को उनकी प्रसन्नता खोजकर देते हैं तो आपकी प्रसन्नता स्वयं हाथ आ जाती है।
- अगर मेरी केवल एक इच्छा पूरी होनी हो तो मैं अपने लिए विवेक-बुद्धि की इच्छा रखूँगा।
- अगर आप नहीं जानते कि आप जीवन से क्या चाहते हैं तो आपके हिसाब से क्या मिलेगा?
- अगर कोई लक्ष्य तय कर लेंगे तो उससे जुड़ी चीजें अवश्य सामने आएँगी। लक्ष्य के बिना ऐसा कुछ भी होना संभव नहीं है।
- अगर आप अपनी दुनिया से नाखुश होकर इसे बदलना चाहते हैं, तो वह आरंभ आपसे ही होना चाहिए।
- किसी सफल आदमी से जलने के बजाय उसका अनुसरण करना सीखें।
- आपकी सफलता के लिए दूसरों का असफल होना अनिवार्य नहीं है।
- आप आगे की ओर जा रहे हैं और वही बन रहे हैं, जो आप बनना चाहते हैं, यह जान लेना मददगार होता है।
- केवल उन बातों को मन में रखें, जिन्हें आप पाना चाहते हैं। बाकी बातों को प्रश्रय न दें।
- सबसे महत्त्वपूर्ण जीवित व्यक्ति से भेंट करें। वह आप स्वयं हैं।
- मनुष्य के मस्तिष्क में जितना सोना भरा है, उतना धरती से भी नहीं निकाला जा सकता।
- कोई भी व्यक्ति अकेले महानता के पथ पर अग्रसर नहीं हो सकता।
- कोई भी व्यक्ति दूसरों को अपने साथ लिये बिना स्थायी रूप से सफल नहीं हो सकता।
- कोई भी दो मस्तिष्क एक तीसरे अदृश्य मस्तिष्क की रचना किए बिना पास नहीं आ सकते, जो उस तीसरे मस्तिष्क के समान हो सकते हैं।
- 'मेहरबानी करके' यह नन्हा सा वाक्य अपने भीतर अद्भुत आकर्षण रखता है।
- प्रतिदिन सकारात्मक कथनों या प्रार्थना द्वारा आभार अवश्य प्रकट करें, उन वरदानों को न भूलें, जो ईश्वर की ओर से मिले हैं।
- विचार के कुछ कण सोने के कणों से भी अधिक मूल्यवान होते हैं।
- कुछ लोग अपनी जीवनरूपी नाव को चलाने के लिए संघर्ष रूपी हवा का उपयोग करना भी सीख जाते हैं।

- कई बार प्रतिरोधी दल का विरोध करने से बेहतर होता है कि उसके साथ चला जाए।
- प्रयासों के दोहराव से ही गति और कौशल सामने आते हैं।
- कहे गए शब्द अपना प्रभाव रखते हैं, मुद्रित शब्द राह सुगम बनाते हैं।
- सफलता सफलता को और असफलता असफलता को अपनी ओर खींचती है।
- सफल व्यक्ति अपनी मनचाही वस्तु पर ध्यान केंद्रित रखते हैं। उनका ध्यान उस ओर नहीं होता, जो वे नहीं चाहते।
- जो आपका वर्तमान है, आनेवाले समय में वही आपका भविष्य होगा।
- कल्पना आत्मा की कार्यशाला है, जहाँ सभी व्यक्तिगत उपलब्धियों को आकार मिलता है।
- मस्तिष्क केवल उपयोग में लाने से ही फलता-फूलता है; निष्क्रियता से इसे हानि पहुँचती है।
- स्वयं को जितना अनुशासित करेंगे, दूसरों द्वारा आप उतने ही कम अनुशासित होंगे।
- अपने पर विश्वास ही सफलता का सबसे महत्त्वपूर्ण सूत्र है।
- प्रकृति किसी भी तरह की जड़ता को सहन नहीं करती।
- विचारशक्ति ही एकमात्र ऐसी शक्ति है, जिसपर किसी भी मनुष्य का पूरा नियंत्रण होता है, जिस पर कोई प्रश्नसूचक चिह्न नहीं लगा सकता।
- काम को करने का रहस्य यही है कि आप काम करें।
- कहे गए शब्दों की अपनी ताकत होती है। कभी नहीं, केवल कुछ नहीं, सभी, सब लोग, कोई नहीं, नहीं कर सकता आदि शब्दों के प्रयोग में सावधानी बरतें।
- कुछ दिए बिना पाने का अर्थ यही है कि आप बिना कुछ बोए काटना चाहते हैं।
- मन जिसे धारण कर, विश्वास कर सकता है, वही पा भी सकता है।
- अगर आपको लगता है कि आप कर सकते हैं, तो आप उस काम को कर सकते हैं।
- आपका मन उन्हीं बातों की ओर आकर्षित होता है, जो उसके भीतर होती हैं, इसलिए यह हमेशा ध्यान रखें कि आप क्या सोच रहे हैं।
- आपके लिए केवल वही सीमाएँ हैं, जिन्हें आपने अपने मन में बना रखा है।

- आपकी प्रतिष्ठा दूसरों के माध्यम से बनती है। आपका चरित्र आप स्वयं रचते हैं।
- आपकी सफलता या असफलता आपके अपने मन में होती है।

स्वयं को दें क्रिसमस का उपहार

—नेपोलियन हिल

क्या मैं आपको सुझाव दे सकता हूँ कि आप इस बार स्वयं को ऐसा उपहार दें, जो आपके लिए प्रचुरता व मन की शांति लाने के साथ-साथ दीर्घकालीन मित्रता को भी आकर्षित करेगा?

- मेरे मन में आपके लिए जिस उपहार की रूपरेखा है, उसके अनुसार केवल आप ही उसे दे सकते हैं, क्योंकि वह पूरी तरह से आपके ही वश में है।
- यह आपके जीवन को पूरी तरह से इस प्रकार बदल देगा कि आप जिस हालात का सामना करेंगे, जिस लेन-देन से जुड़ेंगे, यह आपके लिए निश्चित परिणाम लाएगा।
- यह आपके दु:ख और शोक को शक्तिशाली सकारात्मक विशेषताओं में बदल सकता है, जो कि आपातकाल में आपके धर्म को एक नई ताकत दे सकता है।
- यह आपके सारे भय को दूर भगाते हुए विश्वास को जगा सकता है, ताकि आप अपने चुनावों को मनचाही दिशा में केंद्रित कर सकें।
- यह उपहार इतना चमत्कारिक है कि यह आपके प्रियजन के जीवन पर भी अपना प्रभाव रखेगा और उन्हें ऐसे मूल्यों से भरपूर कर देगा, जो किसी भी बेहतर जीवन के लिए बहुत मायने रखते हैं।
- यह आपको अपने पेशे में प्रगति के लिए नए और अनपेक्षित अवसरों की ओर आकर्षित करेगा।
- यह प्यार और दोस्ती की उस आग को भी जीवित कर सकता है, जो शायद उपेक्षा के कारण ठंडी पड़ गई थी।
- यह आपके शरीर से अनेक शारीरिक रोगों के लक्षण मिटाते हुए एक ओजस्वी और स्वस्थ शरीर दे सकता है।
- यह आपके हाथ मिलाने के गुण को कुछ ऐसा दे सकता है, जो आपके

पास पहले नहीं था और आपके बोले गए शब्दों में इतनी ताकत भर सकता है कि आप दूसरों के सम्मान और ध्यानाकर्षण के अधिकारी होंगे।

- यह आपको मन की सजगता प्रदान कर सकता है, जिसकी मदद से आप सटीक और समुचित निर्णय ले सकते हैं।
- इस उपहार का कोई विकल्प नहीं है, जिसे केवल आप ही अपने आपको दे सकते हैं।
- इसे हम सकारात्मक मानसिक रवैए का नाम देते हैं।
- इसके लिए कोई कीमत अदा नहीं करनी होती, केवल आपको इसे लागू करने की इच्छा रखनी होगी। आपको अपनी उन आदतों में इसे शामिल करना होगा, जो आपके रोजमर्रा के जीवन को नियंत्रित करती हैं।

स्रोत : 'सक्सेस अनलिमिटेड,' दिसंबर 1954, पृष्ठ-10-11

□

: 50 :

''हम अपनी नौकरी छोड़ने, स्कूल वापस जाने और अपने सुविधाजनक दायरे से पैर बाहर निकालने से डरते हैं। हम आधा जीवन जीते हैं। मेरे दोस्तो, इसे आप सोचें और अमीर बनने से संबद्ध नहीं कर सकते।''

—मार्कस पेटन

क्या कभी आपके मन में आया कि काश आप अपनी ऊर्जा को तरोताजा कर सकते हैं? क्या पहले से भी आधे समय में अपने सोचने की शक्ति को दुगना कर सकते हैं? क्या उन दरवाजों को खोल सकते हैं, जिन्हें आपके लिए पूरी तरह से बंद कर दिया गया है? क्या असफलता को सफलता में बदल सकते हैं? यह सब सुनकर आपको लगता है कि यह केवल एक सपना ही हो सकता है। नेपोलियन हिल कहते हैं कि हमें इस बारे में नए सिरे से सोचना होगा, इस पर भरोसा रखना होगा और इसे पाना होगा। यह सुनने में भले ही बेहद सादा लगता है, परंतु वास्तविकता यही है कि हमें ब्रह्मांड के आगे अपनी माँग रखते हुए बेहद सावधान रहना होगा; क्योंकि जिस तरह सूर्य हमेशा पूर्व से ही उगता है, उसी तरह हम भी जीवन से वही पाते हैं, जो इससे पाना चाहते हैं। जब अपनी कल्पना को ऊर्जा प्रदान करते हैं तो उसे वास्तविकता बनने में देर नहीं लगती। यह परिणाम इस बात पर निर्भर करता है कि हम उस कल्पना के लिए

हमें ब्रह्मांड के आगे अपनी माँग रखते हुए बेहद सावधान रहना होगा; क्योंकि जिस तरह सूर्य हमेशा पूर्व से ही उगता है, उसी तरह हम भी जीवन से वही पाते हैं, जो इससे पाना चाहते हैं। जब अपनी कल्पना को ऊर्जा प्रदान करते हैं तो उसे वास्तविकता बनने में देर नहीं लगती।

कितनी ऊर्जा प्रदान कर रहे हैं। ऊर्जा पदार्थ बन सकती है। हममें से प्रत्येक इसका जीता-जागता प्रमाण है।

आज नववर्ष का दिन है। आपने आनेवाले साल की परियोजनाओं को पूरा करने के लिए क्या योजनाएँ बनाई हैं ? क्या आप अपने लक्ष्यों को बनाते हुए अपने व्यक्तित्व के सभी पहलुओं पर विचार कर रहे हैं ? हम बहुमुखी प्रतिभा के धनी मनुष्य हैं, जो भौतिक, शारीरिक, सामाजिक, भावात्मक, वित्तीय तथा सामाजिक अंगों के मेल से बने हैं। हमें आनेवाले साल के लिए अपनी लक्ष्य-योजना तैयार करते हुए इन सब बातों को ध्यान में रखना चाहिए। अगर आप अपने अनिवार्य पहलू का त्याग कर देंगे, तो अपने लक्ष्य की ओर जाते हुए संतुलन कायम नहीं कर सकेंगे।

जो व्यक्ति नए विचारों, धारणाओं और लोगों के लिए अपने मन के द्वार बंद कर लेता है, वह अपनी ही सोच का गुलाम हो जाता है। असहनशीलता एक दोधारी तलवार है, जो आपके लिए अवसर और संप्रेषण के द्वार बंद कर देती है। जब आप अपने मन को मुक्त करना सीख लेते हैं तो आपकी कल्पना आपके लिए काम करने लगती है।

अगर किसी पहिए की एक धुरी सही न हो तो वह ठीक तरह से घूम नहीं सकता। अगर आप जीवन की इन बुनियादी बातों पर गौर करेंगे तो नतीजे भी बेहतर ही होंगे। हम सभी ने कभी-न-कभी ऐसी कार में सवारी की होगी, जिसमें अचानक पंचर हो जाता है। पहले तो कार टेढ़ी-मेढ़ी चलती है और इसके बाद वहीं स्थिर हो जाती है। आप स्वयं को 2010 में पंक्चर टायर सिंड्रोम से क्यों जोड़ना चाहते हैं ? अपने जीवन के पहिए को अच्छी तरह घूमने दें और आपकी यात्रा भी बहुत आराम से पूरी हो जाएगी।

मैं आपको नववर्ष के दिन अपनी शुभकामनाएँ देता हूँ। आपके जीवन का पथ सहज हो, आपके जीवन की यात्रा यादगार हो और आप बेहतर संभावित मंजिलों तक जा सकेंगे। जब आप अपने लक्ष्य पूरे कर लें तो वापस आना याद रखें और उस व्यक्ति की ओर मदद का हाथ बढ़ाएँ, जो पहले से सफल व्यक्ति की ओर से अपने लिए मदद चाहता है।

अपने मन को रखें मुक्त

—नेपोलियन हिल

एक आग्रही मन ही मुक्त मन होता है।

जो व्यक्ति नए विचारों, धारणाओं और लोगों के लिए अपने मन के द्वार बंद कर लेता है, वह अपनी ही सोच का गुलाम हो जाता है। असहनशीलता एक दोधारी तलवार है, जो आपके लिए अवसर और संप्रेषण के द्वार बंद कर देती है। जब आप अपने मन को मुक्त करना सीख लेते हैं तो आपकी कल्पना आपके लिए काम करने लगती है।

आपको यह विश्वास नहीं होगा कि करीबन छह दशक पूर्व बहुत से लोग राइट बंधुओं के उड़ान अनुभवों का मजाक उड़ाते थे। और करीब तीन दशक पहले तक लिंडबर्ग को अपनी ट्रांस-एटलांटिक उड़ान के लिए मदद नहीं मिल सकी थी। आज दूरदर्शी मनुष्य भविष्यवाणी कर रहा है कि जल्दी ही मनुष्य चंद्रमा तक उड़ान भरेगा, पर कोई उसका मजाक नहीं उड़ाता। जो व्यक्ति स्वयं कुछ नहीं कर सकते, वे ही दूसरों का उपहास करते हैं।

जो मन मुक्त नहीं होता, वह जड़ व्यक्तित्व का परिचायक है। यह प्रगति को अपने पास से निकलने देता है और मिलने वाले अवसरों से कभी लाभ नहीं उठा पाता।

अगर आपके पास मुक्त मन का उपहार है, तो सफलता के विज्ञान के पहले नियम का पूरा प्रभाव ग्रहण कर सकते हैं—'मनुष्य का मन जो भी सोच सकता है, जिस बात पर भी विश्वास कर सकता है, वह उसे प्राप्त भी कर सकता है।'

आपको अपना ही मूल्यांकन करना होगा। क्या आप उन लोगों में से हैं, जो कहते हैं, 'मैं कर सकता हूँ या यह काम हो जाएगा' या आप उन लोगों में से हैं, 'कोई नहीं कर सकता,' जबकि उसी एक क्षण के भीतर कोई दूसरा उस काम को कर रहा होता है। मुक्तमना व्यक्ति अपने पर अपने साथियों पर और उस सर्जक पर पूरा भरोसा रखता है, जिसने मनुष्य तथा ब्रह्मांड के लिए एक खाँचा तैयार किया है।

अब अंधविश्वास के दिन लद गए। परंतु पूर्वग्रहों से मुक्ति नहीं मिली। आप अपने ही व्यक्तित्व पर गौर करते हुए अंधकार से बाहर आ सकते हैं। क्या आप भावों तथा तयशुदा धारणाओं की बजाय विवेक और तर्क के सहारे अपने निर्णय लेते हैं? क्या आप बहुत गौर से, सावधानीपूर्वक दूसरों के भी मत और अमत को

सुनते हैं ? क्या आप अफवाहों की बजाय तथ्यों पर भरोसा करते हैं ?

अगर मनुष्य की सोच को ताजा विचार न मिले तो वह कुम्हलाने लगती है। कम्युनिस्ट ब्रेन वॉश तकनीक में ऐसा ही करते आए हैं, वे जानते हैं कि अगर किसी मनुष्य की संकल्प शक्ति को तोड़ना है, तो उसके मस्तिष्क को अकेला कर दो; उसे किताबों, अखबारों, रेडियो और सामान्य संप्रेषण के दूसरे साधनों से काट दो।

ऐसी परिस्थितियों में बुद्धि पोषण के अभाव में क्षीण हो जाती है। केवल दृढ संकल्पशक्ति और विशुद्ध विश्वास से ही इसे बचाया जा सकता है।

क्या यह संभव है कि आपने अपने मन को एक सामाजिक और सांस्कृतिक यातना शिविर में बंदी बना रखा हो ? क्या ऐसा भी हो सकता है कि आपने स्वयं को सफलता की ओर ले जानेवाले विचारों से दूर धकेल रखा हो ? यदि ऐसा है तो अब समय आ गया है कि आप स्वयं को उस दासता से मुक्त करें और बुद्धि को उसके अनुसार ही विकसित होने दें।

अपने मस्तिष्क को मुक्त करें और कल्पनाओं के आकाश में उड़ान भरने दें।

स्रोत : 'सक्सेस अनलिमिटेड,' दिसंबर 1960, पृष्ठ-39

□

: 51 :

''वह केवल एक ही प्रमुख नियम को पहचानकर लागू नहीं कर पा रहा था—निजी सफलता व्यावसायिक सफलता से पहले आती है।''

—किप किंट

जीवन में हमारे मूल लक्ष्य की पहचान करना इतना सरल नहीं होता। हममें से अनेक अपने जीवन में अनेक प्रकार के व्यवसायों के साथ प्रयोग करते हुए अपने लिए बने काम को तलाशने का प्रयत्न करते रहते हैं। कई बार हम अपने जीवन की सच्ची पुकार को यह सोचकर भी अनसुना कर देते हैं कि संभवत: उसके अपनी पसंद से जुड़े काम के कारण हम अपनी आजीविका नहीं चला सकेंगे।

हम जो काम करना पसंद करते हैं या जिसे करने में हमें महारत हासिल होती है, दरअसल वही हमारे लिए किसी छिपे खजाने से कम नहीं होता—वह हमारे जीवन की सच्ची पुकार या हमारा काम होता है। यदि किसी कॅरियर से केवल आर्थिक सुरक्षा हाथ आती है और आपको आनंद नहीं आता तो वह आपको कोई लाभ नहीं दे सकता। भले ही किसी कॅरियर में आपके लिए बहुत अधिक आर्थिक लाभ न हो, किंतु उससे आपको मानसिक संतुष्टि मिलनी चाहिए। यदि आप अपने काम की ओर आकर्षित होते हैं, उसे किसी भी धन संबंधी लाभ की अपेक्षा के बिना भी करना चाहते हैं तो आपको काम करते हुए घड़ी पर ध्यान नहीं देना होगा। यदि आपके काम से किसी जीवित प्राणी को कोई हानि नहीं होती तो आपने अपनी प्रतिभा को जान लिया है।

छिपी प्रतिभा ही वह गुण है, जो कई बार हमारे भीतर छिपी रहती है और तभी सामने आती है, जब उसके सामने आने के लिए विशेष परिस्थिति पैदा होती है। यह आपके लिए कोई संकटकाल हो सकता हैं, असंतोष का भाव हो सकता है या फिर कुछ ऐसा करने की बलवती इच्छा हो सकती है, जिसे आप अपने रोजमर्रा की दिनचर्या में न कर पा रहे हों।

छिपी प्रतिभा ही वह गुण है, जो कई बार हमारे भीतर छिपी रहती है और तभी सामने आती है, जब उसके सामने आने के लिए विशेष परिस्थिति पैदा होती है। यह आपके लिए कोई संकटकाल हो सकता हैं, असंतोष का भाव हो सकता है या फिर कुछ ऐसा करने की बलवती इच्छा हो सकती है, जिसे आप अपने रोजमर्रा की दिनचर्या में न कर पा रहे हों।

जब यह प्रतिभा आपकी दैनिक वास्तविकता में सामने आती है और आप इसे पहचान देते हैं तो ऐसा लगता है, मानो आप अपने ही निकट आ गए हों, क्योंकि यह आपके अपने भीतर आने की सच्ची यात्रा है। डॉ. हिल ने अपने इस निबंध में जिस रचनात्मक असंतोष पर चर्चा की है, वह आपको आपके भीतर छिपी संपदा आपके निजी कोष तक ले जाती है। इसके साथ चलने को तैयार हो जाएँ।

अपनी छिपी संपदा का प्रयोग

—नेपोलियन हिल

हम सबके भीतर वे सभी अनिवार्य गुण हैं, जिनके बल पर हम संपदा व महानता अर्जित कर सकते हैं। केवल हमें अपने छिपे गुणों को प्रयोग में लाने की विधि सीखनी होगी या उन्हें निवेश करना सीखना होगा, ताकि हम उनका पूरा लाभ उठा सकें।

सबसे दु:खदायी बात यह है कि अनेक व्यक्ति तो अपनी संपदा का प्रयोग किए बिना ही अपना जीवन व्यतीत कर देते हैं। कई बार कष्ट और संकट भी लोगों के लिए उनके संसाधनों का प्रयोग करने का साधन बनते हैं और वे अपने मस्तिष्क की शक्ति के बल पर सफलता अर्जित कर पाते हैं।

एक बुककीपर को क्रिसमस के आस-पास अपनी नौकरी से जवाब मिल

गया। उसके पास अपने दस साल के बेटे के लिए उपहार खरीदने के लिए भी पैसे नहीं थे। वह निराश नहीं हुआ और बेटे के लिए स्वयं उपहार बनाने लगा।

उसने एक पुरानी प्रैमगाड़ी से दो खराब पहिए लिये, बेसमेंट से थोड़ी लकड़ी, लाल रंग का पेंट निकाला और ऐसा खिलौना बना दिया, जो सारे पड़ोस में आकर्षण का केंद्र बन गया।

दूसरे बच्चे भी अपने लिए वैसा ही खिलौना माँगने लगे। यह माँग इतनी बढ़ी कि उस बेरोजगार बुककीपर को अपना बेसमेंट एक कारखाने में बदलना पड़ा और फिर वह अपने उत्पाद को एक औद्योगिक इकाई बनाने में सफल रहा। उस बुककीपर ने जिस खिलौने को ईजाद किया, वह 'स्कूटर' था।

आप पहले विश्व युद्ध से वापस आए एक सिपाही का मामला भी ले सकते हैं। वह युद्ध से पहले एक सेल्समैन रह चुका था। उसने बेरोजगारी के दौरान अपनी छिपी संपदा का प्रयोग किया। उसने एक टुकड़ा आईसक्रीम ली, उसमें पकड़ने के लिए एक तीली घुसाई और चॉकलेट के घोल में डुबो दिया। इस तरह 'एस्कीमो पाई' का जन्म हुआ।

इसके बाद एक व्यक्ति डलास के फिलिंग स्टेशन पर सहायक था। उसे कई लंबे घंटों के काम के बाद बहुत कम वेतन मिलता था, जिस स्थिति को मैं 'रचनात्मक असंतोष' कहता हूँ। वह एक प्रकाशक के लिए बच्चों की किताबें बेचने लगा। पर बच्चों के माता-पिता से संपर्क करने की बजाय वह स्कूलों में टीचरों से मिलने लगा। वह उनसे अनुमति लेने के बाद कक्षाओं में बच्चों को अपनी पुस्तकों के बारे में बताता।

इसके बाद वह बच्चों से कहता कि वे उन्हें अपने माता-पिता से मिलवाएँ, ताकि वह उन्हें बच्चों की मनपसंद किताबें बेच सके। यह योजना कारगर रही और जब मैंने पिछली बार उस नवयुवक को देखा तो वह अपना प्रकाशन व्यवसाय खोलने जा रहा था।

क्या आपने सावधानी से अपने भीतर छिपी संपदा की तलाश का काम इसलिए नहीं किया, क्योंकि वे उस रूप में नहीं थे, जिनसे आप कोई तात्कालिक लाभ पा सकते? क्या आपके पास कोई ऐसा विचार या योजना है, जिसे सबके सामने लाकर मैदान में उतारा जाए तो वह बहुत उपयोगी हो सकती है?

एक बार एक सफल व्यक्ति ने संपदा अर्जित करने का यह शानदार सूत्र दिया था।

''कोई ऐसी उपयोगी वस्तु सामने लाओ, जिसे बारंबार बेचा जा सके। उसके बाद अपनी ओर से हर संभव प्रयास करो, ताकि उसे लाखों लोगों तक पहुँचा सको, जिन्हें उसकी जरूरत है।''

''कोई ऐसी उपयोगी वस्तु सामने लाओ, जिसे बारंबार बेचा जा सके। उसके बाद अपनी ओर से हर संभव प्रयास करो, ताकि उसे लाखों लोगों तक पहुँचा सको, जिन्हें उसकी जरूरत है।''

उनका नाम था, एफ.डब्ल्यू. वूलवर्थ। उन्होंने कुछ भी नया नहीं रचा। उन्होंने कुछ पुराना ही उठाया और उसे बिक्री-वितरण का नया सूत्र दे दिया।

हमारे देश में आज प्रगति और विकास के जितने अवसर हैं, उतने पहले कभी न थे। जैसे कोई व्यक्ति केवल इसी सोच से लाखों कमा रहा है कि सड़क यातायात को घटाने के लिए कौन से उपायों पर काम हो सकता है।

कहीं-न-कहीं आपकी अपनी छिपी संपदा उपेक्षित पड़ी है। उसे काम पर लगाएँ और स्वयं को आर्थिक रूप से स्वतंत्र कर लें।

स्रोत : 'सक्सेस अनलिमिटेड,' दिसंबर 1966, पृष्ठ-393 और 34

□

: 52 :

''जब हम अपने लक्ष्यों के प्रति लेजर जैसा केंद्र विकसित कर लेते हैं, जो कि लक्ष्यों को पाने के लिए अनिवार्य होता है तो हमारे मस्तिष्क को वे वस्तुएँ भी दिखने लगती हैं, जो हमें पहले नहीं दिखती थीं।''

—माइकल विल्की

''आत्म-अनुशासन घृणा, ईर्ष्या, प्रतिशोध, लोभ, क्रोध तथा अंधविश्वास आदि के द्वार बंद कर मैत्री, सद्भाव, आपसी विश्वास तथा प्रेम के द्वार खोलता है।''

—नेपोलियन हिल

हम सभी ने 'कठिन प्रेम या टफ लव' के बारे में सुना है। इस तकनीक में सामनेवाले व्यक्ति को कल्पना के जगत् से यथार्थ में लाने के लिए झटका दिया जाता है और यह सब उसके भले के लिए ही होता है। जब माता-पिता बारंबार बच्चे को किसी बात की मनाही करते हैं या पैसे, कार आदि की किसी माँग को पूरा नहीं करते तो वे वास्तव में इस तकनीक का प्रयोग कर रहे होते हैं। वे जानते हैं कि उस माँग के पूरा होने से बच्चे को कोई सकारात्मक लाभ नहीं हो पाएगा।

बच्चे बड़े हो जाते हैं, माता-पिता नहीं रहते और शीघ्र ही हमें एहसास होता है कि हम उनके स्थान पर आ गए हैं और कई बार हम स्वयं को अपने भीतर छिपे बालक को किसी बात के लिए मना करते दिखाई देते हैं। इस सकारात्मक विकास के साथ ही परिपक्वता आती है और हममें से प्रत्येक अपने तरीके से चलना सीख सकता है। जब हम विकास के दोराहे पर आ जाते हैं तो अकसर अतिरिक्त कार्य करने की बजाय पारंपरिक रास्ते का ही चुनाव करते हैं। अगर हम रोजमर्रा की तरह जीनेवाले जीवन का ही चुनाव करते हैं तो जल्द ही हमारे सामने एक ऐसा जीवन आ

अगर हम पिछली घटनाओं पर दरवाजे को बंद कर दें तो हमारे सामने आगे बढ़ने और जीवन के उद्‌देश्य को पूरा करने का लक्ष्य आ जाता है। हमें मुड़कर देखने की आवश्यकता नहीं रहती। ऐसा नहीं कि हम कठोर मन हो जाएँ या करुणा का दामन छोड़ दें, हमें अपने साथ थोड़ी कठोरता से पेश आना होगा, यानी उस टफ प्रेम का सहारा लेना होगा, जो हमारी भलाई के लिए हमें सख्ती बरतने को विवश करता है।

जाता है, जो सड़ने लगता है, जिसमें एक ठहराव सा आ जाता है। नेपोलियन हिल इस प्रवृत्ति के रोग की मारक दवा के रूप में आत्म-अनुशासन की दवा देते हैं।

हम सबके पास एक अंत:करण है, जो कभी गलत मार्गदर्शन नहीं देता। फिर भी हम अतीत की भूलों पर सिर धुनते हैं, हम आगे की ओर खुलनेवाले दरवाजों को देखने की बजाय पिछली गलतियों से ही नहीं उबर पाते। आप एक बंद दरवाजे का उदाहरण लें। अगर हम पिछली घटनाओं पर दरवाजे को बंद कर दें तो हमारे सामने आगे बढ़ने और जीवन के उद्‌देश्य को पूरा करने का लक्ष्य आ जाता है। हमें मुड़कर देखने की आवश्यकता नहीं रहती। ऐसा नहीं कि हम कठोर मन हो जाएँ या करुणा का दामन छोड़ दें, हमें अपने साथ थोड़ी कठोरता से पेश आना होगा, यानी उस टफ प्रेम का सहारा लेना होगा, जो हमारी भलाई के लिए हमें सख्ती बरतने को विवश करता है।

आज आप स्वयं से सवाल करें कि क्या आप अपने पीछे खुले दरवाजे को बंद कर आगे चलने के लिए प्रस्तुत हैं ? या आप बार-बार उन्हीं पलों के बीच जीना चाहते हैं ? हो सकता है कि यही रवैया आपको आगे न जाने दे रहा हो। अब आगे दिख रहे दरवाजों को खटखटाएँ, वे ही आपको आपके भाग्य की ओर ले जाएँगे। कैसी प्रतीक्षा ? सबकुछ नए सिरे से रचें।

द्वार बंद होना

—नेपोलियन हिल

जरा विचार करें कि जब कोई अपनी पिछली असफलतओं या भूलों पर बारंबार विचार करता है या धन अथवा किसी प्रियजन के वियोग के कारण कैसी भयंकर समस्याएँ जन्म लेती हैं।

आत्म-अनुशासन ही ऐसी समस्याओं के लिए एकमात्र हल है। यह इस तथ्य की पहचान के साथ आरंभ होता है कि समस्याएँ केवल दो प्रकार की होती हैं—जिन्हें आप हल कर सकते हैं, जिन्हें आप हल नहीं कर सकते।

जिस समस्या को हल किया जा सकता है, उसे तत्काल उपलब्ध व्यावहारिक साधनों से हल कर देना चाहिए और जिनका कोई हल न हो, उन्हें अपने दिमाग से निकालकर भुला देना चाहिए।

चलिए, एक मिनट के लिए भूलने की इस प्रक्रिया पर विचार कर लेते हैं। आपको इसे इस रूप में लेना होगा, मानो आप किसी ऐसी चीज के लिए दरवाजा बंद कर रहे हैं, जो आपके भावात्मक समत्व, आत्म-अनुशासन आदि की बाधा बन रही है, इसके लिए आपको अपने भावों को वश में करना होगा, इस तरह आप अतीत के दुःखदायी अनुभव और अपने बीच एक आड़ पैदा कर सकते हैं। आपको इस दरवाजे को कसकर बंद करते हुए ताला जड़ देना चाहिए, ताकि इसके पुनः खुलने की कोई संभावना न रहे। यही अनसुलझी समस्याओं को सुलझाने का भी उपाय है। जिन लोगों में आत्म-अनुशासन की कमी होती है, वे अकसर दरवाजे के पास खड़े पिछली घटनाओं को ही देखते रह जाते हैं, उनके पास उसे बंद करके अपनी राह पर आगे चलने का साहस नहीं होता।

द्वार बंद करने की यह विधि बहुत मूल्यवान् है। इसके लिए आपको अच्छी व दृढ संकल्प शक्ति चाहिए, आपके मस्तिष्क के सभी हिस्से सही तरह से काम करते हों और आपके अहं के नियंत्रण में हों, जैसे कि उन्हें होना चाहिए।

द्वार बंद करने से आप भावात्मक रूप से निर्बल नहीं हो जाते, पर इस काम के लिए दृढता चाहिए। आत्म-अनुशासन आपको पिछली यादों के भँवर में गोते लगाने की अनुमति नहीं देता। आपको अपना भविष्य गढ़ना है। यह आपको उन चिंताओं में सिर धुनने के लिए समय बरबाद नहीं करने देगा, जिनका कोई हल नहीं निकाला जा सकता। आपको अपनी दुःखदायी यादों से बाहर आना ही होगा, क्योंकि ये आपकी रचनात्मक शक्ति को नष्ट करती हैं, आपकी पहल को समाप्त कर देती हैं, कल्पना-शक्ति को दुर्बल बनाती हैं, आपकी विवेचन-शक्ति पर प्रहार करते हुए आपके मस्तिष्क को भ्रमित कर देती हैं।

आपको अतीत की ओर बंद किए गए दरवाजे के प्रति अपनी कड़ी संकल्प शक्ति का प्रयोग करना है। आत्म-अनुशासन आपके लिए इस काम में सहायक हो सकता है। यह भय से जुड़े सभी रूपों से मुक्ति दिलाता है और आशा तथा विश्वास के द्वार खोलता है।

आत्म-अनुशासन की सहायता से आप घृणा, ईर्ष्या, प्रतिशोध, लोभ, अंधविश्वास तथा क्रोध के द्वार बंद कर अपने लिए मैत्री, सद्भाव, विश्वास तथा प्रेम के द्वार खोल सकते हैं।

आत्म-अनुशासन की सहायता से आप घृणा, ईर्ष्या, प्रतिशोध, लोभ, अंधविश्वास तथा क्रोध के द्वार बंद कर अपने लिए मैत्री, सद्भाव, विश्वास तथा प्रेम के द्वार खोल सकते हैं।

आत्म-अनुशासन आपको पीछे की बजाय आगे देखने के लिए कहता है। यह आपके भीतर से निरुत्साह, चिंता तथा नकारात्मक भावों को जड़ से उखाड़ फेंकता है। यह न केवल सकारात्मक भावों को प्रोत्साहित करता है, बल्कि उन्हें हर बार सामने आने के लिए भी विवश करता है, ताकि नकारात्मक भावों को वश में किया जा सके।

आत्म-अनुशासन आपके मन को मजबूती देता है। यह आपको अपने मन का भार उठाने तथा अपने मानसिक रवैए को वश में रखने के जन्मसिद्ध अधिकार का उपयोग करने के योग्य बनाता है। जब तक आप अपने मन को सही मायनों में सारी बाधाओं से परे ले जाकर व्यवस्थित नहीं करते, तब तक आत्म-अनुशासन का पालन नहीं किया जा सकता। इस दर्शन के प्रत्येक सिद्धांत को आपके मस्तिष्क तथा आत्म-अनुशासन के बल पर काम करना चाहिए, जो आपके मन को व्यवस्थित रखता है और सफल होने की प्रक्रिया में यही सबसे नियंत्रक कारक बनता है।

स्रोत : 'पी.एम.ए. साइंस ऑफ सक्सेस,' पृष्ठ-286-88।

□□□